新编高等
中国语文

李雁 秦元 杨峰 等 编著

山东教育出版社

图书在版编目（CIP）数据

新编高等中国语文/李雁等编著.—济南：山东教育出版社，2012（2016重印）

ISBN 978-7-5328-7101-8

Ⅰ.①新… Ⅱ.①李… Ⅲ.①大学语文课—高等学校—教材 Ⅳ.①H19

中国版本图书馆CIP数据核字(2012)第012602号

新编高等中国语文

李 雁 秦 元 杨 峰 等编著

主　管：山东出版传媒股份有限公司

出版者：山东教育出版社

　　　　（济南市纬一路321号　邮编：250001）

电　话：(0531)82092663　传真：(0531)82092663

网　址：http://www.sjs.com.cn

发行者：山东教育出版社

印　刷：山东新华印刷厂潍坊厂

版　次：2016年2月第1版第3次印刷

规　格：880mm×1230mm　16开本

印　张：18.5印张

字　数：340千字

书　号：ISBN 978-7-5328-7101-8

定　价：39.00元

（如印装质量有问题，请与印刷厂联系调换）

印厂电话：0536-2116806

序 言

刘步俊

　　"语文"二字,有人认为指的是语言和文字,有人认为指的是语言和文学,还有人认为是指语言和文化。见仁见智,各有侧重。据我所知,近代先贤创办各色学堂,始有"国文"之科目。自白话文兴起后,大家以口语写文章,便又改"国文"为"国语"。所以今天所说的"语文",其实也无外乎口头表达与书面表达而已。

　　记得《论语》里的最后一句是"不知言,无以知人也。"孔老夫子告诉我们,语言的重要性就在于"知人"。俗话说"知人知面难知心",但无论多深沉的人,无论多么隐秘的心思,我们都能通过言语或文字洞察明了——这也许就是我们要学习语文的主要目的之一。学习语文不仅是为了使自己的言语辞采丰富华丽,更重要的是能让我们了解身边的人、了解这个社会,进而也更深刻地认识自己、把握自己,丰富自己的精神世界。

　　《大学语文》课程的开设,主要应该着重眼于提高当代大学生的人文素养和母语(也就是汉语)的运用能力。我从事大学教育工作三十多年了,以我个人的观察,现在的学生从小到大外语学习所占用的时间远远超出以往任何时期。我们学生的英语水平能否赶上英国人我不敢妄下结论,但他们的汉语水平的急剧下降已是不争的事实。这让人想起了《庄子·秋水》篇中的那个著名的寓言:一个立志要学习邯郸人独特步伐的书生,不仅没能学到邯郸人的能耐,反而又忘了自己的走法,只好爬着回家了。这个故事有点尖刻,但也确实值得我们认真反思。因此我对在高校开设《大学语文》课程是持积极赞成态度的,对本教材不选入外语作品(包括汉译外语作品)的做法也能充分理解。现在的学者们很爱提德国哲学家海德格尔说过的那句深刻而且富于诗意的话:"语言是存在的家。"以此类推,不妨说汉语就是我们本民族的精神家园。谁也不能看着自己的家园破败荒芜而无动于衷吧。当然开设一门《大学语文》课程不可能彻底改变这种现状,但总比袖手旁观要好得多。据我了解，为了弥补键盘输入方式带来的汉字书写水平急剧下滑的缺失，现在的很多小学已按有关要求重新开设了书法课。我相信，只要大家共同努力，就能让那个从邯郸爬着回去的学生重新站立起来。

当今世界科学的进步与发展有目共睹，我们的学生对现代科技的突飞猛进有着惊人的接受能力和适应能力。然而在人文学科方面，伴随着汉语运用能力的普遍下降，一个更令人担忧的事情是人文素养的缺失——漠视生命存在、缺少情感关爱、忽略历史传统，更有甚者以至于不顾及个人操守和良知。针对这种状况，我主张《大学语文》要多讲一些经典文学名著。科学求真，而文学向善。我们那个时代的人都知道高尔基的一句名言："文学就是人学。"学习历代流传下来的优秀文学作品，能培养读者高尚的精神境界和高雅的审美情趣，使人领悟并把握世间的善与美。尤其是以自然科学为专业方向的理科大学生，作为一种心理补偿，他们对人文学科的渴求有时甚至超过了一般的文科学生。《大学语文》这门课程恰恰是文理相互渗透进而培养通才、全才的有效途径之一。有鉴于此，本教材主要选取我国历代经典名著（尤其是古代优秀的文学作品）作为学习范本，希望通过对这些作品的诵读与涵咏，逐步培养学生诚实善良、正直守信等多方面的健全人格，使他们成为具有责任心、正义感和正确的审美价值观的有用之人，并最终能够成为一个具有关心他人、热爱生活、追求真理等优秀品质的国家栋梁之才。正是出于上述考虑，和目前通行的其它《大学语文》教材不同，本教材只有文选部分而没有将写作（尤其是应用写作）纳入其中。实事求是地讲，一个学期周二的课时量，本来就是杯水车薪，如果再把文选与写作这两方面的内容都放进去，不仅难以执行到位，反而还会使本门课呈现出相当奇特的模样——如同从《山海经》里跑出来的双头怪兽，这在当今已相当规范的大学课程体系中显得很不专业。其实过去初学写古文的人，没有不看《古文观止》的，那里面全都是选文，并没有其它东西。古人诗歌写得好，原本就是多读而已。所谓"熟读唐诗三百首，不会作诗也会吟。"在多读的基础上多写，也就成了诗人。这对于我们如何来提高大学生的写作水平，当有一定的启迪作用。

在提高学生的语言能力和人文素养的基础上，《大学语文》课还负有更高的使命：把我们最优秀的民族精神和文化传统传递给学生。我所在的齐鲁师范学院对弘扬齐鲁文化负有责无旁贷的使命，而齐鲁文化又是中华民族传统文化中无可替代的重要组成部分。我注意到本教材在这方面也颇有用心——上至孔子、孟子的学说，中至李清照、辛弃疾的词作和张养浩的散曲，下至李开先、孔尚任的戏剧和蒲松龄、刘鹗的小说，加上现当代的臧克家的新诗、老舍的散文等等，很多入选作家、作品或多或少都带有一定的地方色彩。孔夫子有个以学问见长的大弟子叫子夏，子夏曾说："博学而笃志，切问而近思，仁在其中矣。"所谓"切问而近思"，无非告诉我们要由近及远，从身边做起。如果漠视、忽略自己身边的地域文化，这和我们嘲笑的那个从邯郸爬回家的人又有多少区别呢？

中国古代文学理论中有"滋味说"，我们今天还经常用"品读"、"品评"等词语。照这个思路说，编写文选教材有时候就有点像做菜——即便是满汉全席，你仍然不可能穷尽天下所有美味。况且如果是招待山东人，最好还是给他吃"鲁菜"。我觉得本书作者努力想做好这顿"鲁菜"，但是否真的可口地道，还请大家品尝。子曰："食不厌精，脍不厌细。"此之谓耶？

是为序。

2012 年元旦作于
齐鲁师范学院历下校区

目　录

第二编　唐宋部分

第三编 元明清部分

第四编　现当代部分

先秦两汉魏晋南北朝部分

《诗经》（四首）

　　《诗经》是我国第一部诗歌总集,收入西周初年至春秋中叶五百多年间的诗歌 305 首,故又称"诗三百"。自西汉以来被尊为儒家经典,始称《诗经》。《诗经》分为风、雅、颂三部分。其中风指的是土风、歌谣,包括了十五个地方的民歌,是《诗经》中的精华所在。雅是正声雅乐,即贵族享宴或诸侯朝会时的乐歌,又分大雅、小雅。颂是祭祀乐歌,分周颂、鲁颂和商颂。

　　《诗经》多以四言句式为主,在艺术表现手法上以比兴见长。以下所选四诗均出自《诗经·国风》部分。

击鼓（选自《诗经·邶风》）

击鼓其镗[1],踊跃用兵。土国城漕[2],我独南行。
从孙子仲[3],平陈与宋。不我以归[4],忧心有忡。
爰[5]居爰处,爰丧[6]其马。于以求之? 于林之下。
死生契阔[7],与子成说[8]。执子之手,与子偕老。
于嗟[9]阔兮,不我活兮。于嗟洵[10]兮,不我信兮。

【注释】

[1] 镗(tāng):形容鼓声。

[2] 土国城漕:在国内修筑土城。土、城均用为动词。漕,与邶皆为卫国地名。

[3] 孙子仲:卫大夫,为此次率军之统领。

[4] 不我以归:即不以我归。

[5] 爰(yuán):于是、乃。

[6] 丧:丢失、跑失。此二句谓有不还者,有亡其马者。

[7] 契阔:聚散离合。契为合,阔为离。

[8] 成说:即成言,犹言誓约。

[9] 于嗟:同"吁嗟",感叹词。

[10] 洵(xún):流泪貌。

? 提示与思考

1. 本诗中最脍炙人口的句子是"执子之手，与子偕老"。1995 年姚若龙《最浪漫的事》获第六届台湾金曲奖最佳国语作词人奖，其中最后两句歌词是："我能想到最浪漫的事，就是和你一起慢慢变老。直到我们老得哪儿也去不了，你还依然把我当成手心里的宝。"时隔两千多年，却有异曲同工之妙。你是如何看待这种现象的？

2. 美国邦·乔维乐队所唱《我就是我》(2000 年专辑《Crush》)中有这样两句歌词："不求天长地久，但愿曾经拥有。"对比"执子之手，与子偕老"的句子，思考一下，这两种不同的诗句，各自表现了怎样的情感。

3. 听听张宇演唱的《一个人的天荒地老》，体验其中所表达的情感和本诗有何不同之处。

拓展阅读

蒹葭(选自《诗经·秦风》)

蒹葭苍苍，白露为霜。
所谓伊人，在水一方。
溯洄从之，道阻且长。
溯游从之，宛在水中央。

蒹葭萋萋，白露未晞。
所谓伊人，在水之湄。
溯洄从之，道阻且跻。
溯游从之，宛在水中坻。

蒹葭采采，白露未已。
所谓伊人，在水之涘。
溯洄从之，道阻且右；
溯游从之，宛在水中沚。

黍离(选自《诗经·王风》)

彼黍离离[1]，彼稷[2]之苗。行[3]迈靡靡，中心[4]摇摇。知我者谓我心忧；不知我者谓我何求。悠悠苍天,此何人哉?

彼黍离离,彼稷之穗。行迈靡靡,中心如醉。知我者谓我心忧;不知我者谓我何求。悠悠苍天,此何人哉?

彼黍离离,彼稷之实。行迈靡靡,中心如噎。知我者谓我心忧;不知我者谓我何求。悠悠苍天,此何人哉?

【注释】

[1] 离离:下垂披拂的样子。

[2] 稷:与上句所言"黍"均为五谷之一种。据《本草纲目》云,黏者为黍,不黏为稷。

[3] 行:道路。迈,行走。靡靡:迟迟、缓慢的样子。

[4] 中心:内心,心中。摇摇:心神不宁。

? 提示与思考

1. 吟诵本诗并思考所谓"知我者"是谁,"不知我者"又是谁?"此何人哉"是他指还是自指?除忧伤外,此诗还表现出什么情绪?结合"谓我何求"一句,设身处地思考诗人究竟想要表达一种怎样的感受。

2. 《史记·宋微子世家》载:"箕子朝周,过故殷虚,感宫室毁坏,生禾黍,箕子伤之,欲哭则不可,欲泣为其近妇人,乃作《麦秀》之诗以歌咏之。其诗曰:麦秀渐渐兮,禾黍油油。彼狡僮兮,不与我好兮!……殷民闻之,皆为流涕。"请问《麦秀》之诗与本篇有何共同之处?

3. 《诗·小雅·湛露》:"其桐其椅,其实离离。"毛传:"离离,垂也。"孔颖达疏:"言二树当秋成之时,其子实离离然垂而蕃多。"张衡《西京赋》:"神木灵草,朱实离离。"薛综注:"离离,实垂之貌。"曹操《塘上行》:"蒲生我池中,其叶何离离。"左思《咏史》:"郁郁涧底松,离离山上苗。"结合白居易《赋得古原草送别》之"离离原上草"一句,大致梳理一下"离离"词义的演变过程。

拓展阅读

曹植《送应氏》(其一)

步登北邙阪,遥望洛阳山。洛阳何寂寞,宫室尽烧焚。
垣墙皆顿擗,荆棘上参天。不见旧耆老,但睹新少年。
侧足无行径,荒畴不复田。游子久不归,不识陌与阡。
中野何萧条,千里无人烟。念我平常居,气结不能言。

5

子衿（选自《诗经·郑风》）

青青子衿[1]，悠悠我心。纵我不往，子宁不嗣[2]音？
青青子佩[3]，悠悠我思。纵我不往，子宁不来？
挑兮达兮[4]，在城阙[5]兮。一日不见，如三月兮。

【注释】

[1] 子：诗中女子指称情人。衿（jīn）：衣领、衣襟。《颜氏家训·书证》："古者斜领下连于衿，故谓领为衿。"

[2] 嗣：《韩诗》作"诒（yí）"，就是寄。这两句意为纵然我不去，难道你就不能给我个音信？

[3] 佩：指佩玉的绶带。

[4] 挑达：往来貌，形容来回走动、坐立不安的样子。

[5] 阙：城门两边的标识性建筑，这里是约定的幽会地点。

提示与思考

1. 《论语·卫灵公》："躬自厚而薄责于人，则远怨矣。"意思说君子如能多自我反省，而少去责备别人，内心的抱怨也就会很少了。而本诗前两章却表现出一种不满和抱怨的情绪，这种情绪是如何产生的？它意味着什么？

2. 钱钟书《管锥编·毛诗正义·狡童》说这首诗"薄责己而厚望于人也，已开后世小说言情心理描绘矣"。那么，在本诗中表现心理变化（由被动到主动）的具体行为是什么？

拓展阅读

采葛（选自《诗经·王风》）

彼采葛兮。一日不见，如三月兮。
彼采萧兮。一日不见，如三秋兮。
彼采艾兮。一日不见，如三岁兮！

无衣（选自《诗经·秦风》）

岂曰无衣？与子同袍[1]。王于兴师[2]，修我戈矛。与子同仇！

岂曰无衣？与子同泽[3]。王于兴师，修我矛戟。与子偕作[4]！

岂曰无衣？与子同裳[5]。王于兴师，修我甲兵[6]。与子偕行！

【注释】

[1] 袍：长衣、大衣。

[2] 于：语助词，犹"曰"或"聿"。兴师：出兵。

[3] 泽：同"襗"，内衣，类今之衬衫。

[4] 作：起。

[5] 裳：下衣，此指战袍。

[6] 甲兵：防护铠甲与进攻兵器。

提示与思考

1. 朱熹《诗集传》："秦人之俗，大抵尚气概，先勇力，忘生轻死，故其见于诗如此。"你能从中体验到这种情绪吗？

2. 阅读下列材料，《左传·定公四年》：

> 初，伍员与申包胥友。其亡也，谓申包胥曰："我必覆楚国。"申包胥曰："勉之！子能覆之，我必能兴之。"及昭王在随，申包胥如秦乞师……秦伯使辞焉，曰："寡人闻命矣。子姑就馆，将图而告。"对曰："寡君越在草莽，未获所伏，下臣何敢即安？"立，依于庭墙而哭，日夜不绝声，勺饮不入口七日。秦哀公为之赋《无衣》，九顿首而坐。秦师乃出。

请回答，为什么申包胥听到秦哀公吟诵《无衣》后，要行"九顿首"之礼？

3. 诗中"与子同仇"后来演化出"同仇敌忾"的成语，即共同对敌。一般也就容易将"仇"字解释为仇敌。还有一种不同的解释。仇，通"逑"。《诗经·周南·兔罝》："赳赳武夫，公侯好仇。"朱熹注"与逑同"。《诗经·周南·关雎》："君子好逑"后人也多引作"君子好仇"。"好仇"一词后来也有好友、同伴之义。如曹植《节游赋》："浮沉蚁于金罍，行觞爵于好仇。"嵇康《赠兄秀才入军诗》："携我好仇，载我轻车。"你觉得哪种解释比较好，为什么？

拓展阅读

无衣（选自《诗经·唐风》）

岂曰无衣？七兮。不如子之衣，安且吉兮？
岂曰无衣？六兮。不如子之衣，安且燠兮？

《论语》（二则）

《论语》是儒家学派的经典著作，由孔子的弟子及其弟子的门人编撰而成，记录了春秋时期孔子及其弟子的言行，集中体现了孔子及其儒家学派的政治主张、伦理思想、道德观念及教育原则等。孔丘（约前551～前479年），字仲尼，春秋时鲁国（今山东省曲阜）人。孔子是我国古代伟大的思想家和教育家，儒家学派创始人。孔子的思想核心是"仁"、"礼"与"中庸"。

《论语》今通行本共二十篇，以语录体和对话文体为主。以下所选是其中最长的两则，题目为编者所加。

各言其志（选自《论语·先进》）

子路、曾晳、冉有、公西华侍坐[1]，子曰："以吾一日长乎尔，毋吾以[2]也。居则曰：不吾知也。如或知尔，则何以哉？"子路[3]率尔对曰："千乘之国，摄乎大国之间，加之以师旅，因之以饥馑。由也为之，比及三年，可使有勇，且知方[4]也。"夫子哂之。

"求[5]，尔何如？"对曰："方六七十，如五六十[6]，求也为之，比及三年，可使足民。如其礼乐，以俟君子。"

"赤[7]，尔何如？"对曰："非曰能之，愿学焉。宗庙之事，如会同[8]，端章甫[9]，愿为小相焉。"

"点[10]，尔何如？"鼓瑟希[11]，铿尔，舍瑟而作，对曰："异乎三子者之撰[12]。"

子曰："何伤乎？亦各言其志也。"曰："莫春[13]者，春服既成，冠者五六人，童子六七人，浴乎沂，风乎舞雩[14]，咏而归。"夫子喟然叹曰："吾与[15]点也！"

三子者出,曾皙后。曾皙曰:"夫三子者之言何如?"子曰:"亦各言其志也已矣。"曰:"夫子何哂由也?"

曰:"为国以礼。其言不让,是故哂之。"

"唯求则非邦也与?"

"安见方六七十,如五六十而非邦也者?"

"唯赤则非邦也与?"

"宗庙会同,非诸侯而何? 赤也为之小,孰能为之大!"

【注释】

[1] 子路、曾皙等:四人皆是孔子的学生。侍坐:陪侍长者闲坐聊天。按,古人席地而坐,加臀足上。后文所谓"舍瑟而作",也非站起来,而是将臀部抬离足跟,即"长跪",以表敬重。

[2] 毋吾以:即毋以吾。这句话是说不要太在意我(比你们年龄大一些)。

[3] 子路:姓仲名由,字季路,小孔子九岁。

[4] 方:方向,指明辨是非、道理。

[5] 求:即冉有,名求字子有,小孔子二十九岁。

[6] 如五六十:或者方圆五六十里的小国家。如,连词,或者。

[7] 赤:即公西华,名赤字子华,小孔子四十二岁。

[8] 会同:诸侯会盟。

[9] 端章甫:指穿着礼服、礼帽。端,礼服。章甫,礼帽。这里都是动词。

[10] 点,即曾皙,名点字子皙。曾参的父亲,约小孔子二十余岁。

[11] 希:通"稀",指弹瑟的节奏逐渐疏缓。

[12] 撰:通"选(選)",指人生选择。

[13] 莫春:指农历三月。莫,同"暮"。

[14] 风乎舞雩:风,动词,吹风。舞雩(yú),地在今山东曲阜县南,是鲁国祭天求雨的地方,设有高坛。"雩"是古代为求雨而举行的祭祀,因伴以舞蹈,故称"舞雩"。

[15] 与:称许、赞同之意。

❓ 提示与思考

1. 阅读下列材料,结合课文,梳理一下仲由、冉有和公西华各自不同的性格,并体会孔子对他们所采取的不同态度。

子路问:"闻斯行诸?"子曰:"有父兄在,如之何其闻斯行之?"冉有问:"闻斯行诸?"子曰:"闻斯行之。"公西华曰:"由也问闻斯行诸,子曰有父兄在;求也

问闻斯行诸,子曰闻斯行之。赤也惑,敢问?"子曰:"求也退,故进之;由也兼人,故退之。"(《论语·先进》)

2. 语境不同,表述可能也就不一样。试读下列材料,思考孔子的志向与课文中曾皙所言是否有内在的联系。

颜渊、季路侍。子曰:"盍各言尔志?"子路曰:"愿车马、衣轻裘,与朋友共,敝之而无憾。"颜渊曰:"愿无伐善,无施劳。"子路曰:"愿闻子之志。"子曰:"老者安之,朋友信之,少者怀之。"(《论语·公冶长》)

3. 阅读下列材料,结合课文中孔子最后两句话,体味如何既含蓄委婉,又准确丰富地表达自己的心意。

孟武伯问:"子路仁乎?"子曰:"不知也。"又问。子曰:"由也,千乘之国,可使治其赋也,不知其仁也。""求也何如?"子曰:"求也,千室之邑,百乘之家,可使为之宰也,不知其仁也。""赤也何如?"子曰:"赤也,束带立于朝,可使与宾客言也,不知其仁也。"(《论语·公冶长》)

拓展阅读

刘向《说苑·指武》

孔子北游,东上农山,子路、子贡、颜渊从焉。孔子喟然叹曰:"登高望下,使人心悲,二三子者,各言尔志。丘将听之。"子路曰:"愿得白羽若月,赤羽若日,钟鼓之音上闻乎天,旌旗翩翩下蟠于地。由且举兵而击之,必也攘地千里,独由能耳。使夫二子者为我从焉!"孔子曰:"勇哉士乎!愤愤者乎!"

子贡曰:"赐也愿齐楚合战于莽洋之野,两垒相当,旌旗相望,尘埃相接,接战构兵,赐愿著缟衣白冠,陈说白刃之间,解两国之患,独赐能耳。使夫二子者为我从焉!"孔子曰:"辩哉士乎!僤僤者乎!"

颜渊独不言。孔子曰:"回,来!若独何不愿乎?"颜渊曰:"文武之事,二子已言之,回何敢与焉!"孔子曰:"若鄙心不与焉,第言之!"颜渊曰:"回闻鲍鱼兰芷不同箧而藏,尧舜桀纣不同国而治,二子之言与回言异。回愿得明王圣主而相之,使城郭不修,沟池不越,锻剑戟以为农器,使天下千岁无战斗之患,如此则由何愤愤而击,赐又何僤僤而使乎?"孔子曰:"美哉德乎!姚姚者乎!"

子路举手问曰:"愿闻夫子之意。"孔子曰:"吾所愿者,颜氏之计,吾愿负衣冠而从颜氏子也。"

祸起萧墙（选自《论语·季氏》）

季氏将伐颛臾[1]，冉有、季路见于孔子曰："季氏将有事于颛臾。"孔子曰："求，无乃尔是过与？夫颛臾，昔者先王以为东蒙主[2]，且在邦域之中矣，是社稷之臣也，何以伐为？"

冉有曰："夫子[3]欲之，吾二臣者，皆不欲也。"孔子曰："求，周任[4]有言曰：陈力就列，不能者止。危而不持，颠而不扶，则将焉用彼相矣。且尔言过矣，虎兕出于柙[5]，龟玉毁于椟中，是谁之过与？"

冉有曰："今夫颛臾，固而近于费[6]，今不取，后世必为子孙忧。"孔子曰："求，君子疾夫舍曰欲之而必为之辞[7]。丘也闻有国有家者，不患寡而患不均，不患贫而患不安，盖均无贫，和无寡，安无倾。夫如是，故远人不服，则修文德以来之。既来之，则安之。今由与求也，相夫子，远人不服而不能来也，邦分崩离析而不能守也，而谋动干戈于邦内，吾恐季孙之忧，不在颛臾，而在萧墙[8]之内也。"

【注释】

[1] 季氏：季孙子，鲁国大夫。颛臾（zhuān yú），鲁国的属国，故城在今山东费县西北。季孙氏与国君争权，恐颛臾助鲁哀公，故欲先行灭之。

[2] 先王：指周之先王。东蒙主：主持祭祀蒙山的人。东蒙，山名，即今山东之蒙山。

[3] 夫子：对尊长以及贵族卿大夫的尊称，此处指季康子。冉有和季路当时都是季康子的家臣。

[4] 周任：人名，传说是上古时的史官。下所引周任语意为人应该量力施展自己才能，如不能就应辞去职务。列，职位。

[5] 兕（sì）：独角犀牛。柙（xiá）：关猛兽的笼子。

[6] 固：指城郭坚固。费：今山东费县，当时为季氏私邑。

[7] "君子"句：君子痛恨那种不说想要而偏偏去找借口的人。舍：舍弃，撇开。

[8] 萧墙：宫门内迎门的小墙，即照壁。萧：古通"肃"。臣子朝见国君，到此必肃然起敬，故称。

提示与思考

1.《论语·子路》："叶公问政，子曰：近者说，远者来。"而本篇在批评冉有、季路不能阻止季孙氏欲吞并颛臾的企图的同时，孔子也阐发了类似以礼治国、为政以德的主张。请于文中找出相关的论述语句。

2.《论语·先进》载："季氏富于周公,而求也为之聚敛而附益之。子曰:非吾徒也。小子鸣鼓而攻之,可也。"与此不同,本篇却是用另一种方法表明自己对冉求的不满。"虎兕出于柙,龟玉毁于椟中,是谁之过与?"你是如何理解这两句比喻所蕴含的意义的?

3. 司马迁在《史记·孔子世家》最后有赞语曰:

> 《诗》有之:"高山仰止,景行行止。"虽不能至,然心向往之。余读孔氏书,想见其为人。适鲁,观仲尼庙堂、车服、礼器,诸生以时习礼其家,余祗回留之,不能去云。天下君王至于贤人众矣,当时则荣,没则已焉。孔子布衣,传十余世,学者宗之。自天子王侯,中国言六艺者折中于夫子,可谓至圣矣!

在今天,你会如何评价孔子? 说说你心中的孔子印象。

拓展阅读

《孔子家语·本姓解》(节选)

孔子之先,宋之后也。微子启,帝乙之元子,纣之庶兄,以圻内诸侯,入为王卿士。微,国名,子爵。初,武王克殷,封纣之子武庚于朝歌,使奉汤祀。武王崩,而与管、蔡、霍三叔作难,周公相成王东征之。二年,罪人斯得,乃命微子代殷后,作《微子之命》申之。与国于宋,徙殷之子孙,唯微子先往仕周,故封之贤。其弟曰仲思,名衍,或名泄。嗣微子之后,故号微仲。生宋公稽,胄子虽迁爵易位,而班级不及其故者,得以故官为称。故二微虽为宋公,而犹以微之号自终。至于稽乃称公焉。

宋公生丁公申,申生缗公共及襄公熙,熙生弗父何及厉公方祀。方祀以下,世为宋卿。弗父何生宋父周,周生世子胜,胜生正考甫,考甫生孔父嘉。五世亲尽,别为公族,故后以孔为氏焉。一曰孔父者,生时所赐号也,是以子孙遂以氏族。

孔父生子木金父,金父生睾夷,睾夷生防叔,避华氏之祸而奔鲁。防叔生伯夏,伯夏生叔梁纥。纥虽有九女而无子。其妾生孟皮,孟皮一字伯尼,有足病。于是乃求婚于颜氏。颜氏有三女,其小曰微在。颜父问三女曰:"陬大夫虽父祖为士,然其先圣王之裔。今其人身长十尺,武力绝伦,吾甚贪之。虽年长性严,不足为疑。三子孰能为之妻?"二女莫对。微在进曰:"从父所制,将何问焉?"父曰:"即尔能矣。"遂以妻之。微在既往,庙见。以夫之年大,惧不时有男,而私祷尼丘之山以祈焉。生孔子,故名丘而字仲尼。

孔子三岁而叔梁纥卒,葬于防。至十九,娶于宋之亓官氏,一岁而生伯鱼。鱼之生也,鲁昭公以鲤鱼赐孔子。荣君之贶,故因以名曰鲤,而字伯鱼。鱼年五十,先孔子卒。

《孟子·孟子见梁惠王》

孟子(前372～前289年),名轲,字子舆,战国时邹(今山东邹城)人。孟子是孔子之孙孔伋的再传弟子,为仅次于孔子的一代儒家宗师,有"亚圣"之称。《孟子》一书是孟子的言论汇编,由孟子及其弟子共同编写而成。其学说由性善论出发,提出"仁政"、"王道"的政治主张。南宋时《孟子》与《论语》、《大学》、《中庸》合称"四书"。

《孟子》今传七篇,每篇分上、下章。其文长于论辩说理,气势充沛。下文选自《孟子·梁惠王上》之开头部分,也是《孟子》全书的开篇,题目为编者所加。

孟子见梁惠王[1]。王曰:"叟[2]不远千里而来,亦将有以利吾国乎?"

孟子对曰:"王何必曰利?亦有仁义而已矣。王曰何以利吾国?大夫曰何以利吾家?士庶人曰何以利吾身?上下交征[3]利而国危矣。万乘之国弑其君者,必千乘之家;千乘之国弑其君者,必百乘之家。万取千焉,千取百焉,不为不多矣。苟为后义而先利,不夺不餍[4]。未有仁而遗其亲者也,未有义而后其君者也。王亦曰仁义而已矣,何必曰利?"

……

梁惠王曰:"寡人之于国也,尽心焉耳矣。河内凶[5],则移其民于河东,移其粟于河内;河东凶亦然。察邻国之政,无如寡人之用心者。邻国之民不加少,寡人之民不加多,何也?"

孟子对曰:"王好战,请以战喻。填然[6]鼓之,兵刃既接,弃甲曳兵而走[7]。或百步而后止,或五十步而后止。以五十步笑百步,则何如?"

曰:"不可!直[8]不百步耳,是亦走也。"

曰:"王如知此,则无[9]望民之多于邻国也。不违农时,谷不可胜食也;数罟不入洿池[10],鱼鳖不可胜食也;斧斤以时入山林,材木不可胜用也。谷与鱼鳖不可胜食,材木不可胜用,是使民养生丧死无憾也。养生丧死无憾,王道之始也。五亩之宅[11],树之以桑,五十者可以衣帛矣。鸡豚狗彘之畜[12],无失其时,七十者可以食肉矣。百亩之田,勿夺其时,数口之家可以无饥矣;谨庠序之教[13],申之以孝悌之义,颁白者不负戴于道路矣[14]。七十者衣帛食肉,黎民不饥不寒,然而不王者,未之有也。狗彘食人食而不知检[15],涂有饿莩而不知发[16],人死则曰:非我也,岁[17]也。是何异于刺人而杀之曰:非我也,兵也。王无罪岁,斯天下之民至焉。"

【注释】

[1] 梁惠王:即魏惠王,因魏国都城在大梁(今河南开封西北),故名。惠王在位时魏国正处于鼎盛时期。

[2] 叟:犹今之老先生。按,孟子见梁惠王时已五十多岁,故有此称。

[3] 交征:相互争取。

[4] 餍:饱,满足。

[5] 河内:黄河自西而东北流经魏国,相对于黄河东岸的地域称为河内。凶:收成不好的荒年。

[6] 填然:形容鼓声。

[7] 曳(yè):拖着。走:这里指逃跑。

[8] 直:仅。

[9] 无:通"勿",不要。

[10] 数罟(cù gǔ):密网。洿(wū)池:即池塘。不用密网捕鱼,以保护鱼苗生长。

[11] 五亩:约合现在一亩二分地。宅:宅院。

[12] 豚:特指小猪。彘,泛指猪。畜(xù):养,指养育。

[13] 谨:谨慎,这里指谨慎从事。庠(xiáng)序:学校。殷代叫序,周代叫庠。教:教化。

[14] 颁白:同"斑白",指老年人。负戴:指背重物。

[15] 食人食:吃人所吃的东西。检:通"敛",收积、储藏。

[16] 涂:通"途",指路上。饿莩(piǎo):饿死的人。发:指开粮仓济民。

[17] 岁:年成。

提示与思考

1. 本课文中孟子说:"王亦曰仁义而已矣,何必曰利?"《论语·子路》:"子夏为莒父宰,问政。子曰:无欲速,无见小利,欲速则不达,见小利则大事不成。"你认为这种主张对当今社会风气和你自身发展方面有何借鉴意义?

2. 孟子好用比喻,找出本文中都有哪些比喻?

拓展阅读

齐桓晋文之事(选自《孟子·梁惠王上》)

(孟子)曰:"王之所大欲,可得闻与?"(齐宣)王笑而不言。

曰:"为肥甘不足于口与? 轻暖不足于体与? 抑为采色不足视于目与? 声音不

足听于耳与？便嬖不足使令于前与？王之诸臣皆足以供之，而王岂为是哉？"

曰："否，吾不为是也。"

曰："然则王之所大欲可知已：欲辟土地，朝秦楚，莅中国而抚四夷也。以若所为，求若所欲，犹缘木而求鱼也。"

王曰："若是其甚与？"

曰："殆有甚焉。缘木求鱼，虽不得鱼，无后灾；以若所为，求若所欲，尽心力而为之，后必有灾。"

曰："可得闻与？"

曰："邹人与楚人战，则王以为孰胜？"

曰："楚人胜。"

曰："然则小固不可以敌大，寡固不可以敌众，弱固不可以敌强。海内之地，方千里者九，齐集有其一；以一服八，何以异于邹敌楚哉？盖亦反其本矣。今王发政施仁，使天下仕者皆欲立于王之朝，耕者皆欲耕于王之野，商贾皆欲藏于王之市，行旅皆欲出于王之涂，天下之欲疾其君者，皆欲赴愬于王；其若是，孰能御之？"

王曰："吾惛，不能进于是矣。愿夫子辅吾志，明以教我；我虽不敏，请尝试之。"

曰："无恒产而有恒心者，惟士为能；若民，则无恒产，因无恒心。苟无恒心，放辟邪侈，无不为己。及陷于罪，然后从而刑之，是罔民也。焉有仁人在位，罔民而可为也？是故明君制民之产，必使仰足以事父母，俯足以畜妻子，乐岁终身饱，凶年免于死亡；然后驱而之善，故民之从之也轻。今也制民之产，仰不足以事父母，俯不足以畜妻子；乐岁终身苦，凶年不免于死亡。此惟救死而恐不赡，奚暇治礼义哉！王欲行之，则盍反其本矣。五亩之宅，树之以桑，五十者可以衣帛矣；鸡豚狗彘之畜，无失其时，七十者可以食肉矣；百亩之田，勿夺其时，八口之家可以无饥矣；谨庠序之教，申之以孝悌之义，颁白者不负戴于道路矣。老者衣帛食肉，黎民不饥不寒：然而不王者，未之有也。"

《庄子》(两篇)

庄子(约前369～前286年)，名周，战国时宋人，道家学说的主要代表人物，与道家始祖老子并称"老庄"。庄子曾作漆园吏，生活困顿，却鄙弃富贵名利，力图在乱世保持独立人格，追求逍遥自由的精神境界。庄子主张"天道无为"、"清静自然"。其哲学思想集中表现在《庄子》一书中。因唐代封庄子为"南华真人"，故《庄子》一书也被称为

《南华经》。其文具有浓厚的浪漫色彩，鲁迅先生评之为"汪洋辟阖，仪态万方，晚周诸子之作，莫能先也"（《汉文学史纲要》）。

《庄子》一书今共存三十三篇，分内篇、外篇和杂篇。以下所选两则分别出自其中的《外篇》与《杂篇》，题目为编者所加。

秋水（选自《庄子·外篇》）

秋水时至[1]，百川灌河。泾流[2]之大，两涘[3]渚崖之间不辩牛马。于是焉河伯[4]欣然自喜，以天下之美为尽在己。顺流而东行，至于北海，东面而视，不见水端。于是焉河伯始旋其面目，望洋向若[5]而叹曰："野语[6]有之曰，'闻道百，以为莫己若'者，我之谓也。且夫我尝闻少仲尼之闻而轻伯夷之义者[7]，始吾弗信；今我睹子之难穷也，吾非至于子之门则殆矣，吾长见笑于大方之家[8]。"

北海若曰："井蛙不可以语于海者，拘于虚[9]也；夏虫不可以语于冰者，笃[10]于时也；曲士[11]不可以语于道者，束于教也。今尔出于崖涘，观于大海，乃知尔丑[12]，尔将可与语大理矣。天下之水，莫大于海，万川归之，不知何时止而不盈；尾闾[13]泄之，不知何时已而不虚；春秋不变，水旱不知。此其过江河之流，不可为量数。而吾未尝以此自多者，自以比形于天地而受气于阴阳，吾在于天地之间，犹小石小木之在大山也。方存乎见少，又奚以自多！计四海之在天地之间也，不似礨空[14]之在大泽乎？计中国之在海内，不似稊米[15]之在大仓乎？号物[16]之数谓之万，人处一焉；人卒[17]九州，谷食之所生，舟车之所通，人处一焉；此其比万物也，不似豪末之在于马体乎？五帝之所连[18]，三王之所争，仁人之所忧，任士[19]之所劳，尽此矣！伯夷辞之以为名[20]，仲尼语之以为博，此其自多也；不似尔向之自多于水乎？"

河伯曰："然则吾大天地而小豪末，可乎？"

北海若曰"否。夫物，量无穷，时无止，分[21]无常，终始无故。是故大知[22]观于远近，故小而不寡，大而不多：知量无穷。证向今故[23]，故遥而不闷，掇而不跂[24]：知时无止。察乎盈虚，故得而不喜，失而不忧：知分之无常也。明乎坦涂，故生而不说[25]，死而不祸：知终始之不可故也。计人之所知，不若其所不知；其生之时，不若未生之时；以其至小，求穷其至大之域，是故迷乱而不能自得也。由此观之，又何以知毫末之足以定至细之倪[26]，又何以知天地之足以穷至大之域！"

【注释】

[1] 时至：按时令而至。

[2] 泾流：河流宽度。

[3] 两涘(sì)：指黄河两岸。这句意为两岸洲滩与崖岸相望，水漫阔远以至于分辨不清牛马。

[4] 河伯：河神。

[5] 若：海神。

[6] 野语：俗语。下所言"莫己若"即莫若己。

[7] 少：意动用法，以为少。伯夷：商末孤竹君之子。相传与弟叔齐互让王位，逃到周。周武王伐纣，二人叩马谏阻。武王灭商，耻食周粟，饿死在首阳山。古人以之为节义典范。

[8] 大方之家：深明大道理的人。大方，大道理。

[9] 虚：同"墟"，指处所、区域。

[10] 笃(dù)：固守，恪守。

[11] 曲士：乡曲之士，即偏居僻地的人。

[12] 丑：陋，这里意指浅陋。

[13] 尾闾：传说中海水所泄之处。

[14] 礨空：通"螺孔"，即水螺之所居处，传统注释多做蚁穴解。

[15] 稊(tí)米：小米。比喻其小。

[16] 号物：指称事物。

[17] 卒：通"萃"，聚集。

[18] 连：接续，此处之五帝所继承。

[19] 任士：贤能之人。

[20] 名：此处指功名、荣誉。

[21] 分：指物所禀受之本分。

[22] 大知：同"大智"。

[23] 今故：同"今古"。

[24] 掇：随手拾取。跂：跷脚而望，指期盼的样子。此句连同上句写对待时间流逝的从容态度，不以久远而苦闷，守其所得而不过分乞求。

[25] 说：通"悦"。

[26] 倪：端倪。

❓提示与思考

1.《庄子·则阳》载：

戴晋人曰："有所谓蜗者，君知之乎？……有国于蜗之左角者，曰触氏；有国于蜗之右角者，曰蛮氏。时相与争地而战，伏尸数万，逐北旬有五日而后反。"君曰："噫！其虚言与？"曰："臣请为君实之。君以意在四方上下有穷乎？"

君曰："无穷。"曰："知游心于无穷，而反在通达之国，若存若亡乎？"君曰："然。"曰："通达之中有魏，于魏中有梁，于梁中有王。王与蛮氏，有辩乎？"君曰："无辩。"客出而君惝然若有亡也。

对照课文中河伯与北海若的对话，思考有关大和小的标准问题。

2. 阅读《老子》第二章："天下皆知美之为美，斯恶矣；皆知善之为善，斯不善矣。故有无相生，难易相成，长短相形，高下相倾，音声相和，前后相随。是以圣人处无为之事，行不言之教。万物作焉而不辞。生而不有，为而不恃，功成而弗居。夫唯弗居，是以不去。"其中所说善恶、有无、长短、高下、音声、前后等概念与本篇河伯与北海若所谈论的大小之事有无共同之处？

3.《庄子·秋水》最后一段即是著名的"濠梁之辩"，原文如下：

> 庄子与惠子游于濠梁之上。庄子曰："鲦鱼出游从容，是鱼之乐也？"惠子曰："子非鱼，安知鱼之乐？"庄子曰："子非我，安知我不知鱼之乐？"惠子曰："我非子，固不知子矣；子固非鱼也，子之不知鱼之乐，全矣。"庄子曰："请循其本。子曰'汝安知鱼乐'云者，既已知吾知之而问我。我知之濠上也。"

思考一下，你认为这一段与上述课文之间的内在联系是什么？

拓展阅读

《史记·老子韩非子列传》(节选)

庄子者，蒙人也，名周。周尝为蒙漆园吏，与梁惠王、齐宣王同时。其学无所不窥，然其要本归于老子之言。故其著书十余万言，大抵率寓言也。作《渔父》、《盗跖》、《胠箧》，以诋訿孔子之徒，以明老子之术。畏累虚、亢桑子之属，皆空语无事实。然善属书离辞，指事类情，用剽剥儒、墨，虽当世宿学不能自解免也。其言洸洋自恣以适己，故自王公大人不能器之。

楚威王闻庄周贤，使使厚币迎之，许以为相。庄周笑谓楚使者曰："千金，重利；卿相，尊位也。子独不见郊祭之牺牛乎？养食之数岁，衣以文绣，以入大庙。当是之时，虽欲为孤豚，岂可得乎？子亟去，无污我。我宁游戏污渎之中自快，无为有国者所羁，终身不仕，以快吾志焉。"

宋元君夜梦神龟(选自《庄子·杂篇》)

宋元君夜半而梦人被发窥阿门[1]，曰："予自宰路之渊[2]，予为清江使河伯之所，渔者余且[3]得予。"元君觉，使人占之，曰："此神龟也。"君曰："渔者有余且乎？"

左右曰："有。"君曰："令余且会朝。"明日，余且朝。君曰："渔何得？"对曰："且之网得白龟焉，其圆五尺。"君曰："献若之龟。"龟至，君再欲杀之，再欲活之，心疑，卜之，曰："杀龟以卜，吉。"乃刳[4]龟，七十二钻而无遗策[5]。

仲尼曰："神龟能见梦[6]于元君，而不能避余且之网；知[7]能七十二钻而无遗策，不能避刳肠之患。如是，则知有所困，神有所不及也。虽有至知，万人谋之。鱼不畏网而畏鹈鹕[8]。去小知而大知明，去善而自善矣。婴儿生无硕师而能言，与能言者处也。"

惠子[9]谓庄子曰："子言无用。"庄子曰："知无用而始可与言用矣。夫地非不广且大也，人之所用容足耳。然则厕足而垫之[10]，致黄泉，人尚有用乎？"惠子曰："无用。"庄子曰："然则无用之为用也亦明矣。"

【注释】

[1] 宋元君：宋国国君，即宋元公，宋平公之子。阿(ē)门：角门、侧门。

[2] 宰路之渊：水名。

[3] 余且：人名。

[4] 刳(kū)：剖开、挖空。

[5] 钻：占卜。古时占卜先将龟腹甲钻孔，然后以火炙烤，根据裂纹以定吉凶。遗策：误失。

[6] 见梦：托梦。现，通"现"。

[7] 知：通"智"，下同。

[8] 鹈鹕：一种猎鱼的鸟。

[9] 惠子：惠施，宋人，为庄子的朋友，先秦名家代表人物。

[10] 厕：通"侧"。垫：本义为下陷，这里是往下挖的意思。

❓ 提示与思考

1. 归纳一下本篇的主旨。惠子与庄子关于有用与无用的对话与神龟被刳一事有内在联系吗？

2.《庄子·内篇·人间世》最后一段说："山木自寇也，膏火自煎也。桂可食，故伐之；漆可用，故割之。人皆知有用之用，而莫知无用之用也。"谈谈你对这个问题的认识。

📖 拓展阅读

山市（节选自《庄子·外篇》）

庄子行于山中，见大木，枝叶盛茂。伐木者止其旁而不取也。问其故，曰："无所可用。"庄子曰："此木以不材得终其天年。"夫子出于山，舍于故人之家。故人喜，命竖子杀雁而烹之。竖子请曰："其一能鸣，其一不能鸣，请奚杀？"主人曰："杀不能鸣者。"

明日，弟子问于庄子曰："昨日山中之木，以不材得终其天年；今主人之雁，以不材死。先生将何处？"庄子笑曰："周将处乎材与不材之间。材与不材之间，似之而非也，故未免乎累。若夫乘道德而浮游则不然，无誉无訾，一龙一蛇，与时俱化，而无肯专为。一上一下，以和为量，浮游乎万物之祖。物物而不物于物，则胡可得而累邪！此神农、黄帝之法则也。若夫万物之情，人伦之传则不然：合则离，成则毁，廉则挫，尊则议，有为则亏，贤则谋，不肖则欺。胡可得而必乎哉！悲夫，弟子志之，其唯道德之乡乎！"

《左传·齐晋鞍之战》

《左传》又名《左氏春秋》、《春秋左氏传》，它以鲁国编年史《春秋》为纲目，较详细地记述了鲁隐公元年(前722年)至鲁悼公十四年(前453年)时期的历史。作者相传为鲁国史官左丘明，今人或以为是战国初年时人所作。《左传》是儒家重要经典之一，它与《公羊传》、《谷梁传》合称"春秋三传"。

本文节选自《左传·成公二年》。鞍，也写作"鞌"，地名，在今山东济南西部。鞍之战是春秋时期的一次著名的战役，战争的实质是齐、晋争霸。

郤克将中军[1]，士燮佐上军，栾书将下军，韩厥为司马[2]，以救鲁、卫。臧宣叔逆晋师[3]，且道之[4]。季文子[5]帅师会之。及卫地，韩献子将斩人，郤献子驰，将救之，至则既斩之矣。郤子使速以徇[6]，告其仆曰："吾以分谤[7]也。"师从齐师于莘[8]。

六月壬申[9]，师至于靡笄[10]之下。齐侯使请战，曰："子以君师辱于敝邑，不腆敝赋[11]，诘朝[12]请见。"对曰："晋与鲁、卫，兄弟也；来告曰：大国朝夕释憾于敝邑之地[13]。寡君不忍，使群臣请于大国，无令舆师淹于君地；能进不能退，君无所辱命[14]！"齐侯曰："大夫之许，寡人之愿也。若其不许，亦将见也。"齐高固入晋师，桀石以投人[15]；禽之，而乘其车，系桑本[16]焉，以徇齐垒，曰："欲勇者贾[17]余馀勇！"

癸酉，师陈[18]于鞍。邴夏御齐侯[19]，逢丑父为右[20]。晋解张[21]御郤克，郑丘缓为右。齐侯曰："余姑翦灭此而朝食。"不介马[22]而驰之。郤克伤于矢，流血及屦[23]，未绝鼓音，曰："余病矣！"张侯曰："自始合，而矢贯余手及肘，余折以御，左轮朱殷[24]，岂敢言病。吾子[25]忍之！"缓曰："自始合，苟有险，余必下推车，子岂识之？然子病矣！"张侯曰："师之耳目，在吾旗鼓，进退从之。此车一人殿[26]之，可以集事，若之何其以病败君之大事也？擐[27]甲执兵，固即死也。病未及死，吾子勉之！"左并辔[28]，右援枹而鼓[29]，马逸不能止，师从之。齐师败绩。逐之，三周华不注[30]。

韩厥梦子舆[31]谓己曰："且辟左右。"故中御[32]而从齐侯。邴夏曰："射其御者，君子也。"公曰："谓之君子而射之，非礼也。"射其左，越于车下；射其右，毙于车中。綦毋张[33]丧车，从韩厥，曰："请寓乘。"从左右，皆肘之，使立于后。韩厥俛定其右[34]——逢丑父与公易位[35]。将及华泉，骖絓[36]于木而止……韩厥执絷[37]马前，再拜稽首，奉觞加璧以进[38]，曰："寡君使群臣为鲁卫请，曰无令舆师陷入君地。下臣不幸，属当戎行，无所逃隐。且惧奔辟而忝两君[39]，臣辱戎士，敢告不敏，摄官承乏[40]。"丑父使公下，如华泉取饮。郑周父御佐车[41]，宛茷为右，载齐侯以免。

韩厥献丑父，郤献子将戮之。呼曰："自今无有代其君任患者，有一于此，将为戮乎！"郤子曰："人不难[42]以死免其君，我戮之不祥。赦之，以劝事君者。"乃免之。

【注释】

[1] 郤(xì)克：又称郤献子、郤子，晋大夫，为本次征战中晋军主帅。下句士燮（即范文子）、栾书均为晋军将领。中军：春秋时晋为大国设上、中、下三军。

[2] 韩厥：也称韩献子，晋大夫。司马，掌军中祭祀、赏罚等。

[3] 臧宣叔：名许。与下句之季文子皆为鲁大夫。逆：迎接。

[4] 道之：通"导之"，即为晋军做向导。

[5] 季文子：鲁大夫。

[6] 徇：遍示。

[7] 分谤：指分担军中的不满情绪。此事表明晋军将领之间的团结一致。

[8] 莘(shēn)：地名，今山东莘县北。

[9] 壬申：当月之十七日。

[10] 靡笄(jī)：山名，在济南西郊，或说即历山一带。

[11] 腆：厚，多。敝赋：我军。赋，指兵士。敝赋与上句"敝邑"均是自谦用语。

[12] 诘(jié)朝：明晨。

[13] 大国：指齐国。释憾：发泄怒气，即攻打。

[14] 辱命：自谦语，有辱您发布命令。此句意即不必专门请战。

[15] 桀：同"揭"，举起。投人：扔石头打人。

[16] 桑本：带根的桑树。徇垒：指在齐军营垒前拖着桑树巡游示威。

[17] 贾(gǔ)：市也，交易、买卖。古人谓行商坐贾。

[18] 陈，同"阵"，列阵，指两军在鞍山下摆开阵势。

[19] 邴夏：与下文之逢丑父皆为齐国大夫。御，驾车。

[20] 右：车右。春秋时战车上卫士居右。

[21] 解(xiè)张：又称张侯，与下文之郑丘缓都是晋臣。

[22] 不介马：不给马披护甲。介：甲，此处用作动词。

[23] 屦(jù)：麻鞋。

[24] 朱殷(yān)：深红色，指血凝后发黑的颜色。

[25] 吾子：您，尊称。比说"子"更亲切。

[26] 殿：镇守。

[27] 擐(huàn)：穿上。

[28] 辔(pèi)：马缰绳。古代一车四马，共八条缰绳，外边的两条系在车上，中间六条为御者所执。"左并辔"是说解张把右手里的三条缰绳合并到左手中。

[29] 援：引、拿。枹(fú)：鼓槌。古时作战，主帅以旗鼓指挥将士，击鼓为进军号令。

[30] 三周：绕了三圈儿。华不(fú)注：山名，在济南东郊黄河南岸。

[31] 子舆：韩厥的父亲。

[32] 中御：在车中间为御者。当时除天子、诸侯或主帅之外，乘车皆以御者居中。此战韩厥为将，应居车左，因父亲托梦让他避开左右，所以他居中亲自驾车。

[33] 綦(qí)毋张：晋大夫，复姓綦毋，名张。

[34] 俛：同"俯"，俯身。定其右：把右边已被射倒的卫士身体放好。

[35] 易位：交换位置。因君臣皆着战服，故韩厥不能分辨。

[36] 骖(cān)：骖马。古代马车左右两侧为骖马，中间驾辕者为服马。絓：同"挂"，绊住。

[37] 絷(zhí)：绊马索。

[38] 奉觞加璧以进：向齐侯进酒献璧。觞，饮酒具，犹今之酒杯。璧，一种环状玉器。此处写韩厥对齐侯行臣仆之礼。

[39] 忝(tiǎn)：有辱。这句意为怕自己如逃避作战而使齐君、晋君受辱蒙羞。

[40] 摄官：代理职务。承乏：承当人员的空乏。齐军已被冲散，顷公身边已无人可用，韩厥请求为之代摄职务。以上系外交辞令，是要俘获齐侯的婉转说法。

[41] 郑周父：与下句之"宛茷"皆为齐臣。佐车：副车。

[42] 不难：意动用法，不以为难，即不把以死救君主看作难事。

? 提示与思考

1. 本文所塑造的韩厥的形象非常成功。如战前斩人、前夜梦父、战时中御、"俛定其右"、肘推綦毋张、执絷行礼并进言齐君等，由此我们可以感受到他的性格的丰富圆满。文中其他人物也各有特点，你还能再梳理出一个吗？

2. 文中有许多地方写了双方在战争中仍不失礼仪的行为方式，如两国约战时的外交礼节，韩厥对待齐君的行礼献璧和恭谨言辞等。当邴夏看出驾车人像是晋军将领时说："射其御者，君子也。"齐顷公却不让逢丑父发箭，认为"谓之君子而射之，非礼也"。最后导致被韩厥追上，逢丑父被俘。你是如何看待这种行为方式的？逢丑父能免于一死的原因是否与此有关？

3. 对比郤克中箭时和解张、郑丘缓的对话语气与韩厥追上齐侯时说话的口吻有何不同？感受《左传》高妙的语言艺术。

拓展阅读

《齐晋鞍之战前后》(节选自《左传》)

（宣公）十七年春，晋侯使郤克征会于齐。齐顷公帷妇人，使观之。郤子登，妇人笑于房。献子怒，出而誓曰："所不此报，无能涉河。"献子先归，使栾京庐待命于齐，曰："不得齐事，无复命矣。"郤子至，请伐齐，晋侯弗许。请以其私属，又弗许。

……

二年春，齐侯伐我北鄙，围龙。顷公之嬖人卢蒲就魁门焉，龙人囚之。齐侯曰："勿杀！吾与而盟，无入而封。"弗听，杀而膊诸城上。齐侯亲鼓，士陵城，三日取龙，遂南侵及巢丘。

……

孙桓子还于新筑，不入，遂如晋乞师。臧宣叔亦如晋乞师。皆主郤献子。晋侯许之七百乘。郤子曰："此城濮之赋也。有先君之明与先大夫之肃，故捷。克于先大夫，无能为役，请八百乘。"许之。

……

齐侯免，求丑父，三入三出。每出，齐师以帅退。入于狄卒，狄卒皆抽戈楯冒之。以入于卫师，卫师免之。遂自徐关入。齐侯见保者，曰："勉之！齐师败矣。"辟女子，女子曰："君免乎？"曰："免矣。"曰："锐司徒免乎？"曰："免矣。"曰："苟君与吾父免矣，可若何！"乃奔。齐侯以为有礼，既而问之，辟司徒之妻也。予之石窌。

《战国策·苏秦约纵散横》

  《战国策》系西汉时刘向据战国史书编辑而成的国别体史书。主要记述了战国时期谋臣策士(纵横家)的政治主张和策略,是研究战国历史的重要典籍。全书分为东周、西周、秦、齐、楚、赵、魏、韩、燕、宋、卫、中山十二策,计三十三篇,上起前490年智伯灭范氏,下至前221年高渐离以筑击秦始皇。原有《国策》、《国事》、《短长》、《事语》、《长书》、《修书》等名,今书名为刘向所拟定。

  《战国策》实际上是当时纵横家游说之辞的汇编,既是史学名著,也是先秦历史散文成就最高、影响最大的著作之一。该书文辞华丽,富于气势,长于铺排,所记人物机智善辩。本文选自《战国策·秦策一》,题目为编者所加。

  苏秦始将连横说秦惠王[1],曰:"大王之国,西有巴蜀、汉中之利,北有胡貉、代马之用[2],南有巫山、黔中之限,东有崤、函之固。田肥美,民殷富,战车万乘,奋击百万,沃野千里,蓄积饶多,地势形便,此所谓天府——天下之雄国也。以大王之贤,士民之众,车骑之用,兵法之教,可以并诸侯,吞天下,称帝而治,愿大王少留意,臣请奏其效[3]。"

  秦王曰:"寡人闻之,毛羽不丰满者不可以高飞,文章[4]不成者不可以诛罚;道德不厚者不可以使民,政教不顺者不可以烦大臣。今先生俨然不远千里而庭教之[5],愿以异日。"

  ……

  说秦王书十上而说不行。黑貂之裘弊,黄金百斤尽,资用乏绝,去秦而归。嬴滕履蹻[6],负书担橐,形容枯槁,面目黎黑,状有归[7]色。归至家,妻不下纴[8],嫂不为炊,父母不与言。苏秦喟叹曰:"妻不以我为夫,嫂不以我为叔,父母不以我为子,是皆秦之罪也!"乃夜发书,陈箧数十,得《太公阴符》[9]之谋,伏而诵之,简练以为揣摩。读书欲睡,引锥自刺其股,血流至足。曰:"安有说人主不能出其金玉锦绣,取卿相之尊者乎?"

  期年,揣摩成,曰:"此真可以说当世之君矣!"于是乃摩燕乌集阙[10],见说赵王于华屋之下,抵掌而谈。赵王大悦,封为武安君,受相印。革车百乘,绵绣千纯[11],白璧百双,黄金万溢[12],以随其后,约从散横[13],以抑强秦。故苏秦相于赵而关不通[14]。

  当此之时,天下之大,万民之众,王侯之威,谋臣之权,皆欲决苏秦之策。不费斗粮,未烦一兵,未张一士,未绝一弦,未折一矢,诸侯相亲,贤于兄弟。夫贤人在而天下服,一人用而天下从。故曰:式[15]于政,不式于勇;式于廊庙之内,不式于四境之外。当[16]秦之隆,黄金万溢为用,转毂连骑[17],炫熿于道,山东之国,从风而服,使赵大重。且夫苏秦,特穷巷掘门、桑户棬枢之士耳[18],伏轼撙[19]衔,横历天下,廷说诸侯之王,杜左右之口,天下莫之能伉[20]。

　　将说楚王,路过洛阳,父母闻之,清宫除道[21],张乐设饮,郊迎三十里。妻侧目而视,倾耳而听;嫂蛇行匍伏,四拜自跪而谢。苏秦曰:"嫂何前倨而后卑也[22]?"嫂曰:"以季子[23]之位尊而多金。"苏秦曰:"嗟乎! 贫穷则父母不子,富贵则亲戚畏惧。人生世上,势位富贵,盖可忽乎哉[24]!"

【注释】

　　[1]苏秦:东周洛阳人,战国时期著名的纵横家。连横:秦处六国之西,若秦自西向东收服诸国,称连横。六国南北联盟抗秦则称合纵。秦惠王:名驷。

　　[2]貉:兽名,类狐,皮可制裘。代马:代地(今山西省北部)所产之马。

　　[3]效:效验,结果。

　　[4]文章:此处指法令条文。

　　[5]俨然:矜庄貌,郑重认真地。庭教之:庭上指教。

　　[6]嬴縢履蹻:腿上缠扎藤蔓,足穿草鞋。嬴(léi),通"缧",缠绕。縢,本意为绑腿布,此处假借为"藤"。蹻(qiāo):草鞋。

　　[7]归:通"愧"。

　　[8]纴:纺织,此处代指织布机。

　　[9]太公阴符:托名姜太公所著的兵法书。

　　[10]摩:接近、临近,此处意为登上。燕乌集阙:宫阙名,当为赵国宫观类建筑。燕鹊聚集其下,故名。

　　[11]纯:古代对布匹的丈量单位。

　　[12]溢:同"镒",古代二十四两为一镒。

　　[13]约:邀约、联合。从:古代通"纵"。

　　[14]关不通:指六国合纵抗秦,封锁函谷关,断绝往来。

　　[15]式:同"试",运用、致力于。

　　[16]当:匹敌、堪比。

　　[17]转毂连骑:形容车骑连绵不绝。

　　[18]穷巷掘门:居于贫穷巷子里,凿洞为门(比喻居住在窑窟里)。桑户:桑木为门板。棬(quān)枢:用弯曲的树枝做成的门枢。棬古同"棬"。此二句喻寒酸至极。

　　[19]撙(zǔn):控制,驾驭。

[20]伉:古与"抗"同,抗衡。

[21]清宫除道:清理房舍,洒扫街路。

[22]前倨而后卑:先前傲慢而后谦卑。倨,傲慢。

[23]季子:苏秦的字。一说意同小叔子。

[24]盖:又作"盍",同"何"。本句意为:怎么可以忽视啊。

提示与思考

1. 你认为本文是提倡励志图强的坚韧不屈精神,还是在宣扬不择手段地博取个人名利?抑或是借苏秦之遭遇抨击不良社会风气?或者兼而有之?说说你的理由是什么。如果有时间,请阅读无名氏的元杂剧《冻苏秦衣锦还乡》,看看这个故事在后人笔下还发生过怎样的变化。

2. 有感于家人态度的巨大转变,《史记·苏秦列传》是这样记录苏秦当时的慨叹的:"此一人之身,富贵则亲戚畏惧之,贫贱则轻易之,况众人乎!且使我有雒阳负郭田二顷,吾岂能佩六国相印乎!"对比本课文中苏秦所说"嗟乎!贫穷则父母不子,富贵则亲戚畏惧。人生世上,势位富贵,盖可忽乎哉!"两种表述之间有何差别?

3. 苏洵《嘉佑集》卷九:"噫!龙逢、比干不获称良臣,无苏秦、张仪之术也;苏秦、张仪不免为游说,无龙逢、比干之心也。是以龙逢、比干吾取其心不取其术,苏秦、张仪吾取其术不取其心,以为谏法。"而明代的敖英在《东谷赘言》卷上中却说:"苏老泉曰:龙逢、比干不得为良臣……予未信斯言也。历代忠臣义士,杀身成仁者,皆谓之无术可乎?夫苏秦、张仪之术,狙诈之术也。老泉乃以之责备龙逢、比干,何浅之待忠臣哉!殊不知邪正不两立,有龙逢、比干之心者,决不肯为苏秦、张仪之术;有苏秦、张仪之术者,决不能存龙逢、比干之心。故黄河之源不扬黑水之波,桃李之根不结松柏之实。"你是如何看待这两种不同观点的?换句话说,你认为苏秦是个学习的榜样吗?

拓展阅读

《史记·苏秦列传》(节选)

苏秦者,东周雒阳人也。东事师于齐,而习之于鬼谷先生。出游数岁,大困而归。兄弟嫂妹妻妾窃皆笑之,曰:"周人之俗,治产业,力工商,逐什二以为务。今子释本而事口舌,困,不亦宜乎!"苏秦闻之而惭,自伤,乃闭室不出,出其书遍观之。曰:"夫士业已屈首受书,而不能以取尊荣,虽多亦奚以为!"于是得周书阴符,伏而读之。期年,以出揣摩,曰:"此可以说当世之君矣。"求说周显王。显王左右素习知苏秦,皆少之。弗信。

乃西至秦。秦孝公卒,说惠王曰:"秦四塞之国,被山带渭,东有关河,西有汉中,南有巴蜀,北有代马,此天府也。以秦士民之众,兵法之教,可以吞天下,称帝而治。"秦王曰:"毛羽未成,不可以高蜚;文理未明,不可以并兼。"方诛商鞅,疾辩士,弗用。

乃东之赵。赵肃侯令其弟成为相,号奉阳君。奉阳君弗说之。去,游燕,岁余而后得见。

……

人有毁苏秦者曰:"左右卖国反复之臣也,将作乱。"苏秦恐得罪归,而燕王不复官也。苏秦见燕王曰:"臣,东周之鄙人也,无有分寸之功,而王亲拜之于庙而礼之于廷。今臣为王却齐之兵而得十城,宜以益亲。今来而王不官臣者,人必有以不信伤臣于王者。臣之不信,王之福也。臣闻忠信者,所以自为也;进取者,所以为人也。且臣之说齐王,曾非欺之也。臣弃老母于东周,固去自为而行进取也。今有孝如曾参,廉如伯夷,信如尾生。得此三人者以事大王,何若?"王曰:"足矣。"苏秦曰:"孝如曾参,义不离其亲一宿于外,王又安能使之步行千里而事弱燕之危王哉?廉如伯夷,义不为孤竹君之嗣,不肯为武王臣,不受封侯而饿死首阳山下。有廉如此,王又安能使之步行千里而行进取于齐哉?信如尾生,与女子期于梁下,女子不来,水至不去,抱柱而死。有信如此,王又安能使之步行千里却齐之强兵哉?臣所谓以忠信得罪于上者也。"燕王曰:"若不忠信耳,岂有以忠信而得罪者乎?"苏秦曰:"不然。臣闻客有远为吏而其妻私于人者,其夫将来,其私者忧之,妻曰勿忧,吾已作药酒待之矣。居三日,其夫果至,妻使妾举药酒进之。妾欲言酒之有药,则恐其逐主母也,欲勿言乎,则恐其杀主父也。于是乎详僵而弃酒。主父大怒,笞之五十。故妾一僵而覆酒,上存主父,下存主母,然而不免于笞,恶在乎忠信之无罪也?夫臣之过,不幸而类是乎!"燕王曰:"先生复就故官。"益厚遇之。

……

于是苏秦详为得罪于燕而亡走齐,齐宣王以为客卿。齐宣王卒,湣王即位,说湣王厚葬以明孝,高宫室大苑囿以明得意,欲破敝齐而为燕。

燕易王卒,燕哙立为王。其后齐大夫多与苏秦争宠者,而使人刺苏秦,不死,殊而走。齐王使人求贼,不得。苏秦且死,乃谓齐王曰:"臣即死,车裂臣以徇于市,曰苏秦为燕作乱于齐,如此则臣之贼必得矣。"于是如其言,而杀苏秦者果自出,齐王因而诛之。燕闻之曰:"甚矣,齐之为苏生报仇也!"

……

太史公曰:苏秦兄弟三人,皆游说诸侯以显名,其术长于权变。而苏秦被反间以死,天下共笑之,讳学其术。然世言苏秦多异,异时事有类之者皆附之苏秦。夫苏秦起闾阎,连六国从亲,此其智有过人者。吾故列其行事,次其时序,毋令独蒙恶声焉。

屈原《九歌》(二首)

　　屈原,名平,战国末期楚国丹阳(今湖北秭归)人,著名爱国诗人。屈原一生历楚怀王及楚顷襄王两朝,尽忠朝廷但却屡遭排挤,因被谗言诽谤而流放,最终投汩罗江而死。屈原的诗歌创作运用当地流行的楚辞文体,发展了《诗经》以来的比兴传统,开创了极具浪漫色彩的"香草美人"式的象征性表现手法,代表作有《离骚》、《九歌》、《九章》、《天问》等。

　　《九歌》本为传说中远古歌曲的名称,此处所选系屈原据楚地祭神乐歌改编加工而成。计有《东皇太一》、《云中君》、《湘君》、《湘夫人》、《大司命》、《少司命》、《东君》、《河伯》、《山鬼》、《国殇》、《礼魂》共十一篇。其中《湘君》祭湘水神、《国殇》祭祀为国捐躯的将士的魂灵。

湘　君

君不行兮夷犹[1],蹇谁留兮中洲[2]?
美要眇兮宜修[3],沛[4]吾乘兮桂舟。
令沅湘兮无波,使江水兮安流!
望夫君兮未来,吹参差[5]兮谁思?
驾飞龙[6]兮北征,邅[7]吾道兮洞庭。
薜荔柏兮蕙绸[8],荪[9]桡兮兰旌。
望涔阳兮极浦[10],横大江兮扬灵[11]。
扬灵兮未极,女婵媛[12]兮为余太息。
横流涕兮潺湲,隐思君兮陫侧[13]。
桂櫂兮兰枻[14],斫冰兮积雪。
采薜荔兮水中,搴芙蓉兮木末[15]。
心不同兮媒劳[16],恩不甚兮轻绝。
石濑兮浅浅[17],飞龙兮翩翩。

交不忠兮怨长,期不信兮告余以不闲。

鼂[18]骋骛兮江皋,夕弭节[19]兮北渚。

鸟次[20]兮屋上,水周兮堂下。

捐余玦[21]兮江中,遗余佩兮澧浦[22]。

采芳洲兮杜若[23],将以遗兮下女。

时不可兮再得,聊逍遥兮容与[24]。

【注释】

[1] 君:即湘君,湘水之神。一说即南巡时死于苍梧的大舜。夷犹:徘徊、迟疑不决。

[2] 搴(jiǎn):发语词。中洲:即洲中。

[3] 要眇(yāo miǎo):妩媚貌。宜修:恰当的修饰打扮。

[4] 沛:水大而急。

[5] 参差:长短不齐,似指排箫或笙管类乐器,相传为大舜所造。

[6] 飞龙:从全篇文意及下文所言"石濑兮浅浅,飞龙兮翩翩"看,当是代指龙船。

[7] 遭(zhān):绕转。

[8] 薜荔(bì lì):陆上蔓生植物,藤本,江南常见。柏:通"箔",帘子。绸:此处指帷帐。

[9] 荪:一种香草,即石菖蒲。

[10] 涔(cén)阳:地名,在洞庭湖西北。极浦:遥远的水边。

[11] 扬灵:同"扬舲",扬帆前进。

[12] 女:与后文所云"下女"皆指身边的侍女。婵媛:婉转眷顾的样子。

[13] 陫侧:同"悱恻",忧伤悲痛。

[14] 櫂:同"棹",长桨。枻(yì):短桨。

[15] 搴(qiān):拔取。木末:即树梢。

[16] 媒劳:媒人徒劳。

[17] 石濑:石上急流。浅(jiān)浅:形容水流湍急。

[18] 鼂(zhāo):同"朝",早晨。

[19] 弭节:驻马,这里是指休息。

[20] 次:止息。

[21] 捐:抛弃。玦(jué):有缺口的玉环。

[22] 澧浦:澧水岸边,其地在今湖南省北部。

[23] 杜若:香草名,即竹叶莲。

[24] 容与：舒缓放松的样子。

？提示与思考

1. 本课文中有"采薜荔兮水中，搴芙蓉兮木末"的句子，联系《九歌·湘夫人》中也有"鸟何萃兮苹中，罾何为兮木上"的诗句，这些句子是在描叙现实场景吗？它们究竟表达了怎样的心理情绪？

2. 《湘君》是距今两千多年前楚人"娱神"的歌曲，而当代有很多诸如《等待》、《等待爱情》、《等待着你》、《等待你的心》、《等待你的爱》、《等待是爱情的一种方式》为题的流行歌曲，写的都是现实人生的爱情生活。查阅一下这些歌词，你认为哪一首所吟咏的情绪和《湘君》比较接近？你是如何看待这种现象的？

拓展阅读

湘夫人（选自《楚辞·九歌》）

帝子降兮北渚，目眇眇兮愁予。
袅袅兮秋风，洞庭波兮木叶下。
登白薠兮骋望，与佳期兮夕张。
鸟何萃兮苹中，罾何为兮木上？
沅有芷兮澧有兰，思公子兮未敢言。
荒忽兮远望，观流水兮潺湲。
麋何食兮庭中，蛟何为兮水裔？
朝驰余马兮江皋，夕济兮西澨。
闻佳人兮召予，将腾驾兮偕逝。
筑室兮水中，葺之兮荷盖。
荪壁兮紫坛，播芳椒兮成堂。
桂栋兮兰橑，辛夷楣兮药房。
罔薜荔兮为帷，擗蕙櫋兮既张。
白玉兮为镇，疏石兰兮为芳。
芷葺兮荷屋，缭之兮杜衡。
合百草兮实庭，建芳馨兮庑门。
九嶷缤兮并迎，灵之来兮如云。
捐余袂兮江中，遗余褋兮澧浦。
搴汀洲兮杜若，将以遗兮远者。
时不可兮骤得，聊逍遥兮容与。

国　殇

操吴戈兮被犀甲[1]，车错毂[2]兮短兵接。

旌蔽日兮敌若云，矢交坠兮士争先。

凌余阵兮躐余行[3]，左骖殪[4]兮右刃伤。

霾两轮兮絷四马[5]，援玉枹兮击鸣鼓。

天时怼兮威灵怒[6]，严杀[7]尽兮弃原野。

出不入兮往不反，平原忽[8]兮路超远。

带长剑兮挟秦弓，首身离兮心不惩[9]。

诚既勇兮又以武，终刚强兮不可凌。

身既死兮神以灵，子魂魄兮为鬼雄。

【注释】

[1] 吴戈：古时吴地冶炼技术发达，所产戈、剑等兵器较锋利，因有"吴戈"、"吴钩"之名。下文所谓"秦弓"也是良弓的代称。被(pī)：通"披"。

[2] 毂(gū)：车轮贯轴之处。

[3] 凌：侵犯。躐(liè)：践踏。行：行列、队列。

[4] 殪(yì)：扑地而亡。

[5] 霾：同"埋"。絷(zhí)：羁绊。

[6] 怼(duì)：怨恨。此句意为战场厮杀得一片昏暗，直教令天怨神怒。

[7] 严杀：犹言"肃杀"，形容杀戮之惨状。

[8] 忽：渺茫、恍惚。

[9] 不惩：不改。惩，终止。

？提示与思考

1. 此诗是追悼阵亡士卒的挽诗。国殇本意指为国捐躯的人。"殇之义二：男女未冠笄而死者，谓之殇；在外而死者，谓之殇。殇之言伤也。国殇，死国事，则所以别于二者之殇也。"(清戴震《屈原赋注》)于右任先生晚年在台湾也作了一首题为《国殇》的诗，其文如下："葬我于高山之上兮，望我大陆；大陆不可见兮，只有痛哭；葬我于高山之上兮，望我故乡；故乡不可见兮，永不能忘。天苍苍，野茫茫，山之上，国有殇。"请对比这两首诗作的异同之处。

2. "出不入兮往不反，平原忽兮路超远。带长剑兮挟秦弓，首身离兮心不惩。"

这四句其实就是"古来征战几人回"(王昌龄《凉州词》)之滥觞。又"身既死兮神以灵,子魂魄兮为鬼雄"的句子也可以说是"生当做人杰,死亦为鬼雄"(李清照《夏日绝句》)源头。联系于右任的《国殇》,可见此诗对后人影响之大。你还能举例一二事例说明此诗对我国后来的爱国诗篇有何具体影响吗?

3. 反复吟诵本诗,直至能够背诵为止。

拓展阅读

《史记·屈原列传》(节选)

屈原者,名平,楚之同姓也。为楚怀王左徒。博闻强志,明于治乱,娴于辞令。入则与王图议国事,以出号令;出则接遇宾客,应对诸侯。王甚任之。上官大夫与之同列,争宠而心害其能。怀王使屈原造为宪令,屈平属草稿未定。上官大夫见而欲夺之,屈平不与,因谗之曰:"王使屈平为令,众莫不知,每一令出,平伐其功,以为'非我莫能为'也。"王怒而疏屈平。

屈平疾王听之不聪也,谗谄之蔽明也,邪曲之害公也,方正之不容也,故忧愁幽思而作《离骚》。离骚者,犹离忧也。夫天者,人之始也;父母者,人之本也。人穷则反本,故劳苦倦极,未尝不呼天也;疾痛惨怛,未尝不呼父母也。屈平正道直行,竭忠尽智以事其君,谗人间之,可谓穷矣。信而见疑,忠而被谤,能无怨乎?屈平之作离骚,盖自怨生也。国风好色而不淫,小雅怨诽而不乱。若离骚者,可谓兼之矣。上称帝喾,下道齐桓,中述汤武,以刺世事。明道德之广崇,治乱之条贯,靡不毕见。其文约,其辞微,其志洁,其行廉,其称文小而其指极大,举类迩而见义远。其志洁,故其称物芳。其行廉,故死而不容。自疏濯淖污泥之中,蝉蜕于浊秽,以浮游尘埃之外,不获世之滋垢,皭然泥而不滓者也。推此志也,虽与日月争光可也。

……是时屈平既疏,不复在位,使于齐……

时秦昭王与楚婚,欲与怀王会。怀王欲行,屈平曰:"秦虎狼之国,不可信,不如毋行。"怀王稚子子兰劝王行:"奈何绝秦欢!"怀王卒行。入武关,秦伏兵绝其后,因留怀王,以求割地。怀王怒,不听。亡走赵,赵不内。复之秦,竟死于秦而归葬。

长子顷襄王立,以其弟子兰为令尹。楚人既咎子兰以劝怀王入秦而不反也。

屈平既嫉之,虽放流,睠顾楚国,系心怀王,不忘欲反,冀幸君之一悟,俗之一改也。其存君兴国而欲反覆之,一篇之中三致志焉。然终无可奈何,故不可以反,卒以此见怀王之终不悟也。人君无愚智贤不肖,莫不欲求忠以自为,举贤以自佐,然亡国破家相随属,而圣君治国累世而不见者,其所谓忠者不忠,而所谓贤者不贤也。怀王以不知忠臣之分,故内惑于郑袖,外欺于张仪,疏屈平而信上官大夫、令尹子兰。兵挫地削,亡其六郡,身客死于秦,为天下笑。此不知人之祸也。

……

屈原至于江滨，被发行吟泽畔。颜色憔悴，形容枯槁。渔父见而问之曰："子非三闾大夫欤？何故而至此？"屈原曰："举世混浊而我独清，众人皆醉而我独醒，是以见放。"渔父曰："夫圣人者，不凝滞于物而能与世推移。举世混浊，何不随其流而扬其波？众人皆醉，何不餔其糟而啜其醨？何故怀瑾握瑜而自令见放为？"屈原曰："吾闻之，新沐者必弹冠，新浴者必振衣，人又谁能以身之察察，受物之汶汶者乎！宁赴常流而葬乎江鱼腹中耳，又安能以皓皓之白而蒙世俗之温蠖乎！"乃作《怀沙》之赋……于是怀石遂自沉汨罗以死。

屈原既死之后，楚有宋玉、唐勒、景差之徒者，皆好辞而以赋见称；然皆祖屈原之从容辞令，终莫敢直谏。其后楚日以削，数十年竟为秦所灭。

宋玉《高唐赋·序》

宋玉，又名子渊，战国末期楚鄢郢（今湖北宜城）人，一生历楚怀王、顷襄王和考烈王三朝，曾任楚国大夫。传说为屈原的弟子，是与唐勒、景差齐名的著名辞赋作家。今传作品有《九辩》、《风赋》、《高唐赋》、《登徒子好色赋》等。成语"下里巴人"、"阳春白雪"、"曲高和寡"等皆出其中。

《高唐赋》为其代表作之一，本篇所选仅为该赋的序文部分，始见于梁萧统《昭明文选》。也有人认为该赋与其姊妹篇《神女赋》均非宋玉原著，当是出后人托名之作。

昔者，楚襄王与宋玉游于云梦之台[1]，望高唐之观[2]，其上独有云气，崪[3]兮直上，忽兮改容，须臾之间，变化无穷。王问玉曰："此何气也？"玉对曰："所谓朝云者也。"王曰："何谓朝云？"玉曰："昔者先王尝游高唐，怠而昼寝，梦见一妇人曰：'妾，巫山之女也，为高唐之客。闻君游高唐，愿荐枕席。'王因幸[4]之，去而辞曰：'妾在巫山之阳，高丘之阻[5]，旦为朝云，暮为行雨。朝朝暮暮，阳台之下。'旦朝视之，如言。故为立庙，号曰朝云。"王曰："朝云始出，状若何也？"玉对曰："其始出也，𡺲兮若松榯[6]；其少进也，晰兮若姣姬，扬袂鄣日[7]而望所思。忽兮改容，偈[8]兮若驾驷马、建羽旗。湫[9]兮如风，凄兮如雨。风止雨霁，云无处所。"王曰："寡人方今可以游乎？"玉曰："可。"王曰："其何如矣？"玉曰："高矣显矣，临望远矣。广矣普矣，万物祖矣[10]。上属于天，下见于渊，珍怪奇伟，不可称论。"王曰："试为寡人赋之！"玉曰："唯唯！"

【注释】

[1] 楚襄王：楚怀王之子，名横，在位三十六年。云梦：地名，在今湖北境内，为古时郧国之地，中有大泽，战国时属楚国。

[2] 高唐之观：古建筑名。观（guàn），古代宫门前的双阙，以其高可观瞻，故名。高唐观与云梦台皆以所在之地命名，为传说中楚王之离宫。

[3] 崒（cuì）：通"萃"，聚集。

[4] 幸：宠幸，谓同寝。

[5] 阻：险要之地。

[6] 敦（duì）：丰沛的样子。榯（shí）：直立状。

[7] 扬袂鄣日：此谓美人举袖遮日，以望所思之人。

[8] 偈（jié）：疾驱的样子。

[9] 湫（qiū）：清凉。

[10] 万物祖矣：谓孕育万物。

提示与思考

1. 李商隐《有感》诗云："非关宋玉有微辞，却是襄王梦觉迟。一自高唐赋成后，楚天云雨尽堪疑。"这首诗后两句意为，自从有了《高唐赋》，"巫山云雨"便有了特定的含义，是否还是指自然界里普通而真实天象就很值得人们怀疑了。由此可见宋玉此作影响之广泛。同时，我们也应该更进一步思考：语言的力量究竟有多大？它是如何超越现实的？

2. 李白《清平调》（其二）："一枝红艳露凝香，云雨巫山枉断肠。借问汉宫谁得似，可怜飞燕倚新妆。"元稹《离思》（其四）："曾经沧海难为水，除却巫山不是云。取次花丛懒回顾，半缘修道半缘君。"这些名作中都十分巧妙地运用了《高唐赋》的典故。你还能在以往所学的诗文中找出类似的例子吗？

拓展阅读

宋玉《神女赋·序》

楚襄王与宋玉游于云梦之浦，使玉赋高唐之事。其夜王寝，果梦与神女遇，其状甚丽，王异之。明日，以白玉。玉曰："其梦若何？"王曰："晡夕之后，精神恍忽，若有所喜，纷纷扰扰，未知何意？目色仿佛，乍若有记——见一妇人，状甚奇异。寐而梦之，寤不自识。罔兮不乐，怅然失志。于是抚心定气，复见所梦。"玉曰："状何如也？"王曰："茂矣美矣，诸好备矣。盛矣丽矣，难测究矣。上古既无，世所未见，瑰姿玮态，不可胜赞。其始来也，耀乎若白日初出照屋梁；其少进也，皎若明月舒其光。

须臾之间,美貌横生:晔兮如华,温乎如莹。五色并驰,不可殚形。详而视之,夺人目精。其盛饰也,则罗纨绮缋盛文章,极服妙采照万方。振绣衣,披袿裳,襛不短,纤不长,步裔裔兮曜殿堂。忽兮改容,婉若游龙乘云翔。嫥被服,倪薄装,沐兰泽,含若芳。性和适,宜侍旁,顺序卑,调心肠。"王曰:"若此盛矣,试为寡人赋之。"玉曰:"唯唯。"

《礼记·大学》(节选)

　　《大学》原为《礼记》的第四十二篇。《礼记》是战国至秦汉年间儒家学者解说经书《仪礼》的文选,是一部先秦儒学的资料汇编。宋程颢、程颐始将《大学》一篇单独抽出,后经朱熹注释,并将它同《论语》、《孟子》、《中庸》合编为《四书章句集注》,从此《大学》成为与"五经"并列的儒家重要经典。

　　《大学》的版本主要有两个体系:一是按原有次序排列的古本,即《礼记》中的《大学》原文。一是经朱熹编排整理,划分为经、传的《大学章句》本。本篇节选自《礼记》本的上半部分。

　　大学[1]之道,在明明德[2],在亲民[3],在止于至善。

　　知止而后有定,定而后能静,静而后能安,安而后能虑[4],虑而后能得。物有本末[5],事有终始。知所先后,则近道矣。

　　古之欲明明德于天下者,先治其国;欲治其国者,先齐其家[6];欲齐其家者,先修其身;欲修其身者,先正其心;欲正其心者,先诚其意;欲诚其意者,先致其知;致知在格物[7]。物格而后知至,知至而后意诚,意诚而后心正,心正而后身修,身修而后家齐,家齐而后国治,国治而后天下平。自天子以至于庶人,一是[8]皆以修身为本。其本乱而未治者否矣[9]。其所厚者薄[10],而其所薄者厚,未之有也!此谓知本,此谓知之至也。

　　所谓诚其意者,毋自欺也。如恶恶臭[11],如好好色,此之谓自谦[12]。故君子必慎其独也。小人闲居为不善,无所不至,见君子而后厌然[13],掩其不善而著其善[14]。人之视己,如见其肺肝然,则何益矣。此谓诚于中,形于外,故君子必慎其独也。曾子[15]曰:"十目所视,十手所指,其严乎!"富润屋[16],德润身,心广体胖[17],故君子必诚其意。

　　……

所谓修身在正其心者，身有所忿懥[18]，则不得其正；有所恐惧，则不得其正；有所好乐，则不得其正；有所忧患，则不得其正。心不在焉，视而不见，听而不闻，食而不知其味。此谓修身在正其心。

所谓齐其家在修其身者，人之其所亲爱而辟[19]焉，之其所贱恶而辟焉，之其所畏敬而辟焉，之其所哀矜而辟焉，之其所敖惰[20]而辟焉。故好而知其恶，恶而知其美者，天下鲜矣！故谚有之曰："人莫知其子之恶，莫知其苗之硕。"此谓身不修不可以齐其家。

所谓治国必先齐其家者，其家不可教而能教人者，无之。故君子不出家而成教于国：孝者所以事君也；弟[21]者所以事长也；慈者所以使众也。《康诰》[22]曰："如保赤子"，心诚求之，虽不中，不远矣。未有学养子而后嫁者也！一家仁，一国兴仁；一家让，一国兴让；一人贪戾，一国作乱。其机[23]如此。此谓一言偾[24]事，一人定国。尧舜率天下以仁，而民从之；桀纣率天下以暴，而民从之。其所令反其所好，而民不从。是故君子有诸己而后求诸人，无诸己而后非诸人。所藏乎身不恕[25]，而能喻诸人者，未之有也。故治国在齐其家。诗云[26]："桃之夭夭，其叶蓁蓁；之子于归，宜其家人。"宜其家人，而后可以教国人。诗云："宜兄宜弟[27]。"宜兄宜弟，而后可以教国人。诗云："其仪不忒[28]，正是四国。"其为父子兄弟足法，而后民法之也。此谓治国在齐其家。

所谓平天下在治其国者，上老老[29]而民兴孝，上长长而民兴弟，上恤孤而民不倍[30]。是以君子有絜矩[31]之道也。所恶于上，毋以使下；所恶于下，毋以事上；所恶于前，毋以先后；所恶于后，毋以从前；所恶于右，毋以交于左；所恶于左，毋以交于右。此之谓絜矩之道。诗云："乐只君子[32]，民之父母。"民之所好好之，民之所恶恶之，此之谓民之父母。

【注释】

[1] 大学：指相对于小学而言的"大人之学"，也有"博学"的意思。按，古人八岁入蒙学，学习书写、文辞及社会礼仪，谓之"小学"。而后所学伦理、政治、哲学等"穷理正心，修己治人"的学问，谓之"大学"。

[2] 明明德：前一个"明"作使动用法，即发扬、弘扬的意思。后一个"明"作形容词，指人所应具备的光明正大的品德。

[3] 亲民：据后文所引《诗经》等（本文已省略），此处当作"新民"。即弃旧图新，使人去恶就善。

[4] 能虑：能周全精细地谋划。

[5] "物有"二句：朱熹《大学章句》："明德为本，新民为末。知止为始，能得为终。"

[6] 齐其家:管理好自己的家庭或家族之事,能使之兴旺发达。

[7] 格物:认识、研究万事万物。格,推究。

[8] 一是:全都是。

[9] 否矣:谓不可能。

[10] 厚者薄:该重视的不重视。此所谓薄厚,即今之轻重缓急。

[11] 恶(wù)恶臭:讨厌恶臭气味。第一个"恶"为意动用法。下句"好好色"同此。

[12] 自谦:这里是自快、自足的意思。

[13] 厌然:形容遮盖、躲避的样子。

[14] 揜,同"掩",隐藏、遮掩。著:彰显。

[15] 曾子:名参,字子舆,鲁国南武城(山东济宁嘉祥)人,孔子著名弟子之一。孔子之孙子孔汲师从之,又传到孟子。曾参上承孔子之道,下启思孟学派,对儒学思想既有继承又有发展和建树,被后世尊为"宗圣"。

[16] 润屋:装点修饰住所。

[17] 体胖(pán):身体舒适泰然的样子。胖,舒泰。

[18] 忿懥(zhì):愤怒、怨恨。

[19] 辟:通"僻",这里是偏僻、不公正的意思。

[20] 敖惰:因轻视而懒得理会。

[21] 弟:通"悌",指弟弟要尊重兄长。

[22] 《康诰》:《尚书·周书》中的一篇,为西周时成王任命康叔治理殷商旧地民众而颁布命令。

[23] 机:机关、关键。

[24] 偾(fèn):败坏。

[25] 恕:恕道。即《论语》中孔子所说:"己所不欲,勿施于人。"

[26] 诗云:语出《诗经·周南·桃夭》,诗赞女子出嫁,善理其家。

[27] 宜兄宜弟:语出《诗经·小雅·蓼萧》。

[28] 其仪不忒:语出《诗经·曹风·鸤鸠》。忒,差错。

[29] 老老:把老人当做老人对待,第一个"老"用作动词,即敬老。下句"长长"同此。

[30] 恤孤:体恤、怜爱孤儿。古人谓幼年丧父为孤,老年丧子为独。倍:同"悖",背离、反叛。

[31] 絜矩(jié jǔ):规则、法度,即一言一行都应该合乎秩序规范的要求。絜,度量、丈量。

[32] 乐只君子:语出《诗经·小雅·南山有台》。乐,欢快、喜悦之意。只,语

助词,无意。

? 提示与思考

1.《大学》开宗明义提出了明明德、亲民、止于至善,这被宋儒称之为"三纲";继而又列出了格物、致知、诚意、正心、修身、齐家、治国、平天下这八个通向"三纲"的必经阶段,宋儒称之为"八目"。其中修身一条是根本,"自天子以至于庶人,一是皆以修身为本"。所谓修身,其实就是人格塑造。格物、致知、诚意、正心就是为了修身,而只有加强自身修养才可能进而齐家、治国、平天下。你觉得"三纲八目"对你个人今后的发展有实际作用吗?

2. 朱熹在注释《大学》时认为,"此谓知本,此谓知之至也"以上部分为孔子的话,称为"经",为孔子的弟子曾子所记;其后共十章,是曾子对"经"的阐释,称为"传",是曾子的学生记录下来的。比如首章有下面一段:

《康诰》曰:"克明德。"《大甲》曰:"顾諟天之明命。"《帝典》曰:"克明峻德。"皆自明也。

汤之《盘铭》曰:"苟日新,日日新,又日新。"《康诰》曰:"作新民。"诗曰:"周虽旧邦,其命惟新。"是故君子无所不用其极。

诗云:"邦畿千里,惟民所止。"诗云:"缗蛮黄鸟,止于丘隅。"子曰:"于止,知其所止,可以人而不如鸟乎!"诗云:"穆穆文王,于缉熙敬止!"为人君,止于仁;为人臣,止于敬;为人子,止于孝;为人父,止于慈;与国人交,止于信。

请问,这三段各是解释经文的哪一部分?

拓展阅读

《礼记·中庸》(节选)

天命之谓性,率性之谓道,修道之谓教。道也者,不可须臾离也;可离,非道也。是故君子戒慎乎其所不睹,恐惧乎其所不闻。莫见乎隐,莫显乎微,故君子慎其独也。

喜怒哀乐之未发,谓之中;发而皆中节,谓之和。中也者,天下之大本也;和也者,天下之达道也。致中和,天地位焉,万物育焉。

仲尼曰:"君子中庸,小人反中庸。君子之中庸也,君子而时中;小人之反中庸也,小人而无忌惮也。"

子曰:"中庸其至矣乎!民鲜能久矣。"

子曰:"道之不行也,我知之矣:知者过之,愚者不及也。道之不明也,我知之矣:贤者过之,不肖者不及也。人莫不饮食也,鲜能知味也。"

司马迁《史记》（两篇）

　　司马迁(约前145～前90年)，字子长，左冯翊夏阳(今陕西韩城)人，西汉史学家。所著《史记》原名《太史公记》，是我国历史上第一部纪传体通史。该书记载了自传说的黄帝时代至汉武帝时期约三千多年的历史，包括十二本纪、三十世家、七十列传、十表、八书，共一百三十篇，五十二万余字。《史记》为二十四史之首，与后来的《汉书》《后汉书》《三国志》合称"前四史"。

　　《史记》之文有很高的文学价值，被鲁迅誉为"史家之绝唱，无韵之《离骚》"。下文所选分别出自《赵世家》和《魏公子列传》，标题为编者所加。

赵氏孤儿

　　灵公立十四年，益骄。赵盾骤[1]谏，灵公弗听。及食熊蹯[2]，胹[3]不熟，杀宰人[4]，持其尸出，赵盾见之。灵公由此惧，欲杀盾。盾素仁爱人，尝所食桑下饿人反扞[5]救盾，盾以得亡。未出境，而赵穿[6]弑灵公而立襄公弟黑臀，是为成公。赵盾复反，任国政……晋景公时而赵盾卒，谥为宣孟，子朔嗣……

　　晋景公之三年，大夫屠岸贾欲诛赵氏。初，赵盾在时，梦见叔带持要[7]而哭，甚悲；已而笑，拊[8]手且歌。盾卜之，兆绝而后好。赵史援占之，曰："此梦甚恶，非君之身，乃君之子，然亦君之咎。至孙，赵将世益衰。"屠岸贾者，始有宠于灵公，及至于景公而贾为司寇，将作难，乃治灵公之贼以致[9]赵盾，遍告诸将曰："盾虽不知，犹为贼首。以臣弑君，子孙在朝，何以惩罪？请诛之。"韩厥曰："灵公遇贼，赵盾在外，吾先君以为无罪，故不诛。今诸君将诛其后，是非先君之意而今妄诛。妄诛谓之乱。臣有大事而君不闻，是无君也。"屠岸贾不听。韩厥告赵朔趣亡。朔不肯，曰："子必不绝赵祀，朔死不恨。"韩厥许诺，称疾不出。贾不请而擅与诸将攻赵氏于下宫，杀赵朔、赵同、赵括、赵婴齐，皆灭其族。

　　赵朔妻成公姊，有遗腹，走公宫匿。赵朔客曰公孙杵臼，杵臼谓朔友人程婴曰："胡不死？"程婴曰："朔之妇有遗腹，若幸而男，吾奉之；即女也，吾徐死耳。"居无何，而朔妇免[10]身，生男。屠岸贾闻之，索于宫中。夫人置儿绔中[11]，祝曰："赵宗灭乎，若[12]号；即不灭，若无声。"及索，儿竟无声。已脱，程婴谓公孙杵臼曰："今一索不得，后必且复索之，奈何？"公孙杵臼曰："立孤与死孰难？"程婴曰："死易，立孤难耳。"公孙杵臼曰："赵氏先君遇子厚，子强为其难者，吾为其易者，请先死。"乃二人谋取他人婴儿负之，衣以文葆[13]，匿山中。程婴出，谬谓诸将军曰："婴不肖，不能立赵孤。谁能与我千金，吾告赵氏孤处。"诸将皆喜，许之，发师随程婴攻公孙杵臼。杵臼谬曰："小人哉程婴！昔下宫之难不能死，与我谋匿赵氏孤儿，今又卖我。纵不能立，而忍卖之乎！"抱儿呼曰："天乎天乎！赵氏孤儿何罪？请活之，独杀杵臼可也。"诸将不许，遂杀杵臼与孤儿。诸将以为赵氏孤儿良[14]已死，皆喜。然赵氏真孤乃反在，程婴卒与俱匿山中。

居十五年，晋景公疾，卜之，大业[15]之后不遂者为祟。景公问韩厥，厥知赵孤在，乃曰："大业之后在晋绝祀者，其赵氏乎？夫自中衍[16]者皆嬴姓也。中衍人面鸟噣[17]，降佐殷帝大戊，及周天子，皆有明德。下及幽厉无道，而叔带[18]去周适晋，事先君文侯，至于成公，世有立功，未尝绝祀。今吾君独灭赵宗，国人哀之，故见龟策[19]。唯君图之。"景公问："赵尚有后子孙乎？"韩厥具以实告。于是景公乃与韩厥谋立赵孤儿，召而匿之宫中。诸将入问疾，景公因韩厥之众以胁诸将而见赵孤。赵孤名曰武。诸将不得已，乃曰："昔下宫之难，屠岸贾为之，矫以君命，并命群臣。非然，孰敢作难！微[20]君之疾，群臣固且请立赵后。今君有命，群臣之愿也。"于是召赵武、程婴遍拜诸将，遂反与程婴、赵武攻屠岸贾，灭其族。复与赵武田邑如故。

及赵武冠，为成人，程婴乃辞诸大夫，谓赵武曰："昔下宫之难，皆能死。我非不能死，我思立赵氏之后。今赵武既立，为成人，复故位，我将下报赵宣孟与公孙杵臼。"赵武啼泣顿首固请，曰："武愿苦筋骨以报子至死，而子忍去我死乎！"程婴曰："不可。彼以我为能成事，故先我死；今我不报，是以我事为不成。"遂自杀。赵武服齐衰[21]三年，为之祭邑，春秋祠之，世世勿绝。

【注释】

[1] 骤：屡次。

[2] 熊蹯（fán）：熊掌。

[3] 胹（ér）：烹煮。

[4] 宰人：掌管膳食的官员。

[5] 扦（hàn）：同"捍"，保护。

[6] 赵穿，赵盾堂弟，封于邯郸，称邯郸君。

[7] 要：同"腰"。

[8] 拊（fǔ）：拍。

[9] 致：涉及，牵连。

[10] 免：同"娩"，分娩。

[11] 绔中：即两胯之间。

［12］若：你。下字同。

［13］文葆：同"纹褓"，即有文绣的襁褓。

［14］良：确实。

［15］大业：即皋陶之父。皋陶之子伯益即赵氏始祖。

［16］中衍：商早期时赵氏先祖，曾辅佐第九代商王太戊。

［17］噣（zhòu）：鸟嘴。赵氏始祖以鸟为图腾，传说人面鸟嘴。

［18］叔带：周幽王时赵氏先祖，始去周至晋地，事晋文侯，自叔带以下，赵宗益兴。

［19］龟策：泛指占卜。策，蓍草占凶吉。

［20］微：通"非"，假如不是。

［21］齐衰（cuī）：也作亦作"齐缞"，古时丧礼五服中仅次于斩衰的一种丧服。粗麻布缝制，下边缝齐，故称。

❓提示与思考

1.《史记·晋世家》记载："（晋景公）十七年，诛赵同、赵括，族灭之。韩厥曰：赵衰、赵盾之功岂可忘乎？奈何绝祀！乃复令赵庶子武为赵后，复与之邑。"时间上与《赵世家》所记景公十七年明显矛盾。纪君祥所作的元杂剧《赵氏孤儿大报仇》里，这个故事又被提前到了晋灵公时代。

2. 早在 1734 年巴黎《法兰西时报》就刊发了传教士马约瑟翻译的法文版《赵氏孤儿》剧本，伏尔泰于 1753 年将之改编成名为《中国孤儿》，剧情改动较大：宋臣桑提为保住宋王室后裔，把自己的儿子假扮成王子交给蒙古人。桑提的妻子伊达美到蒙古宫中求情，成吉思汗要求伊达美成为自己的新皇后，遭伊达美拒绝。伊达美要求桑提杀死自己然后自杀。成吉思汗有感于他们的爱情和气节，最终释放了所有人。《中国孤儿》在巴黎公演获得成功后，英国剧作家阿瑟·默菲又重新改编了《中国孤儿》，1759 年在伦敦上演，同样取得了成功。对待历史剧的改编，你认为我们应该采用怎样的态度？

3. 也许是幼年悲惨的亡族记忆，赵武后来很少参与卿族之间争杀倾轧。他执政期间，与各诸侯国也多以礼仪交往，不事征伐。死后谥号文，史称赵文子或晋献文子。关于他的事情，《礼记·檀弓下》有下述记载：

> 晋献文子成室，晋大夫发焉。张老曰："美哉轮焉，美哉奂矣！歌于斯，哭于斯，聚国族于斯。"文子曰："武也得歌于斯，哭于斯，聚国族于斯，是全要领以从先大夫于九京也。"北面再拜稽首。君子谓之善颂善祷。

赵武几乎原封不动地引用了张老的话，不过是在最后多加了一句而已。你能从中听出其中有何深意吗？为什么这些话被称之为"善颂善祷"？

拓展阅读

纪君祥《赵氏孤儿大报仇·楔子》

（净扮屠岸贾领卒子上，诗云）人无害虎心，虎有伤人意，当时不尽情，过后空淘气。某乃晋国大将屠岸贾是也。俺主灵公在位，文武千员，其信任的只有一文一武：文者是赵盾，武者即某矣。俺二人文武不和，常有伤害赵盾之心，争奈不能入手。那赵盾儿子唤做赵朔，现为灵公驸马。某也曾遣一勇士鉏麑，仗着短刀越墙而过，要刺杀赵盾，谁想鉏麑触树而死。那赵盾为劝农出到郊外，见一饿夫在桑树下垂死，将酒饭赐他饱餐了一顿，其人不辞而去。后来西戎国进贡一犬，呼曰神獒，灵公赐与某家。自从得了那个神獒，便有了害赵盾之计。将神獒锁在净房中，三五日不与饮食。于后花园中扎下一个草人，紫袍玉带，象简乌靴，与赵盾一般打扮，草人腹中悬一付羊心肺，某牵了神獒来，将赵盾紫袍剖开，着神獒饱餐一顿，依旧锁入净房中。又饿了三五日，复行牵出那神獒，扑着便咬，剖开紫袍，将羊心肺又饱餐一顿。如此试验百日，度其可用，某因入见灵公，只说今时不忠不孝之人，甚有欺君之意。灵公一闻其言，不胜大恼，便向某索问其人。某言西戎国进来的神獒，性最灵异，他便认的。灵公大喜，说当初尧舜之时，有獬豸能触邪人，谁想我国有此神獒，今在何处？某牵上那神獒去。其时赵盾紫袍玉带，正立在灵公坐榻之边。神獒见了，扑着他便咬。灵公言："屠岸贾，你放了神獒，兀的不是谗臣也！"某放了神獒，赶着赵盾绕殿而走。争奈傍边恼了一人，乃是殿前太尉提弥明，一瓜锤打倒神獒，一手揪住脑杓皮，一手扳住下嗑子，只一劈将那神獒分为两半。赵盾出的殿门，便寻他原乘的驷马车。某已使人将驷马摘了二马，双轮去了一轮，上的车来，不能前去。傍边转过一个壮士，一臂扶轮，一手策马，逢山开路，救出赵盾去了。你道其人是谁？就是那桑树下饿夫灵辄。某在灵公跟前说过，将赵盾三百口满门良贱，诛尽杀绝。止有赵朔与公主在府中，为他是个驸马，不好擅杀。某想剪草除根，萌芽不发，乃诈传灵公的命，差一合臣将着三般朝典，是弓弦、药酒、短刀，着赵朔服那一般朝典身亡。某已分付他疾去早来，回我的话。（诗云）三百家属已灭门，止有赵朔一亲人。不论那般朝典死，便教剪草尽除根。（下）

（冲末扮赵朔同旦儿扮公主上）（赵朔云）小官赵朔，官拜都尉之职。谁想屠岸贾与我父文武不和，搬弄灵公，将俺三百口满门良贱，诛尽杀绝了也。公主，你听我遗言：你如今腹怀有孕，若是你添个女儿，更无话说；若是个小厮儿呵，我就腹中与他个小名，唤做赵氏孤儿。待他长立成人，与俺父母雪冤报仇也。（旦儿哭科，云）兀的不痛杀我也！

（外扮使命，领从人上，云）小官奉主公的命，将三般朝典，是弓弦、药酒、短刀，赐与驸马赵朔,随他服那一般朝典,取速而亡,然后将公主囚禁府中。小官不敢久停久住,即刻传命走一遭去,可早来到他府门也。(见科,云)赵朔跪者,听主公的命。为你一家不忠不孝,欺公坏法,将您满门良贱,尽行诛戮,尚有余辜。姑念赵朔有一脉之亲,不忍加诛,特赐三般朝典,随意取一而死。其公主囚禁在府,断绝亲疏,不许往来。兀那赵朔,圣命不可违慢,你早早自尽者!(赵朔云)公主,似此可怎了也?(唱)

[仙吕·赏花时]枉了我报主的忠良一旦休!只他那蠹国的奸臣权在手。他平白地使机谋,将俺云阳市斩首!兀的是出气力的下场头!

(旦儿云)天那,可怜害的俺一家死无葬身之地也。(赵朔唱)

[幺篇]落不的身埋在故丘。(云)公主,我嘱付你的说话,你牢记者。(旦儿云)妾身知道了也。(赵朔唱)分付了腮边两泪流,俺一句一回愁。待孩儿他年长后,着与俺这三百口,可兀的报冤仇!(死科,下)

(旦儿云)驸马,则被你痛杀我也!(下)(使命云)赵朔用短刀身亡了也,公主已囚在府中,小官须回主公的话去来。(诗云)西戎当日进神獒,赵家百口命难逃。可怜公主犹囚禁,赵朔能无决短刀。(下)

窃符救赵

魏公子无忌者,魏昭王少子而魏安釐[1]王异母弟也。昭王薨,安釐王即位,封公子为信陵君……公子为人仁而下士,士无贤不肖皆谦而礼交之,不敢以其富贵骄士。士以此方数千里争往归之,致食客三千人。当是时,诸侯以公子贤,多客,不敢加兵谋魏十余年。

公子与魏王博[2],而北境传举烽,言"赵寇至,且入界"。魏王释博,欲召大臣谋。公子止王曰:"赵王田猎耳,非为寇也。"复博如故。王恐,心不在博。居顷,复从北方来传言曰:"赵王猎耳,非为寇也。"魏王大惊,曰:"公子何以知之?"公子曰:"臣之客有能探得赵王阴事[3]者,赵王所为,客辄以报臣,臣以此知之。"是后魏王畏公子之贤能,不敢任公子以国政。

魏有隐士曰侯嬴,年七十,家贫,为大梁夷门[4]监者。公子闻之,往请,欲厚遗之。不肯受,曰:"臣修身絜[5]行数十年,终不以监门困故而受公子财。"公子于是乃置酒大会宾客。坐定,公子从车骑,虚左[6],自迎夷门侯生。侯生摄敝衣冠,直上载公子上坐[7],不让,欲以观公子。公子执辔愈恭。侯生又谓公子曰:"臣有客在市屠中,愿枉[8]车骑过之。"公子引车入市,侯生下见其客朱亥,俾倪[9]故久立,与其客语,微[10]察公子。公子颜色愈和。当是时,魏将相宗室宾客满堂,待公子举酒。市人皆观公子执辔。从骑皆窃骂侯生。侯生视公子色终不变,乃谢客就车。至家,公子引侯生坐上坐,遍赞宾客[11],宾客皆惊。酒酣,公子起,为寿侯生前。侯生因谓公子曰:"今日嬴之为[12]公子亦足矣。嬴乃夷门抱关[13]者也,而公子亲枉车骑,自迎嬴于众人广坐之中,不宜有所过,今公子故过之。然嬴欲就公子之名,故久立公子车骑市中,过客以观公子,公子愈恭。市人皆以嬴为小人,而以公子为长者能下士也。"于是罢酒,侯生遂为上客。

侯生谓公子曰:"臣所过屠者朱亥,此子贤者,世莫能知,故隐屠间耳。"公子往数请之,朱亥故不复谢,公子怪之。

魏安釐王二十年[14],秦昭王已破赵长平军,又进兵围邯郸。公子姊为赵惠文王弟平原君[15]夫人,数遗魏王及公子书,请救于魏。魏王使将军晋鄙将十万众救赵。秦王使使者告魏王曰:"吾攻赵旦暮且下,而诸侯敢救者,已拔赵,必移兵先击之。"魏王恐,使人止晋鄙,留军壁邺[16],名为救赵,实持两端[17]以观望。平原君使者冠盖相属[18]于魏,让[19]魏公子曰:"胜所以自附为婚姻者,以公子之高义,为能急人之困。今邯郸旦暮降秦而魏救不至,安在公子能急人之困也!且公子纵轻胜,弃之降秦,独不怜公子姊邪?"公子患之,数请魏王,及宾客辩士说王万端。魏王畏秦,终不听公子。公子自度终不能得之于王,计[20]不独生而令赵亡,乃请宾客,约车骑百余乘,欲以客往赴秦军,与赵俱死。

行过夷门,见侯生,具告所以欲死秦军状。辞决[21]而行,侯生曰:"公子勉之矣,老臣不能从。"公子行数里,心不快,曰:"吾所以待侯生者备矣,天下莫不闻,今吾且死而侯生曾无一言半辞送我,我岂有所失哉?"复引车还,问侯生。侯生笑曰:"臣固知公子之还也。"曰:"公子喜士,名闻天下。今有难,无他端而欲赴秦军,譬若以肉投馁虎,何功之有哉?尚安事客[22]?然公子遇臣厚,公子往而臣不送,以是知公子恨之复返也。"公子再拜,因问。侯生乃屏人间语[23],曰:"嬴闻晋鄙之兵符常在王卧内,而如姬最幸,出入王卧内,力能窃之。嬴闻如姬父为人所杀,如姬资[24]之三年,自王以下欲求报其父仇,莫能得。如姬为公子泣,公子使客斩其仇头,敬进如姬。如姬之欲为公子死,无所辞,顾未有路耳。公子诚一开口请如姬,如姬必许诺,则得虎符夺晋鄙军,北救赵而西却秦,此五霸之伐[25]也。"公子从其计,请如姬。如姬果盗晋鄙兵符与公子。

公子行,侯生曰:"将在外,主令有所不受,以便国家。公子即合符,而晋鄙不授公子兵而复请之,事必危矣。臣客屠者朱亥可与俱,此人力士。晋鄙听,大善;不听,可使击之。"于是公子泣。侯生曰:"公子畏死邪?何泣也?"公子曰:"晋鄙嚄唶[26]宿将,往恐不听,必当杀之,是以泣耳,岂畏死哉?"于是公子请朱亥。朱亥笑曰:"臣乃市井鼓刀屠者,而公子亲数存之,所以不报谢者,以为小礼无所用。今公子有急,此乃臣效命之秋也。"遂与公子俱。公子过谢侯生。侯生曰:"臣宜从,老不能。请数公子行日,以至晋鄙军之日,北乡自刭[27],以送公子。"公子遂行。

至邺,矫魏王令代晋鄙。晋鄙合符,疑之,举手视公子曰:"今吾拥十万之众,屯于境上,国之重任,今单车来代之,何如哉?"欲无听。朱亥袖四十斤铁椎[28],椎杀晋鄙,公子遂将晋鄙军。勒[29]兵,下令军中曰:"父子俱在军中,父归;兄弟俱在军中,兄归;独子无兄弟,归养。"得选兵八万人,进兵击秦军。秦军解去,遂救邯郸,存赵。赵王及平原君自迎公子于界,平原君负韊[30]矢为公子先引。赵王再拜曰:"自古贤人未有及公子者也。"当此之时,平原君不敢自比于人。公子与侯生决,至军,侯生果北乡自刭。

魏王之怒公子之盗其兵符,矫杀晋鄙,公子亦自知也。已却秦存赵,使将将其军归魏,而公子独与客留赵。

【注释】

[1] 釐(xī):同"僖",谥号用字。

[2] 博:下棋。

[3] 阴事:秘事。

[4] 夷门:大梁城的东门名。

[5] 絜:通"洁"。

[6] 虚左:空出车左边的尊位。摄:整理。

[7] 载:即乘坐。上坐:同"上座",即车的左边。

[8] 枉:委屈,此指绕道。

[9] 俾倪:同"睥睨",斜视,有傲慢之意。

[10] 微:暗自。

[11] 遍赞宾客:向所有在座的宾客赞扬侯生。

[12] 为:难为,使人为难。

[13] 关:闭门时用的横木。

[14] 魏安釐王二十年:即前257年。两年前秦将白起在长平关围攻赵军,坑杀赵降兵四十万人。

[15] 平原君:即赵胜。

[16] 壁:扎营驻守。邺,地名,在今河北临漳县一带。

[17] 持两端:采取犹豫不决的两面态度。

[18] 属(zhǔ):连缀不断,此处形容使臣络绎不绝。

[19] 让:责备。

[20] 计:决计。

[21] 辞决:告辞诀别。决,通"诀"。

[22] 事客：使用宾客。事，用。

[23] 屏人间(jiàn)语：使人退避而秘密地交谈。

[24] 资：蓄积、攒积。

[25] 伐：功劳、功绩。

[26] 嚄唶(huò jiè)：呼叫声，此处形容勇悍。

[27] 北乡自刭：面向北方刎颈自杀。乡，通"向"。

[28] 椎(chuí)：同"锤"。

[29] 勒：约束、整顿。一说检阅。

[30] 鞬(lán)：盛放弓弩和箭支的囊袋。

提示与思考

1. 王维《夷门歌》："七雄雄雌犹未分，攻城杀将何纷纷。秦兵盖国邯郸急，魏王不救平原君。公子为嬴停驷马，执辔愈恭意愈下。亥为屠肆鼓刀人，嬴乃夷门抱关者。非但慷慨献奇谋，意气兼将生命酬。向风刎颈送公子，七十老翁何所求！"你认为侯嬴自杀的内在依据是什么？联系《赵氏孤儿》中程婴在赵武复仇成功后的自杀而死，你认为这种行为是否值得？如果他们不采取这种行为方式，作品会发生怎样的变化？

2. 王昌龄《答武陵田太守》诗："仗剑行千里，微躯敢一言。曾为大梁客，不负信陵恩。"王昌龄是如何理解侯嬴和信陵君之间的关心的？此诗表达出怎样的情感？

3. 本文中有"实持两端以观望"、"说王万端"、"无他端而欲赴秦军"等语，三次出现的"端"字词义各是什么，其中是否有关联？

拓展阅读

《史记·魏公子列传》(节选)

赵孝成王德公子之矫夺晋鄙兵而存赵，乃与平原君计，以五城封公子。公子闻之，意骄矜而有自功之色。客有说公子曰："物有不可忘，或有不可不忘。夫人有德于公子，公子不可忘也；公子有德于人，愿公子忘之也。且矫魏王令，夺晋鄙兵以救赵，于赵则有功矣，于魏则未为忠臣也。公子乃自骄而功之，窃为公子不取也。"于是公子立自责，似若无所容者。赵王埽除自迎，执主人之礼，引公子就西阶。公子侧行辞让，从东阶上。自言罪过，以负于魏无功于赵。赵王侍酒至暮，口不忍献五城，以公子退让也。公子竟留赵。赵王以鄗为公子汤沐邑，魏亦复以信陵奉公子。公子留赵。

公子闻赵有处士毛公藏于博徒，薛公藏于卖浆家，公子欲见两人，两人自匿不肯见公子。公子闻所在，乃间步往从此两人游，甚欢。平原君闻之，谓其夫人曰："始吾闻夫人弟公子天下无双，今吾闻之，乃妄从博徒卖浆者游，公子妄人耳。"夫人以告公子。公子乃谢夫人去，曰："始吾闻平原君贤，故负魏王而救赵，以称平原君。平原君之游，徒豪举耳，不求士也。无忌自在大梁时，常闻此两人贤，至赵，恐不得见。以无忌从之游，尚恐其不我欲也，今平原君乃以为羞，其不足从游。"乃装为去。夫人具以语平原君。平原君乃免冠谢，固留公子。平原君门下闻之，半去平原君归公子，天下士复往归公子，公子倾平原君客。

公子留赵十年不归。秦闻公子在赵，日夜出兵东伐魏。魏王患之，使使往请公子。公子恐其怒之，乃诫门下："有敢为魏王使通者，死。"宾客皆背魏之赵，莫敢劝公子归。毛公、薛公两人往见公子曰："公子所以重于赵，名闻诸侯者，徒以有魏也。今秦攻魏，魏急而公子不恤，使秦破大梁而夷先王之宗庙，公子当何面目立天下乎？"语未及卒，公子立变色，告车趣驾归救魏。

魏王见公子，相与泣，而以上将军印授公子，公子遂将。魏安釐王三十年，公子使使遍告诸侯。诸侯闻公子将，各遣将将兵救魏。公子率五国之兵破秦军于河外，走蒙骜。遂乘胜逐秦军至函谷关，抑秦兵，秦兵不敢出。当是时，公子威振天下，诸侯之客进兵法，公子皆名之，故世俗称魏公子兵法。

秦王患之，乃行金万斤于魏，求晋鄙客，令毁公子于魏王曰："公子亡在外十年矣，今为魏将，诸侯将皆属，诸侯徒闻魏公子，不闻魏王。公子亦欲因此时定南面而王，诸侯畏公子之威，方欲共立之。"秦数使反间，伪贺公子得立为魏王未也。魏王日闻其毁，不能不信，后果使人代公子将。公子自知再以毁废，乃谢病不朝，与宾客为长夜饮，饮醇酒，多近妇女。日夜为乐饮者四岁，竟病酒而卒。其岁，魏安釐王亦薨。

秦闻公子死，使蒙骜攻魏，拔二十城，初置东郡。其后秦稍蚕食魏，十八岁而虏魏王，屠大梁。

班固《汉书·朱买臣传》

班固(32～92年)，字孟坚，扶风安陵人(今陕西咸阳东北)。东汉著名史学家。曾任兰台令史，典校秘书，后因事入狱，死狱中。班固亦善辞赋，著有《两都赋》等。

《汉书》是班固潜心二十余年而修成，所记始于汉高帝刘邦，终于王莽。包括十二本、八表、十志、列七十传，共一百篇。本篇选自《汉书》卷六十四《严朱吾丘主父徐严终王贾传》。

朱买臣字翁子，吴人也。家贫，好读书，不治产业，常艾[1]薪樵，卖以给食，担束薪，行且诵书。其妻亦负戴相随，数止买臣毋歌呕[2]道中。买臣愈益疾歌，妻羞之，求去。买臣笑曰："我年五十当富贵，今已四十余矣。女苦日久，待我富贵报女功。"妻恚[3]，怒曰："如公等，终饿死沟中耳，何能富贵！"买臣不能留，即听去。其后，买臣独行歌道中，负薪墓间。故妻与夫家俱上冢，见买臣饥寒，呼饭饮之。

后数岁，买臣随上计[4]吏为卒，将重车[5]至长安。诣阙上书，书久不报，待诏公车[6]。粮用乏，上计吏卒更[7]，乞丐之[8]。会邑子严助贵幸[9]，荐买臣，召见，说《春秋》，言《楚词》，帝甚说之，拜买臣为中大夫，与严助俱侍中。是时，方筑朔方，公孙弘谏，以为罢敝[10]中国。上使买臣难诎[11]弘，语在《弘传》。后买臣坐事免，久之，召待诏[12]。

是时，东越[13]数反复，买臣因言："故东越王居保泉山[14]，一人守险，千人不得上。今闻东越王更徙处南行，去泉山五百里，居大泽中。今发兵浮海，直指泉山，陈舟列兵，席卷南行，可破灭也。"上拜买臣会稽太守。上谓买臣曰："富贵不归故乡，如衣绣夜行，今子何如？"买臣顿首辞谢。诏买臣到郡，治楼船，备粮食、水战具，须诏书到，军与俱进。

初，买臣免，待诏，常从会稽守邸者[15]寄居饭食。拜为太守，买臣衣故衣，怀其印绶，步归郡邸。直上计时，会稽吏方相与群饮，不视买臣。买臣入室中，守邸与共食，食且饱，少见[16]其绶，守邸怪之，前引其绶，视其印，会稽太守章也。守邸惊，出语上计掾吏[17]。皆醉，大呼曰："妄诞耳！"守邸曰："试来视之。"其故人素轻买臣者入内视之，还走，疾呼曰："实然！"坐中惊骇，白守丞[18]，相推排陈列中庭拜谒。买臣徐出户。有顷，长安厩吏乘驷马车来迎，买臣遂乘传[19]去。

会稽闻太守且至，发民除道[20]，县长吏[21]并送迎，车百余乘。入吴界，见其故妻、妻夫治道[22]。买臣驻车，呼令后车载其夫妻，到太守舍，置园中，给食之。居一月,妻自经死,买臣乞[23]其夫钱,令葬。悉召见故人与饮食,诸尝有恩者,皆报复焉。

居岁余,买臣受诏将兵,与横海将军韩说等俱击破东越,有功。征入为主爵都尉[24],列于九卿。

数年,坐法免官,复为丞相长史。张汤为御史大夫。始,买臣与严助俱侍中,贵用事,汤尚为小吏,趋走买臣等前。后汤以延尉治淮南狱,排陷严助,买臣怨汤。及买臣为长史,汤数行丞相事,知买臣素贵,故陵折之。买臣见汤,坐床上弗为礼。买臣深怨,常欲死之[25]。后遂告汤阴事,汤自杀,上亦诛买臣。

买臣子山拊官至郡守,右扶风。

【注释】

[1] 艾(yì):通"刈",割、砍。

[2] 呕:同"讴",唱歌。

[3] 恚(huì):愤恨。

[4] 上计:汉代地方官将境内户口、赋税、狱讼等项编造计簿,遣吏上报朝廷,称"上计"。

[5] 重车:载简册、衣食等用品的大车。

[6] 公车:汉代官署名。以公府车马递送京城的士人,在此等待皇帝的召见。

[7] 卒更:按时更换役卒。《汉书·昭帝纪》"元凤四年"如淳注:"古者正卒无常人,皆当迭为之,一月一更,是为卒更。"这里是辞掉役卒的意思。

[8] 乞丐之:谓乞求继续做役卒。

[9] 会:正值。邑子:同乡。

[10] 罢敝:同"疲敝"。

[11] 难诎:诘难、驳斥。

[12] 待诏:官名。随时听候朝廷的诏命,以备顾问,故名。

[13] 东越:古越人的一支。传为越王勾践后裔,秦汉时分布在今浙江东南、福建北部一带。

[14] 泉山:即今福建泉州清源山。

[15] 守邸者:会稽郡驻京机构留守人员。

[16] 少见:故意露出一点。见,同"现"。

[17] 掾(yuàn)吏:官府中佐助官员的通称。

[18] 守丞:州郡主要官员之一,位在太守之下。汉代上计由郡国守丞带队。

[19] 传(zhuàn):朝廷驿站所备专车。

[20] 除道:清理道路。

[21] 县长吏:指县衙中所有地位较高的官员。

[22]治道：整修道路。

[23]乞：这里是给的意思。《广雅》："乞，与也。"

[24]主爵都尉：官名，掌封爵事。

[25]死之：以死害之。

提示与思考

1. 本篇传记没有着重记叙朱买臣的政治业绩，却集中笔墨栩栩如生地描写了他与妻子及守邸者、上计吏等人的言行，班固为什么要这样写？从《战国策》到《史记》再到《汉书》，细节描写越来越多、越来越好看。本篇的细节描写就极其生动传神。找一找这些细节，思考一下它们在文中所起的作用。

2. 东晋王嘉《拾遗记》中载姜太公也曾有过和朱买臣类似的经历：

太公望初娶马氏，读书不事产，马求去。太公封齐，马求再合，太公取水一盆，倾于地，令妇收水，惟得其泥；太公曰："若能离更合，覆水定难收！"

后来的元杂剧中有《朱太守风雪渔樵记》，写朱买臣官拜太守后，前妻求复婚，买臣泼水于马前，以示不能再合。后世因以"马前泼水"比喻夫妻离异，无法挽回。由《拾遗记》中姜太公泼水马氏跟前，变成《渔樵记》中朱买臣马前泼水，这种"误传"在文学表现力上有何变化？

3. 唐代大诗人李白《妾薄命》诗云："雨落不上天，水覆难再收；君情与妾意，各自东西流。"其《南陵别儿童入京》中也有诗句云："会稽愚妇轻买臣，余亦辞家西入秦。仰天大笑出门去，我辈岂是蓬蒿人。"请问李白这两次引用朱买臣的典故各自表达了怎样的情感？分析一下为什么作者对这类故事感兴趣？

拓展阅读

罗隐《谗书·越妇言》

买臣之贵也，不忍其去妻，筑室以居之，分衣食以活之，亦仁者之心也。

一旦，去妻言于买臣之近侍曰："吾秉箕帚于翁子左右者，有年矣。每念饥寒勤苦时节，见翁子之志，何尝不言通达后以匡国致君为己任，以安民济物为心期。而吾不幸离翁子左右者，亦有年矣，翁子果通达矣。天子疏爵以命之，衣锦以昼之，斯亦极矣。而向所言者，蔑然无闻。岂四方无事使之然耶？岂急于富贵未假度者耶？以吾观之，矜于一妇人，则可矣，其他未之见也。又安可食其食！"乃闭气而死。

汉乐府（两首）

　　乐府是自秦时已见的专门官署。汉乐府本指汉代用来采集民歌、配置乐曲以及训练乐工的官设机构。其所搜集、采制而保存下来的可入乐吟唱的民间诗歌，后来也被称之为"乐府"或"汉乐府"，文人仿此形式所作的诗，亦称"乐府诗"。

　　本课文所选《饮马长城窟行》、《长歌行》均出自萧统《文选》卷二十七。行，乐府曲调名，后来演化为古典歌曲的一种常见体式，如歌行。明代徐师《诗体明辨》："放情长言，杂而无方者曰歌；步骤驰骋，疏而不滞者曰行；兼之者曰歌行。"

饮马长城窟行

　　　　　青青河畔草，绵绵思远道。
　　　　　远道不可思，宿昔[1]梦见之。
　　　　　梦见在我傍，忽觉[2]在他乡。
　　　　　他乡各异县，展转不相见。
　　　　　枯桑知天风，海水知天寒。
　　　　　入门各自媚[3]，谁肯相为言！
　　　　　客从远方来，遗[4]我双鲤鱼，
　　　　　呼儿烹鲤鱼，中有尺素书[5]。
　　　　　长跪读素书，书中竟何如？
　　　　　上言加餐饭，下言长相忆。

【注释】

　　[1] 宿昔：即昨夜。

　　[2] 忽觉：忽然醒来。觉，睡醒。

　　[3] "入门"句：意为别人归家各自有人爱悦，唯无人可为我言说。

　　[4] 遗（wèi）：赠送。

　　[5] 尺素书：指家信。素，生绢。古人写信用长一尺左右的绢帛，故称。

提示与思考

　　1. 以绵绵延伸的春草触发内心的离情别绪，这在古典文学创作中可以经常见到。如淮南小山《招隐士》:"王孙游兮不归,春草生兮萋萋。"王维《送别》:"山中相送罢,日暮掩柴扉。春草明年绿,王孙归不归。"白居易《赋得古原草送别》:"又送王孙去,萋萋满别情。"想一想其中有什么内在联系。

2. 本诗的上半段与下半段之间除了换韵之外,在表现手法上还有什么明显不同? 你是如何理解这种不同的?

3. 本诗历来不乏模拟之作,如陆机、鲍令晖、杨慎等皆有拟作。其中明代的杨慎拟作如下:

> 河水清且涟,河上多芳草。春风二月时,千里交河道。
> 交河汉家营,荒莽少人行。日暮凄风起,黄沙与云平。
> 云间有孤雁,附书自乡县。翩翩欲下来,闻弦却惊散。
> 草青雁北飞,草枯雁南归。雁飞有归时,征人无还期。

比照以上原作及拟作,不妨也尝试作一首《拟饮马长城窟行》。

📖 拓展阅读

《古诗十九首》(之一)

> 青青河畔草,郁郁园中柳。
> 盈盈楼上女,皎皎当窗牖。
> 娥娥红粉妆,纤纤出素手。
> 昔为倡家女,今为荡子妇,
> 荡子行不归,空床难独守。

长歌行

> 青青园中葵[1],朝露待日晞[2]。
> 阳春布德泽,万物生光辉。
> 常恐秋节至,焜黄华叶衰[3]。
> 百川东到海,何时复西归?
> 少壮不努力,老大徒伤悲!

【注释】

[1] 葵:即冬葵,古时常见蔬菜之一,亦可入药。

[2] 晞(xī):干、干燥。

〔3〕焜(kūn)黄:枯黄衰败的样子。

提示与思考

1. 以流水比喻逝去的时间在《论语》中就曾有了,《论语·子罕》载:"子在川上曰:逝者如斯夫,不舍昼夜。"古典诗词中更比比皆是。如苏轼《念奴娇》:"大江东去,浪淘尽,千古风流人物。"你还能举出类似的诗句吗?

2. 岳飞《满江红》:"莫等闲,白了少年头,空悲切!"语意及用词与本诗最后两句颇有相近之处。吟咏二作,体会一下其中抒发的情绪是否有区别。

3. 背诵本篇。

拓展阅读

陶渊明《杂诗》(之一)

人生无根蒂,飘如陌上尘。
分散逐风转,此已非常身。
落地为兄弟,何必骨肉亲!
得欢当作乐,斗酒聚比邻。
盛年不重来,一日难再晨。
及时当勉励,岁月不待人。

曹操《苦寒行》

曹操(155～220年),字孟德,沛国谯(今安徽亳州)人。东汉末年在军阀混战中起兵,逐步扩充军力。后占据兖州,分化、诱降青州黄巾军的一部分,编为"青州兵"。建安元年(196)迎献帝都许(今河南许昌东),挟天子以命诸侯。官渡之战大破军阀袁绍后,逐步统一了中国北部,位至汉丞相,后进爵魏王,建安二十五年卒。子曹丕称帝,追尊为魏武帝。

曹操精通音律,能诗善赋。其诗歌多抒发宏大的政治抱负,风格雄浑慷慨,为后世所推崇的"建安风骨"的标志性诗人之一。下所选诗歌是曹操于建安十一年(206)征高干时所作。

北上太行山[1]，艰哉何巍巍！羊肠坂诘屈[2]，车轮为之摧。树木何萧瑟，北风声正悲。熊罴对我蹲，虎豹夹路啼。溪谷少人民，雪落何霏霏！延颈长叹息，远行多所怀。我心何怫郁[3]，思欲一东归。水深桥梁绝，中路正徘徊。迷惑失故路，薄暮无宿栖。行行日已远，人马同时饥。担囊行取薪，斧[4]冰持作糜。悲彼《东山》诗[5]，悠悠使我哀。

【注释】

[1] 太行山：指今河南省沁阳县北一带的群山。

[2] 诘屈：纤曲。

[3] 怫(fú)郁：心不安。

[4] 斧：动词，用斧子砍。

[5] 东山诗：即《诗经·豳风·东山》，相传是周公东征归来的慰劳士卒之作，写远征军人还乡途中的复杂情感。

？提示与思考

1.《苦寒行》是一军旅作品，从题目上看，作品重在写行军之苦。"羊肠坂诘屈"、"北风声正悲"、"虎豹夹路啼"、"雪落何霏霏"等诗句展现出山中险峻、荒寂、寒冷等自然景象，以此烘托士卒行军之艰辛、内心之悲苦。早在《诗经》已有近似题材的诗作。后来的卢思道在《从军行》中写道："天涯一去无穷已，蓟门迢递三千里。朝见马岭黄沙合，夕望龙城阵云起……关山万里不可越，谁能坐对芳菲月。流水本自断人肠，坚冰旧来伤马骨。边庭节物与华异，冬霰秋霜春不歇。长风萧萧渡水来，归雁连连映天没。"岑参《走马川行》有"轮台九月风夜吼，一川碎石大如斗，随风满地石乱走"以及"风头如刀面如割"的诗句。可见，军事作品不仅可以写金戈铁马、长剑倚天，更可以描摹军中种种艰苦，写出"将军白发征夫泪"，呈现出悲壮之情调。

2. 曹操于寒风凛冽的冬季，挥师北度太行，志在平定叛军，实现北中国的安定、统一。李世民《过旧宅》亦云："一朝辞此地，四海遂为家"，显示出不畏征战之苦的豪迈情怀。《苦寒行》结尾暗用周公之典，恰好表明曹操欲掌控北中国的宏大心志。而在其诗歌中多次出现关于周公的典故，表现出曹操的政治家的气魄和胸襟。苍凉之境与诗人雄壮之情在作品中交融在一起，可以在阅读中体会曹操如"幽燕老将，气韵沉雄"的艺术风格。

3. 本篇是乐府诗，属《相和歌·清调曲》歌辞。乐府旧题中还有《行路难》，鲍照有组诗《拟行路难》、李白有《蜀道难》，这些诗作有何共通之处？诗人们对人生道路之艰难的体验可以用各种不同的方式来表达，那么，他们吟咏的重点各自放在哪里,为什么?

拓展阅读

东山(选自《诗经·豳风》)

　　我徂东山,慆慆不归。我来自东,零雨其濛。我东曰归,我心西悲。制彼裳衣,勿士行枚。蜎蜎者蠋,烝在桑野。敦彼独宿,亦在车下。

　　我徂东山,慆慆不归。我来自东,零雨其濛。果臝之实,亦施于宇。伊威在室,蟏蛸在户。町畽鹿场,熠耀宵行。不可畏也,伊可怀也。

　　我徂东山,慆慆不归。我来自东,零雨其濛。鹳鸣于垤,妇叹于室。洒扫穹窒,我征聿至。有敦瓜苦,烝在栗薪。自我不见,于今三年。

　　我徂东山,慆慆不归。我来自东,零雨其濛。仓庚于飞,熠耀其羽。之子于归,皇驳其马。亲结其缡,九十其仪。其新孔嘉,其旧如之何!

王粲《登楼赋》

　　王粲(177~217年),字仲宣,山阳高平(今属山东金乡与微山县一带)人。东汉末著名文人,曹魏名臣。因文采出众,与孔融、陈琳、徐干、阮瑀、应玚、刘桢等并称“七子”。尤以诗、赋见长,被著名文论家刘勰誉为“七子之冠冕”。

　　本文选自《文选》卷十一,是作者在荆州依附刘表时登城楼而作。

　　登兹楼以四望兮,聊暇日以销忧。览斯宇之所处兮[1],实显敞而寡仇[2]。挟清漳之通浦兮[3],倚曲沮之长洲[4]。背坟衍之广陆兮[5],临皋隰[6]之沃流。北弥陶牧[7],西接昭丘[8]。华实蔽野,黍稷盈畴。虽信美而非吾土兮,曾何足以少留!

　　遭纷浊而迁逝兮[9],漫逾纪以迄今[10]。情眷眷而怀归兮,孰忧思之可任?凭轩槛以遥望兮,向北风而开襟。平原远而极目兮,蔽荆山之高岑[11]。路逶迤以修迥兮,川既漾而济深。悲旧乡之壅隔[12]兮,涕横坠而弗禁。昔尼父之在陈兮[13],有“归欤”之叹音。钟仪幽而楚奏兮[14],庄舄显而越吟[15]。人情同于怀土兮,岂穷达而异心!

　　惟日月之逾迈兮,俟河清其未极[16]。冀王道之一平兮,假高衢而骋力。惧匏瓜之徒悬兮[17],畏井渫[18]之莫食。步栖迟以徙倚兮,白日忽其将匿。风萧瑟而并兴兮,天惨惨而无色。兽狂顾以求群兮,鸟相鸣而举翼。原野阒[19]其无人兮,征夫行而未息。心凄怆以感发兮,意忉怛而憯恻[20]。循阶除而下降兮,气交愤于胸臆。夜参半而不寐兮,怅盘桓以反侧。

【注释】

[1] 斯宇之所处:这座城楼所处(的环境)。斯宇,与上句之"兹楼"意同。

[2] 寡仇(qiú):少有匹敌。仇,同"逑",匹配。

[3] 清漳:指漳水,流经湖北当阳,与沮水会合后注入长江。通浦:谓两条河流相汇。

[4] 曲沮:弯曲的沮水。长洲:指两水夹持的高地。

[5] 背:背靠,指后面。坟衍:高而平阔。土地高起为坟,广平为衍。

[6] 皋隰(gāo xí)泛指湿地。水边之地高者为皋,低湿为隰。

[7] 北弥陶牧:北连陶朱公墓所在之地。春秋时范蠡助越王勾践灭吴后,弃官隐名来此经商,人称"陶朱公"。传说湖北江陵西有陶朱公墓。

[8] 昭丘:楚昭王墓,在当阳郊外。

[9] 纷浊:比喻乱世。迁逝:指自己由长安避难来到荆州。

[10] 逾纪:作者自逃离长安至今已超过十二年。古人以十二年为一纪。

[11] 荆山:在湖北南漳西。高岑:小而高的山。

[12] 壅(yōng)隔:阻塞隔绝。

[13] "昔尼父"二句:《论语·公冶长》载,孔子周游列国时,在陈、蔡绝粮七日,曾慨叹曰:"归欤,归欤!"

[14] 钟仪幽而楚奏兮:据《左传·成公九年》,楚人钟仪被俘,晋侯让他弹琴,所奏乃为楚曲。晋侯赞曰:"乐操土风,不忘旧也。"

[15] 庄舄(xì):越国人,在楚国做高官,病中思乡,仍发越音。事见《史记·张仪列传》。

[16] 俟(sì):等待。河清:喻天下太平。

[17] "惧匏(páo)瓜"句:比喻不为世所用。《论语·阳货》引孔子曰:"吾岂匏瓜也哉?焉能系而不食?"

[18] 渫(xiè):淘井。《周易·井卦》:"井渫不食,为我心恻。"

[19] 阒(qù):寂静。

[20] 忉怛(dāo dá):心情忧愤。憯恻:同"惨恻",伤悲。

提示与思考

1. 本篇是建安时期抒情小赋的代表作,抒情意味很浓。熟读本赋,并分析这一特点在作品中是如何形成的。

2. 据考证，王粲是在东汉建安十三年(208)登上湖北当阳麦城写了本赋。十五年后，魏黄初四年(223)曹植竟在河南洛阳附近又"看"到了相同的景观：

> 踟蹰亦何留？相思终无极！秋风发微凉，寒蝉鸣我侧。原野何萧条，白日忽西匿。归鸟赴乔林，翩翩厉羽翼。孤兽走索群，衔草不遑食。感物伤我怀，抚心长太息。

曹植的《赠白马王彪》诗中的这一段与王粲《登楼赋》第三段的景物描写，如秋风兴发，白日忽匿，原野萧条无人，只有飞鸟走兽等，何其相似奈尔！这些景物描写究竟是单纯写实性的还是虚拟性的？它能说明什么问题？

3. 王粲"兽狂顾以求群兮，鸟相鸣而举翼"的句子，实际上，这里的孤兽和归鸟是从战国时屈原的笔下跑出来的。屈原《九章·哀郢》中就有："鸟飞返故土兮，狐死必首丘"的句子。在《古诗十九首·行行重行行》里，狐狸变成了胡马："胡马依北风，越鸟巢南枝。"而正始诗人阮籍《咏怀诗》也写道："孤鸟西北飞，离兽东南下。"直到西晋时陆机《赠从兄车骑》诗里也还有"孤兽思故薮，离鸟悲旧林"的句子。你是如何理解这种文学承传现象的？

拓展阅读

王粲《七哀诗》(之一)

> 荆蛮非我乡，何为久滞淫。
> 方舟溯大江，日暮愁我心。
> 山冈有余映，岩阿增重阴。
> 狐狸驰赴穴，飞鸟翔故林。
> 流波激清响，猴猿临岸吟。
> 迅风拂裳袂，白露沾衣襟。
> 独夜不能寐，摄衣起抚琴。
> 丝桐感人情，为我发悲音。
> 羁旅无终极，忧思壮难任。

曹植诗（两首）

曹植(192～232 年)，字子建，沛国谯(今安徽亳州)人。建安时期著名诗人，与其父曹操、兄魏文帝曹丕合称"三曹"。曹植才高行简，不拘礼法，前期生活优越。后曹丕称帝后，曹植屡受打击和限制，十多年中屡改封地，最后封于陈郡(今河南太康一带)，卒谥思，故又称"陈思王"。

曹植长于五言诗，以下所选两首诗歌均为曹植早期的代表作品。

白马篇

白马饰金羁，连翩西北驰。借问谁家子，幽并[1]游侠儿。少小去乡邑，扬声沙漠垂。宿昔秉良弓，楛矢何参差[2]。控弦破左的，右发摧月支[3]。仰手接飞猱[4]，俯身散马蹄[5]。狡捷过猴猿，勇剽若豹螭[6]。边城多警急，胡虏数迁移。羽檄[7]从北来，厉马登高堤。长驱蹈匈奴，左顾陵鲜卑[8]。弃身锋刃端，性命安可怀？父母且不顾，何言子与妻？名编壮士籍，不得中顾私。捐躯赴国难，视死忽如归。

【注释】

[1] 幽并：幽州和并州，今河北、山西、陕西的北部地区，古来民风勇侠。

[2] 宿昔：一向。楛(hù)，木名，茎可以做箭杆。

[3] 控弦：拉弓。左的，左方的射击目标。月支，箭靶的名称，又名"素支"。

[4] 接飞猱：猱是动物名，猿类，体矮小，尾作金色，攀援树木极其轻捷，上下如飞，故称飞猱。接，是对飞驰的东西迎前射击。

[5] 散马蹄，马蹄是箭靶名，散，碎裂摧毁。

[6] 剽：轻快。螭：传说中的动物名，如龙而黄。

[7] 檄，是用于征召的文书，写在一尺二寸长的木简上。上插羽毛表示紧急，称羽檄。

[8] 左顾，犹回顾。左、右都有回环的意思。鲜卑，东胡民族，东汉末成为北方强族。

? 提示与思考

1. 本篇属《杂曲歌·齐瑟行》歌辞，因其所写是边塞游侠的忠勇，又作《游侠篇》。作者素有"捐躯赴难，视死如归"的抱负，写游侠可能是自况。请仔细阅读，看看哪些诗句表现出这位少年侠客关注国事、甘赴国难的心胸？借此体会曹植诗歌激扬慷慨的风格。

2. 少年游侠武艺超群的描述是通过多方面的强化、夸张来完成的，注意诗句中方位词上下（即俯仰）、左右的运用，而且对仗的句式加强、突出了这种震撼人心的气势。这种慷慨情怀和写作手法影响到西晋文人左思，其《咏史》诗云："左眄澄江湘，右盼定羌胡"，从中不难看出曹诗的痕迹。

3. 曹植的诗歌以气势取胜，本作堪称代表，阅读过程中请注意人物的出现方式具有先声夺人的特点。

拓展阅读

鲍照《代出自蓟北门行》

羽檄起边亭，烽火入咸阳。征骑屯广武，分兵救朔方。严秋筋竿劲，虏骑精且强。天子按剑怒，使者遥相望。雁行缘石径，鱼贯度飞梁。箫鼓流汉思，旌甲被胡霜。疾风冲塞起，沙砾自飘扬。马毛缩如猬，角弓不可张。时危见臣节，世乱识忠良。投躯报明主，身死为国殇。

七哀诗

明月照高楼，流光[1]正徘徊。上有愁思妇，悲叹有余哀。借问叹者谁？言是宕子妻[2]。君行逾十年[3]，孤妾常独栖。君若清路尘，妾若浊水泥[4]。浮沉各异势，会合何时谐？愿为西南风，长逝[5]入君怀。君怀良[6]不开，贱妾当何依！

【注释】

[1] 流光：月光明澈、晃动如流水。

[2] 宕：同"荡"。荡子是在外乡做客、日久不归的人，和今语指行为放荡的人意思不同。

[3] 君：妻子尊称丈夫之词。逾，超过。

[4] "君若"二句：尘土本一物，浮者清，而沉者浊，比喻兄弟或者夫妻，本是一体，却因地位形势的不同，而造成命运的不同。

[5] 逝：往。

[6] 良：诚然。

提示与思考

1. 曹操的《短歌行》有"何枝可依"的诗句,曹植本篇有"贱妾当何依"的诗句,请思考一下,它们的内涵有何不同?

2. 《七哀》将一个悲伤的故事放在月光皎洁的美丽背景下,唐张若虚《春江花月夜》、李白《静夜思》、李益《夜上受降城闻笛》是怎样描写月光的? 月光在这些作品中有何作用? 可以将自己喜欢的与月光有关的诗或词收集一下,多加吟诵。

3. 叶嘉莹在论《诗歌的感发》时曾提出:自屈原《离骚》以来,中国古代文学就产生了美人香草的喻托传统,美女可以喻指品德才能美好的人。如唐张籍《节妇吟》:

> 君知妾有夫,赠妾双明珠。感君缠绵意,系在红罗襦。妾家高楼连苑起,良人执戟明光里,知君用心如日月,事夫誓拟同生死。还君明珠双泪垂,恨不相逢未嫁时!

表面上是写男女间的情感纠葛,实际却是在表达诗人对国君的忠诚。思考一下,曹植的这首诗是否在写夫妻间的故事? 它有何特殊内涵?

拓展阅读

曹植《美女篇》

> 美女妖且闲,采桑歧路间。柔条纷冉冉,落叶何翩翩! 攘袖见素手,皓腕约金环。头上金爵钗,腰佩翠琅玕。明珠交玉体,珊瑚间木难。罗衣何飘飘,轻裾随风还。顾眄遗光彩,长啸气若兰。行徒用息驾,休者以忘餐。借问女何居? 乃在城南端。青楼临大路,高门结重关。容华耀朝日,谁不希令颜。佳人慕高义,求贤良独难。众人徒嗷嗷,安知彼所观。盛年处房室,中夜起长叹。

鲁褒《钱神论》

鲁褒,字元道,西晋时南阳(今属河南)人,好学多闻,以贫素自立。隐居不仕,人莫知所终。

本文选自《晋书·隐逸列传》,当系节选,今存最全者当属严可均《全晋文》所辑,系据《晋书》、《艺文类聚》、《初学记》、《御览》等书合抄而成。虽题名为"论",其实沿袭了辞赋问难之体。

钱之为体,有乾坤之象,内则其方,外则其圆。其积如山,其流如川。动静有时[1],行藏有节。市井便易,不患耗折。难折象寿,不匮象道[2],故能长久,为世神宝。亲之如兄,字曰孔方。失之则贫弱,得之则富昌。无翼而飞,无足而走。解严毅之颜[3],开难发之口。钱多者处前,钱少者居后。处前者为君长,在后者为臣仆。君长者丰衍[4]而有余,臣仆者穷竭而不足。《诗》云:"哿矣富人[5],哀此茕独。"

钱之为言泉[6]也,无远不往,无幽[7]不至。京邑衣冠,疲劳讲肆,厌闻清谈,对之睡寐,见我家兄,莫不惊视。钱之所祐[8],吉无不利,何必读书,然后富贵!昔吕公欣悦于空版[9],汉祖克之于嬴二[10]。文君解布裳而被锦绣[11],相如乘高盖而解犊鼻。官尊名显,皆钱所致。空版至虚,而况有实;嬴二虽少,以致亲密。由此论之,谓为神物。

无德而尊,无势而热,排金门而入紫闼[12]。危可使安,死可使活,贵可使贱,生可使杀。是故忿争非钱不胜,幽滞[13]非钱不拔,怨仇非钱不解,令问[14]非钱不发。洛中朱衣,当途之士,爱我家兄,皆无已已[15]。执我之手,抱我终始,不计优劣,不论年纪,宾客辐辏,门常如市。谚曰:"钱无耳[16],可使鬼。"凡今之人,惟钱而已。故曰:"军无财,士不来;军无赏,士不往。"仕无中人[17],不如归田。虽有中人,而无家兄,不异无翼而欲飞,无足而欲行。

【注释】

[1] 动静:与下句的"行藏"同义,指金钱的流通和储蓄。

[2] "不匮"句:意谓金钱如同"道"一样无处不在,运行不息。

[3] 严毅之颜:严肃刚毅的面容。

[4] 丰衍:富裕盈足。

[5] "哿(gě)矣"二句:语出《诗经·小雅·正月》。意谓乐了富人,苦了孤独无依者。哿,乐。

[6] 泉:古与"钱"通。因其流通不息如泉水,故云。

[7] 幽:指幽昧深奥之处。

[8] "钱之"二句:化自《易经·系辞上》"自天祐之,吉无不利"之句。

[9] "昔吕公"句:据《史记·高祖本纪》,吕公移家沛县,沛中豪杰闻之,皆往贺。主持进贺礼的萧何对众人说:"进不满千钱,坐之堂下。"时刘邦为亭长,未带一钱,却将写有"贺钱万"的名帖递上。吕公见帖大惊,亲迎至门,并将女儿吕雉许配给了他。空版:意类今之空头支票。版:木牍,此指晋见时的名帖。

[10] 赢二：多二百文。典出《史记·萧相国世家》。萧何做沛县吏时，刘邦将至洛阳服徭役，官吏皆以三百钱相送，只有萧何送五百钱。后来正是在萧何的帮助下，刘邦得天下建立汉朝。后刘邦重用萧何，遂定天下。论功行赏，"乃益封何二千户，以帝尝繇咸阳时，何送我独赢奉钱二也。"

[11] "文君"二句：《史记·司马相如列传》载，成都才子司马相如与临邛富人卓王孙之女文君私奔后，因贫困而当街卖酒谋生。司马相如着犊鼻裈(古代杂役所穿的短裤)洗涤酒器。卓王孙闻之以为耻，遂分钱百万，夫妻俩因此得发迹，相如后被汉武帝征召进长安为官。高盖，大车上的棚盖，代指官车。

[12] 紫闼(tà)：指宫廷之门。闼，门。此暗讽上层卖官。

[13] 幽滞：指隐沦而未被擢用。

[14] 令问：同"令闻"，即美名。

[15] 已已：休止。

[16] "钱无"二句：谓钱听不懂人的话，却能指使鬼神。《艺文类聚》卷六十六所载版本为："谚曰：钱无耳，可暗使。岂虚也哉。又曰：有钱可使鬼，而况于人乎。"

[17] 中人：指有权势的朝臣。

❓ 提示与思考

1. 据《晋书》本传称，"盖疾时者共传其文"，意即本文为当时痛疾时世者所广泛传诵。回想此前我们曾学过的《战国策·苏秦约纵散横》一文中苏秦的经历，再反思一下今天我们的生活中类似的拜金现象究竟是减少了还是变本加厉了？

2. 学习本文把调侃的口吻和引经据典的做法融合为一体的写作方式，试着写一篇不超过两千字的批判社会现实的短文。

📖 拓展阅读

朱载堉《山坡羊·钱是好汉》

世间人睁眼观看，论英雄钱是好汉。
有了他诸般趁意，没了他寸步也难。
拐子有钱，走歪步合款；
哑巴有钱，打手势好看。
如今人敬的是有钱，蒯文通无钱也说不过潼关。
实言，人为铜钱，游遍世间。
实言，求人一文，跟后擦前！

陶渊明诗(三首)

陶渊明(约365~427年),字元亮,一说名潜,字渊明,号五柳先生,浔阳柴桑(今江西九江)人。东晋末曾任江州祭酒、镇军参军、彭泽县令等,后弃官回乡归隐二十余年不出,后世称"靖节先生"。代表作有《饮酒》、《桃花源记》、《五柳先生传》、《归去来兮辞》等。

陶渊明是我国第一位田园诗人,以下所选三首诗均为其隐居后的作品。

读《山海经》(其一)

孟夏草木长,绕屋树扶疏[1]。
众鸟欣有托,吾亦爱吾庐。
既耕亦已种,时还读我书。
穷巷隔深辙[2],颇回故人车。
欢言酌春酒,摘我园中蔬。
微雨从东来,好风与之俱。
泛览周王传[3],流观山海图[4]。
俯仰终宇宙,不乐复何如。

【注释】

[1]扶疏:枝叶茂盛的样子。

[2]深辙:代指大车。

[3]周王传:即《穆天子传》,记载周穆王西游的书。

[4]山海图:《山海经》一书中原有许多绘图,故称。

提示与思考

1. 读《山海经》组诗共十三首,这是其中的第一首,主要写隐居读书之快乐,其结句云:"俯仰终宇宙,不乐复何如。"而同是东晋人,比之稍前的王羲之也曾在著名的《兰亭集序》中挥毫写到:"仰观宇宙之大,俯察品类之盛,所以游目骋怀,足以极视听之娱,信可乐也。"体味一下,这是怎样的一种情趣。

2. 陶渊明在《五柳先生传》中称自己"好读书，不求甚解"，结合本诗他所"泛览"、"流观"的《穆天子传》和《山海经》等书，你认为我们现在是否应该像他那样读书？

拓展阅读

萧统《陶渊明传》

陶渊明，字元亮，或云潜字渊明，浔阳柴桑人也。曾祖侃，晋大司马。渊明少有高趣，博学，善属文。颖脱不群，任真自得。尝著《五柳先生传》以自况……时人谓之实录。

亲老家贫，起为州祭酒。不堪吏职，少日自解归。州召主簿，不就。躬耕自资，遂抱羸疾。江州刺史檀道济往候之，偃卧瘠馁有日矣。道济谓曰："贤者处世，天下无道则隐，有道则至。今子生文明之世，奈何自苦如此？"对曰："潜也何敢望贤，志不及也。"道济馈以梁肉，麾而去之。后为镇军、建威参军，谓亲朋曰："聊欲弦歌，以为三径之资，可乎？"执事者闻之，以为彭泽令。不以家累自随，送一力给其子，书曰："汝旦夕之费，自给为难，今遣此力，助汝薪水之劳。此亦人子也，可善遇之。"公田悉令吏种秫，曰："吾常得醉于酒足矣！"妻子固请种秔，乃使二顷五十亩种秫，五十亩种秔。岁终，会郡遣督邮至，县吏请曰："应束带见之。"渊明叹曰："我岂能为五斗米，折腰向乡里小儿！"即日解绶去职，赋《归去来》。征著作郎，不就。

江州刺史王弘欲识之，不能致也。渊明尝往庐山，弘命渊明故人庞通之赍酒具，于半道栗里之间邀之。渊明有脚疾，使一门生二儿舁篮舆，既至，欣然便共饮酌。俄顷弘至，亦无迕也。先是颜延之为刘柳后军功曹，在浔阳与渊明情款，后为始安郡，经过浔阳，日造渊明饮焉。每往，必酣饮致醉。弘欲邀延之坐，弥日不得。延之临去，留二万钱与渊明；渊明悉遣送酒家，稍就取酒。尝九月九日出宅边菊丛中坐，久之，满手把菊，忽值弘送酒至；即便就酌，醉而归。

渊明不解音律，而蓄无弦琴一张，每酒适，辄抚弄以寄其意。贵贱造之者，有酒辄设。渊明若先醉，便语客："我醉欲眠，卿可去！"其真率如此。郡将尝候之，值其酿熟，取头上葛巾漉酒，漉毕，还复著之。

时周续之入庐山，事释慧远；彭城刘遗民亦遁迹匡山，渊明又不应征命，谓之浔阳三隐。后刺史檀韶苦请续之出州，与学士祖企、谢景夷三人，共在城北讲礼，加以雠校。所住公廨，近于马队。是故渊明示其诗云："周生述孔业，祖谢响然臻；马队非讲肆，校书亦已勤。"其妻翟氏亦能安勤苦，与其同志。自以曾祖晋世宰辅，耻复屈身后代，自宋高祖王业渐隆，不复肯仕。元嘉四年将复征命，会卒。时年六十三，世号靖节先生。

移　居

春秋多佳日,登高赋新诗。
过门更相呼,有酒斟酌[1]之。
农务各自归,闲暇辄相思[2]。
相思则披衣,言笑无厌[3]时。
此理将不胜[4]? 无为忽去兹[5]。
衣食当须纪[6],力耕不吾欺。

【注释】

[1] 斟酌:注酒、盛酒。
[2] 相思:指朋友间的思念之情。
[3] 厌:满足。
[4] 将:岂、难道。胜:高、好。
[5] "无为"句:谓不要随意抛弃这一切。
[6] 纪:经营、料理。

提示与思考

1. 陶渊明弃彭泽令隐居柴桑的第四个年头旧宅遇火灾,两年后移居浔阳南村(今江西九江城外),作《移居》诗二首,这里所选是第二首。作者时年四十七岁,诗中既无明月春水,也无落日秋风,不过就是些登高赋诗、过门斟酒、披衣言笑、务农辛劳等平凡场景。你能体验到那种自然平和而又持久弥新的诗意吗?

2. 这首诗既没有特别突出的佳句、名句,也没有所谓的"诗眼",你觉得这首诗的艺术性如何? 你能接受这种恬淡恬静的诗风吗?

拓展阅读

移居二首(其一)

昔欲居南村,非为卜其宅。
闻多素心人,乐与数晨夕。
怀此颇有年,今日从兹役。
弊庐何必广,取足蔽床席。
邻曲时时来,抗言谈在昔。
奇文共欣赏,疑义相与析。

杂 诗

白日沦西阿[1]，素月出东岭。
遥遥万里晖，荡荡空中景[2]。
风来入房户，夜中枕席冷。
气变悟时易[3]，不眠知夕永。
欲言无予和[4]，挥杯劝孤影。
日月掷人去，有志不获骋。
念此怀悲凄，终晓不能静。

【注释】

［1］西阿(ē)：西山。阿，山曲。一作西河。
［2］景：通"影"，指月光。
［3］时易：时节变换。
［4］无予和(hè)：没有应和我的人。

提示与思考

1. 一直以来陶渊明都被认为是个心静如水的隐士。后来鲁迅先生曾在《且介亭杂文二集·题未定草》里指出：

被论客赞赏着"采菊东篱下，悠然见南山"的陶潜先生，在后人的心目中，实在飘逸得太久了，但在全集里，他却有时很摩登……就是诗，除论客所佩服的"悠然见南山"之外，也还有"精卫衔微木，将以填沧海，形天舞干戚，猛志固常在"之类的"金刚怒目"式，在证明着他并非整天整夜地飘飘然。这"猛志固常在"和"悠然见南山"的是一个人，倘有取舍，即非全人，再加抑扬，更离真实。

除了恬淡静穆、愤怒刚毅之外，在这首《杂诗》中我们又看到作者内心深处的忧虑和苦闷。比较一下，这种忧虑和苦闷与此前我们所学过的王粲《登楼赋》里所表达的情感有无共同之处？

2. 请将李白的《月下独酌》与本诗互读，分析一下两者相似之处和不同之处。

拓展阅读

陶渊明《读山海经》(其十)

精卫衔微木，将以填沧海。

刑天舞干戚,猛志固常在。

同物既无虑,化去不复悔。

徒设在昔心,良晨讵可待。

谢灵运《东阳溪中赠答》

谢灵运(385～434年),陈郡阳夏(今河南太康)人,生于始宁(今浙江嵊州一带),东晋名将谢玄之孙。袭封康乐公,世称"谢康乐"。谢灵运为我国山水诗之鼻祖,与田园隐逸之宗陶渊明并称"陶谢",主要创作活动在刘宋时代。曾任永嘉(今浙江温州)太守,在职一年,即称病返乡隐居。后因事被告发,流放广州,遂在广州被杀。

本诗为谢灵运辞官返乡途中所写。东阳,地名,在今浙江金华一带。

可怜[1]谁家妇,缘流濯素足。明月在云间,迢迢不可得。

可怜谁家郎,缘流乘素舸。但问情若为[2],月就云中堕。

【注释】

　　[1] 可怜:这里是可爱、可羡之意。

　　[2] 若为:即若何、怎样。

？提示与思考

　　1. 谢灵运以山水诗著称,但《东阳溪中赠答》则是带有明显的民歌风味的古绝句,采用了男女对唱,相互赠答的表现形式。溯其源,当出自乐府。如南朝乐府中就有《西曲·那呵滩》:

　　　　闻欢下扬州,相送江津湾。愿得篙橹折,交郎到头还。

　　　　篙折当更觅,橹折当更安。各自是官人,那得到头还!

　　唐代崔颢的《长干曲》也是一例。在你所学过的诗歌中还有类似的作品吗?试举一二例。

　　2. 爱情有多大的能量?在本诗中的表现为可以驱散夜空中的云朵、让月亮掉下来。类似的作品如汉乐府《铙歌》中的一首情歌:

　　　　上邪!我欲与君相知,长命无绝衰。山无陵,江水为竭,冬雷震震,夏雨雪,天地合,乃敢与君绝!

以大自然中不可能发生的现象发个誓,比比看,谁的誓言更能打动人。

拓展阅读

敦煌曲子词《菩萨蛮》

枕前发尽千般愿,要休且待青山烂。水面上秤锤浮,直待黄河彻底枯。
白日参辰现,北斗回南面。休即未能休,且待三更见日头。

干宝《搜神记》(三则)

干宝(? ～336 年),字令升,新蔡(今属河南)人,干宝自幼聪明好学,及长博览群书,学识丰赡。官至朝散骑常侍,为东晋时著名的史学家。据《晋书》本传载,干宝"性好阴阳术数",因有感于父婢死而再生及兄气绝复苏事,"遂撰集古今神祇灵异人物变化,名为《搜神记》,凡三十卷"。

《搜神记》主要记录神仙鬼怪、奇迹灵异之事,对隋唐以来的传奇小说和《聊斋志异》等志怪小说的发展影响很大。下选三则分别出自《搜神记》卷十一、十二和十六,题目为编者所加。

失头太守

汉武帝,豫章[1]太守贾雍有神术,出界讨贼,为贼所杀。失头,上马回营,胸中语[2]曰:"战不利,为贼所伤,诸君视有头佳乎? 无头佳乎?"

吏涕泣曰:"有头佳。"

雍云:"不然,无头亦佳。"言毕遂死。

【注释】

[1] 豫章:古郡名,西汉时治所在今江西南昌。

[2] 胸中语:即作腹语。

提示与思考

1. 断头后尚能"上马回营"与人对话,在《搜神记》同卷之《三王墓》中也类似文字表述：

　　　　客曰："闻王购子头千金，将子头与剑来，为子报之。"儿曰："幸甚。"即自刎，两手捧头及剑奉之，立僵。客曰："不负子也。"于是尸乃仆。

谁都知道这不是真实的，但是为什么作家偏偏要这样写？

2. 陶渊明《读山海经》（其十）："精卫衔微木，将以填沧海。刑天舞干戚，猛志固常在。"如果你能理解精卫和刑天的行为，那么还有什么理由排斥断头人说话的情节呢？

拓展阅读

蒲松龄《聊斋志异·好快刀》

　　明末济属多盗，邑各置兵，捕得辄杀之。章丘盗尤多。有一兵佩刀甚利，杀辄导窾。一日，捕盗十余名，押赴市曹。内一盗识兵，逡巡告曰："闻君刀最快，斩首无二割。求杀我！"兵曰："诺。其谨依我，勿离也。"盗从之刑处，出刀挥之，豁然头落。数步之外，犹圆转而大赞曰："好快刀！"

犬血涂门

　　由拳县[1]，秦时长水县也。始皇时童谣曰："城门有血，城当陷没为湖。"有妪闻之，朝朝往窥。门将欲缚之。妪言其故。后门将以犬血涂门，妪见血，便走去。忽有大水，欲没县。主簿[2]令干人白令，令曰："何忽作鱼？"干曰："明府[3]亦作鱼。"——遂沦为湖。

【注释】

[1] 由拳县，旧属吴郡，在今嘉兴、苏州一带。

[2] 主簿：县令手下掌管簿籍文书的佐官。

[3] 明府：对县令的尊称。

提示与思考

1.《淮南子·淑真篇》"夫历阳之都，一夕反而为湖"东汉高诱注：

　　　　昔有老妪，常行仁义。有二诸生过之，谓曰："此国当没为湖。"谓妪："视东城门阃有血，便走北山，勿顾也。"自此，妪便往视门阃。阍者伺之，妪对曰如是。其暮，门吏故杀鸡，血涂门阃。明旦，老妪早往视门。见血，便上北山——

国没为湖。

对比《搜神记》所载,这两个故事内容基本相同,但阅读时所带来的效果却差别极大,原因是什么?

2. 讲故事时,叙述视角和叙述策略起着非常关键的作用。本故事主簿令干人见县令之前基本上是全能视角,是一个无所不知的旁观者在叙事。但最后二人的对白却是以双方各自的限制视角看对方,而所说话语虽仅是针对对方个人做出描述,但其中却隐含了整个环境的巨大变化。试着以某种特殊的视角和叙事策略讲述你身边发生的事情。

拓展阅读

《幽明录·刘阮遇仙》

汉明帝永平五年,剡县刘晨、阮肇共入天台山取谷皮,迷不得返。经十三日,粮食乏尽,饥馁殆死。遥望山上,有一桃树,大有子实,而绝岩邃涧,永无登路。攀援藤葛,乃得至上。各啖数枚,而饥止体充。复下山,持杯取水,欲盥漱。见芜菁叶从山腹流出,甚鲜新,复一杯流出,有胡麻饭糁,相谓曰:"此必去人径不远。"便共没水,逆流二三里,得度山,出一大溪,溪边有二女子,姿质妙绝,见二人持杯出,便笑曰:"刘、阮二郎,捉向所失流杯来。"晨、肇既不识之,缘二女便呼其姓,如似有旧,乃相见忻喜。问:"来何晚邪?"因邀还家。

其家铜瓦屋,南壁及东壁下各有一大床,皆施绛罗帐,帐角悬铃,金银交错。床头各有十侍婢,敕云:"刘、阮二郎,经涉山岨,向虽得琼实,犹尚虚弊,可速作食。"食胡麻饭、山羊脯、牛肉,甚甘美。食毕行酒,有一群女来,各持五三桃子,笑而言:"贺汝婿来。"酒酣作乐,刘阮欣怖交并。至暮,令各就一帐宿,女往就之,言声清婉,令人忘忧。

至十日后,欲求还去。女云:"君已来是,宿福所牵,何复欲还邪?"遂停半年。气候草木是春时,百鸟啼鸣,更怀悲思,求归甚苦。女曰:"罪牵君,当可如何?"遂呼前来女子,有三四十人,集会奏乐,共送刘、阮,指示还路。

既出,亲旧零落,邑屋改异,无复相识。问讯得七世孙,传闻上世入山,迷不得归。至晋太元八年,忽复去,不知何所。

琅邪秦巨伯

琅琊[1]秦巨伯,年六十,尝夜行,饮酒。道经蓬山庙[2],忽见其两孙迎之。扶持百余步,便捉伯颈着地,骂:"老奴!汝某日捶我,我今当杀汝。"伯思惟某时信捶此孙。伯乃佯死,乃置伯去。伯归家,欲治两孙,两孙惊惋[3],叩头言:"为子孙宁可有此?恐是鬼魅,乞更试之。"伯意悟。

数日,乃诈醉,行此庙间,复见两孙来扶持伯。伯乃急持,鬼动作不得。达家,乃是两偶人[4]也。伯着火炙之,腹背俱焦坼[5],出着庭中,夜皆亡去。伯恨不得杀之。

后月余,又佯酒醉,夜行,怀刃以去,家不知也,极夜不还,其孙恐又为此鬼所困,乃俱往迎伯,伯竟刺杀之。

【注释】

[1] 琅琊:古郡名,治所在今山东临沂。

[2] 蓬山庙:道教祠庙。蓬山,即传说中的海上仙山蓬莱山。

[3] 惋(wǎn):本指悲哀,这里是冤屈的意思。

[4] 偶人:刻木或团泥制成的人形,古人以为能作祟整蛊。

[5] 坼(chè):裂开。

提示与思考

1. 有人认为本篇写的是人妖易混,若辨别不清,就会干出错杀无辜,放纵鬼魅的事情来。你同意这一看法吗?大家所熟悉的《宋定伯捉鬼》和本篇同是出自《搜神记》卷十六。如果前者是讲破除迷信不怕鬼的故事,那么本篇是否在宣扬鬼神的力量?宋定伯和秦巨伯在性格方面是否有差异?

2. 早在《吕氏春秋·慎行论》中就有个《黎丘丈人》的故事:

梁北有黎丘部,有奇鬼焉,喜效人之子侄、昆弟之状。邑丈人有之市而醉归者,黎丘之鬼效其子之状,扶而道苦之。丈人归,酒醒,而诮其子曰:"吾为汝父也,岂谓不慈哉?我醉,汝道苦我,何故?"其子泣而触地曰:"孽矣!无此事也。昔也往责于东邑,人可问也。"其父信之,曰:"嘻!是必夫奇鬼也!我固尝闻之矣"。明日,端复饮于市,欲遇而刺杀之。

明旦之市而醉,其真子恐其父之不能反也,遂逝迎之。丈人望其真子,拔剑而刺之。丈人智惑于似其子者,而杀于真子。夫惑于似士者而失于真士,此黎丘丈人之智也。

显然《琅琊秦巨伯》的故事源于此。比较一下，两个故事之间发生了怎样的变化？这种变化又有怎样的内蕴？

3. 我们经常说"冲动是魔鬼"，秦巨伯的故事形象地表明了古人对人性弱点的直觉体认——尽管这种体认还比较含混朦胧。人既可能被鬼捉弄，也可以捉弄鬼。请看下面《幽明录》中的一个例子：

> 阮德如尝于厕见一鬼，长丈馀，色黑而眼大，著皂单衣，平上帻，去之咫尺。
>
> 德如心安气定，徐笑而谓之曰："人言鬼可憎，果然。"鬼即赧而退。

在日常生活中我们应该如何尽量保持清醒的头脑？

拓展阅读

《搜神记·宋大贤》

南阳西郊有一亭，人不可止，止则有祸。邑人宋大贤，以正道自处，尝宿亭楼，夜坐鼓琴，不设兵仗。至夜半时，忽有鬼来，登梯与大贤语，眄目磋齿，形貌可恶。大贤鼓琴如故，鬼乃去。于市中取死人头来，还语大贤曰："宁可少睡耶？"因以死人头投大贤前。大贤曰："甚佳。吾暮卧无枕，正欲得此。"鬼复去。良久乃还，曰："宁可共手搏耶？"大贤曰："善。"语未竟，鬼在前，大贤便逆捉其腰。鬼但急言死。大贤遂杀之。明日视之，乃老狐也。自是亭舍更无妖怪。

《世说新语》（五则）

《世说新语》是一部有关东汉到南朝宋时期人物轶事的杂史。分为德行、言语、政事、文学、方正、雅量、识鉴、赏誉、品藻、规箴等三十六篇。编著者刘义庆（403～444年），南朝刘宋宗室，袭封临川王，《宋书·宗室传》说他"爱好文义"，"招聚文学之士，近远必至"。除《世说新语》外，还著有志怪小说《幽明录》等。

《世说新语》关于嵇康的条目有二十多则，以下选其中五则，题目为编者所加。嵇康，字叔夜，魏末名士，官至中散大夫，"竹林七贤"之一。

嵇康轶事

嵇康身长七尺八寸，风姿特秀。见者叹曰："萧萧肃肃[1]，爽朗清举。"或云："肃肃如松下风，高而徐引[2]。"山公[3]曰："嵇叔夜之为人也，岩岩[4]若孤松之独立；其醉也，傀俄[5]若玉山之将崩。"

嵇康与吕安[6]善，每一相思，千里命驾。安后来，值康不在，喜[7]出户延之，不入，题门上作"凤"字而去。喜不觉，犹以为欣。故作"凤"字，凡鸟[8]也。

钟士季[9]精有才理，先不识嵇康。钟要[10]于时贤俊之士，俱往寻康。康方大树下锻，向子期为佐鼓排[11]。康扬槌不辍，傍若无人，移时不交一言。钟起去，康曰："何所闻而来？何所见而去？"钟曰："闻所闻而来，见所见而去。"

嵇康游于汲郡[12]山中，遇道士孙登[13]，遂与之游。康临去，登曰："君才则高矣，保身之道不足。"

嵇中散临刑东市[14]，神气不变，索琴弹之，奏《广陵散》。曲终曰："袁孝尼[15]尝请学此散，吾靳固[16]不与，《广陵散》于今绝矣！"太学生三千人上书，请以为师，不许。文王[17]亦寻悔焉。

【注释】

[1] 萧萧：形容举止萧洒脱俗。肃肃：静穆安详。

[2] 徐引：舒缓。

[3] 山公：即山涛，字巨源，为"竹林七贤"中年最长者。

[4] 岩岩：形容山势高峻之貌。语出《诗经·鲁颂·閟宫》："泰山岩岩，鲁邦所瞻。"

[5] 傀（guī）俄：形容魁伟而欲倾颓的样子。

[6] 吕安：嵇康友。后因家事被兄吕巽诬告，嵇康为其辩诬。适值钟会与康有隙，进谗司马昭，将嵇、吕收捕下狱，遂俱杀之。

[7] 喜：嵇喜，嵇康之兄。然性与嵇康迥异，以热衷功名而不为清流所重，阮籍曾以白眼对之。

[8] 凡鸟：即凤的繁体字。

[9] 钟士季：钟会字士季，三国时魏国权臣。与邓艾、诸葛绪等人率军灭蜀汉，后因谋反，死于乱军。

[10] 要：通"邀"，约请。

[11] 向子期：向秀字子期，嵇康友，亦为"竹林七贤"之一。擅诗赋，其哀吊嵇

康的《思旧赋》最为有名。鼓排:拉动风箱。排,本字"鞴"(bèi),皮制鼓风工具。

[12]汲郡:地名,在今河南北部新乡、淇县一带。

[13]孙登:当时著名隐士,字公和,号苏门先生。博才多识,长年隐居云台山,尤善长啸。

[14]东市:在洛阳,为行刑之法场。

[15]袁孝尼:名准,晋给事中。曾经向嵇康学琴。

[16]靳固:吝惜、宝爱。

[17]文王:司马昭的谥号。

❓ 提示与思考

1. 关于嵇康之死,唐初时写成的《晋书》本传是这样记载的:

> 康将刑东市,太学生三千人请以为师,弗许。康顾视日影,索琴弹之曰:"昔袁孝尼尝从吾学《广陵散》,吾每靳固之,《广陵散》于今绝矣!"时年四十。海内之士,莫不痛之。帝寻悟而恨焉。

对比《世说新语》所记,分析一下其中有何细节变化? 这种细节变化又具有怎样的效果?

2.《世说新语·栖逸》篇载:"山公将去选曹,欲举嵇康;康与书告绝。"山涛推荐好友嵇康做官,嵇康非但不领情,还写了一篇《与山巨源绝交书》。然而《晋书·山涛传》却载,嵇康临刑前对儿子嵇绍说:"巨源在,汝不孤矣。"实际上是托孤山涛。二十年后,"山公举康子绍为秘书丞。绍咨公出处,公曰:为君思之久矣。天地四时,犹有消息,而况人乎?"(见《世说新语·政事》篇)嵇康与山涛之间究竟是怎样的一种关系? 你对这种关系持何看法?

📖 拓展阅读

嵇康《与山巨源绝交书》(节选)

吾每读尚子平、台孝威传,慨然慕之,想其为人。少加孤露,母兄见骄,不涉经学。性复疏懒,筋驽肉缓,头面常一月十五日不洗,不大闷痒,不能沐也。每常小便,而忍不起,令胞中略转乃起耳。又纵逸来久,情意傲散,简与礼相背,懒与慢相成,而为侪类见宽,不攻其过。又读《庄》《老》,重增其放。故使荣进之心日颓,任实之情转笃。此由禽鹿,少见驯育,则服从教制;长而见羁,则狂顾顿缨,赴蹈汤火,虽饰以金镳,飨以嘉肴,愈思长林而志在丰草也。

阮嗣宗口不论人过,吾每师之,而未能及。至性过人,与物无伤,唯饮酒过差耳。至为礼法之士所绳,疾之如仇,幸赖大将军保持之耳。吾不如嗣宗之资,而有慢弛之阙；又不识人情，暗于机宜，无万石之慎，而有好尽之累。久与事接，疵衅日兴，虽欲无患，其可得乎？又人伦有礼，朝廷有法，自惟至熟，有必不堪者七，甚不可者二：卧喜晚起，而当关呼之不置，一不堪也。抱琴行吟，弋钓草野，而吏卒守之，不得妄动，二不堪也。危坐一时，痹不得摇，性复多虱，把搔无已，而当裹以章服，揖拜上官，三不堪也。素不便书，又不喜作书，而人间多事，堆案盈机，不相酬答，则犯教伤义，欲自勉强，则不能久，四不堪也。不喜吊丧，而人道以此为重，已为未见恕者所怨，至欲见中伤者。虽瞿然自责，然性不可化，欲降心顺俗，则诡故不情，亦终不能获无咎无誉如此，五不堪也。不喜俗人，而当与之共事，或宾客盈坐，鸣声聒耳，嚣尘臭处，千变百伎，在人目前，六不堪也。心不耐烦，而官事鞅掌，机务缠其心，世故烦其虑，七不堪也。又每非汤武而薄周孔，在人间不止，此事会显，世教所不容，此甚不可一也。刚肠疾恶，轻肆直言，遇事便发，此甚不可二也。以促中小心之性，统此九患，不有外难，当有内病，宁可久处人间邪？……吾顷学养生之术，方外荣华，去滋味，游心于寂寞，以无为为贵，纵无九患，尚不顾足下所好者。又有心闷疾，顷转增笃，私意自试，不能堪其所不乐。自卜已审，若道尽途穷则已耳，足下无事冤之，令转于沟壑也。

吾新失母兄之欢，意常凄切。女年十三，男年八岁，未及成人，况复多病，顾此恨恨，如何可言！今但愿守陋巷，教养子孙，时与亲旧叙阔，陈说平生。浊酒一杯，弹琴一曲，志愿毕矣……若趣欲共登王途，期于相致，时为欢益，一旦迫之，必发其狂疾。自非重怨，不至于此也。

野人有快炙背而美芹子者，欲献之至尊，虽有区区之意，亦已疏矣。愿足下勿似之。其意如此。既以解足下，并以为别。嵇康白。

第二编　唐宋部分

宋之问《渡汉江》

宋之问(约656～712年),字延清,虢州弘农(今河南灵宝)人,一说汾州(今山西汾阳)人。弱冠知名,上元年间中进士。武则天时为著名宫廷诗人,与沈佺期并称"沈宋"。因坐附张易之被贬,后起为鸿胪丞,再转考功员外郎。睿宗即位,徙钦州(今广西),后赐死于徙所。

本诗一说为晚唐人李频所作(见《唐诗三百首》),今人多不从此说。

岭外[1]音书断,经冬复历春[2]。
近乡情更怯,不敢问来人。

【注释】

[1] 岭外:指大庾岭之南。按,宋之问被贬为泷州参军,其地在今广东罗定一带,故称。

[2]"经冬"句:神龙元年(705)正月,宰相张柬之等逼武后退位,诛杀二张,迎立唐中宗,宋之问与杜审言等遭贬。次年春,宋之问便秘密逃还洛阳。

提示与思考

1. 你认为这首诗好在哪里?为什么?

2. 贺知章《回乡偶书》之一:"少小离家老大回,乡音无改鬓毛衰。儿童相见不相识,笑问客从何处来。"同是回乡,心境不同,写法各有何特点?

3. 宋之问长于五言诗,对初唐律体之定型有很大贡献。阅读汉乐府《十五从军征》:

十五从军征,八十始得归。道逢乡里人:"家中有阿谁?""遥看是君家,松柏冢累累。"兔从狗窦入,雉从梁上飞。中庭生旅谷,井上生旅葵。舂谷持作饭,采葵持作羹。羹饭一时熟,不知贻阿谁。出门东向看,泪落沾我衣。

对比一下格律诗与乐府民歌在表现手法上有何明显不同。

拓展阅读

宋之问《度大庾岭》

度岭方辞国,停轺一望家。

魂随南鹬鸟，泪尽北枝花。

山雨初含霁，江云欲变霞。

但令归有日，不敢恨长沙。

刘希夷《代白头吟》

刘希夷(651～约680年)，字延之(一作庭芝)，汝州(今河南汝州)人。上元进士，善弹琵琶。诗以歌行见长，多写闺情，辞意柔婉华丽，且多感伤情调。后为人所害。

本诗或题作《代悲白头翁》，亦见于宋之问名下。又，其前半段《才调集》录为贾曾作，题《有所思》。按，《白头吟》本汉乐府旧题，相传卓文君作此以抒发自己被司马相如抛弃的悲愤。

洛阳城东桃李花，飞来飞去落谁家？

洛阳儿女好颜色[1]，坐见落花长叹息。

今年花落颜色改，明年花开复谁在？

已见松柏摧为薪[2]，更闻桑田变成海[3]。

古人无复洛城东，今人还对落花风。

年年岁岁花相似，岁岁年年人不同。

寄言全盛红颜子[4]，须怜半死白头翁。

此翁白头真可怜，伊昔红颜美少年。

公子王孙芳树下，清歌妙舞落花前。

光禄池台文锦绣[5]，将军[6]楼阁画神仙。

一朝卧病无相识，三春行乐在谁边？

宛转蛾眉[7]能几时，须臾鹤发乱如丝。

但看古来歌舞地，唯有黄昏鸟雀悲。

【注释】

[1]颜色：特指青春容颜。

[2]松柏摧为薪：语出《古诗十九首·去者日以疏》："古墓犁为田，松柏摧为薪。"

[3]"更闻"句：极言时光流逝之迅捷。语出《神仙传》："麻姑谓王方平曰：接待

以来,已见东海三为桑田"。

[4]红颜子:谓少年。

[5]光禄:光禄勋,汉时官名。《汉书·元后传》载:光禄勋王根,生活奢华,"臧累巨万,纵横恣意,大治室第,第中起土山,立两市,殿上赤墀,户青琐,游观射猎"。文锦绣:以锦绣为文饰装点。

[6]将军:指东汉贵戚大将军梁冀。《后汉书·梁冀传》载:梁冀曾大兴土木,建造府第,"图以云气仙灵"。

[7]宛转蛾眉:弯曲漂亮的画眉,代指青春少女。

？提示与思考

1. 本诗与张若虚《春江花月夜》堪称初唐歌行体之"双璧"。请将二诗对读,看看其中有何相通之处。

2. 东汉时宋子侯作乐府诗《董娇娆》,其辞如下:

> 洛阳城东路,桃李生路旁。花花自相对,叶叶自相当。春风东北起,花叶正低昂。不知谁家子,提笼行采桑。纤手折其枝,花落何飘飓。请谢彼妹子,何为见损伤?高秋八九月,白露变为霜。终年会飘堕,安得久馨香?秋时自零落,春月复芬芳。何时盛年去,欢爱永相忘。吾欲竟此曲,此曲愁人肠。归来酌美酒,挟瑟上高堂。

刘希夷的《代白头吟》和它是否有一定的承传关系?请举出例证。

3. 留心一下本诗的用韵规律,看看歌行体都是怎样换韵的。

拓展阅读

曹雪芹《红楼梦·葬花吟》

花谢花飞花满天,红消香断有谁怜?游丝软系飘春榭,落絮轻沾扑绣帘。
闺中女儿惜春暮,愁绪满怀无释处。手把花锄出绣闺,忍踏落花来复去。
柳丝榆荚自芳菲,不管桃飘与李飞。桃李明年能再发,明岁闺中知有谁?
三月香巢已垒成,梁间燕子太无情!明年花发虽可啄,却不道人去梁空巢也倾!
一年三百六十日,风刀霜剑严相逼。明媚鲜妍能几时,一朝飘泊难寻觅。
花开易见落难寻,阶前闷杀葬花人。独倚花锄泪暗洒,洒上空枝见血痕。
杜鹃无语正黄昏,荷锄归去掩重门。青灯照壁人初睡,冷雨敲窗被未温。
怪奴底事倍伤神?半为怜春半恼春。怜春忽至恼忽去,至又无言去不闻。
昨宵庭外悲歌奏,知是花魂与鸟魂?花魂鸟魂总难留,鸟自无语花自羞。
愿奴胁下生双翼,随花飞到天尽头。天尽头!何处有香丘?

未若锦囊收艳骨,一抔净土掩风流。质本洁来还洁去,强于污淖陷渠沟!

尔今死去侬收葬,未卜侬身何日丧?侬今葬花人笑痴,他年葬侬知是谁?

试看春残花渐落,便是红颜老死时。一朝春尽红颜老,花落人亡两不知!

王维诗(两首)

王维(701~761年),字摩诘,太原祁(今山西祁县)人。少有才名,善琴工画,开元九年(721年)进士。初任太乐丞,因事贬济州(今山东西部)司仓参军。张九龄执政,擢为右拾遗,迁监察御史。开元二十五年奉命出塞,为凉州河西节度幕判官。此后半官半隐居。"安史之乱"后被迫任伪职,乱平下狱。后官至尚书右丞。晚年犹笃于参禅礼佛,人称"诗佛"。

本课文所选二诗均选自中华书局《王右丞集笺注》(1985年版)。

少年行(其一)

新丰美酒斗十千[1],咸阳[2]游侠多少年。

相逢意气为君饮,系马高楼垂柳边。

【注释】

[1] 新丰:古县名,治所在今陕西省临潼一带,汉代即以酿酒著称。斗十千:极言其贵,一斗酒十千钱。

[2] 咸阳:秦都城,在今陕西咸阳市东北。

提示与思考

1. 这首诗描写了古代少年侠客的高楼纵饮,体现了盛唐时代的浪漫情怀与豪迈凌厉之气。"意气"二字,当是一篇之神。试着用其它词语取代"意气"二字,感觉是否有差异?

2. 苏轼《书摩诘蓝田烟雨图》云:"味摩诘之诗,诗中有画;观摩诘之画,画中有诗。"本诗的画面感源自何处?

3. 《少年行》是王维的一组七绝,共四首。其二云:"出身仕汉羽林郎,初随骠骑战渔阳。孰知不向边庭苦,纵死犹闻侠骨香。"请问这首诗是否能称得上是"诗中有画"?

拓展阅读

王维《老将行》

少年十五二十时,步行夺得胡马骑。
射杀山中白额虎,肯数邺下黄须儿!
一身转战三千里,一剑曾当百万师。
汉兵奋迅如霹雳,虏骑崩腾畏蒺藜。
卫青不败由天幸,李广无功缘数奇。
自从弃置便衰朽,世事蹉跎成白首。
昔时飞箭无全目,今日垂杨生左肘。
路旁时卖故侯瓜,门前学种先生柳。
苍茫古木连穷巷,寥落寒山对虚牖。
誓令疏勒出飞泉,不似颍川空使酒。
贺兰山下阵如云,羽檄交驰日夕闻。
节使三河募年少,诏书五道出将军。
试拂铁衣如雪色,聊持宝剑动星文。
愿得燕弓射大将,耻令越甲鸣吾君。
莫嫌旧日云中守,犹堪一战取功勋!

汉江临眺

楚塞三湘接[1],荆门九派通[2]。
江流天地外,山色有无中。
郡邑浮前浦,波澜动远空。
襄阳好风日,留醉与山翁[3]。

【注释】

[1] 楚塞:楚国的边界,襄阳一带为古楚国之北境,故称。三湘:说法不一,泛指今湖南境内洞庭湖附近的三条河流。

[2] 荆门:山名,在今湖北宜昌东南。《水经注·江水》:"江水又东历荆门虎牙

之间。荆门在南,上合下开……楚之西塞也。"九派:泛指长江中游的九条支流。郭璞《江赋》:"流九派乎浔阳。"首二句写江汉流脉之广,南连三湘,西至荆门,东通九江。

[3] 山翁:指晋代襄阳太守山简。山简为山涛子,镇守襄阳期间好游耽酒,每饮辄醉。

提示与思考

1. 王维《终南山》有"白云回望合,青霭入看无"的诗句,韩愈《早春呈水部张十八员外》也有"草色遥看近却无"的句子,上述二例与本诗"山色有无中"一句都是写色彩之轻淡,若有似无,但你能分辨出其中的细微差异吗?

2. 杜甫《登岳阳楼》有"吴楚东南坼,乾坤日夜浮"之句,与本诗之"郡邑浮前浦,波澜动远空"有何相通的地方?所用的"浮"字有何表现力?古语谓"浮生若寄",这种说法透露怎样的感受?

3. 背诵此诗。找一下有关格律诗的写作知识,模仿着写一首五律。

拓展阅读

王维《终南山》

太乙近天都,连山到海隅。
白云回望合,青霭入看无。
分野中峰变,阴晴众壑殊。
欲投人处宿,隔水问樵夫。

李白诗(三首)

李白(701~762年),字太白,号青莲居士。祖籍陇西成纪(今甘肃天水一带),先世于隋末流徙西域。李白幼时随父迁居绵州昌隆(今四川江油)。少时居蜀中读书学道,二十五岁出川远游,先后居住安陆、鲁郡。后奉诏入京,供奉翰林,名动一时。不久受谗出京,漫游各地。安史之乱起,入永王李璘幕府;永王后与唐肃宗争位,兵败被杀,李白受牵连流放夜郎(今贵州正安一带)。途中遇赦东归,晚年漂泊东南一带,不久病卒于当涂县(今属安徽)。李白身上具有超异寻常的艺术天分和磅礴雄伟的感召力量,是我国最伟大的浪漫主义诗人,有"诗仙"之称,后人亦将之与杜甫并称"李杜"。

以下所选三首诗皆出自中华书局《李太白全集》(1997年版)。

上李邕

大鹏一日同风起,抟摇[1]直上九万里。

假令风歇时[2]下来,犹能簸却[3]沧溟水。

世人见我恒殊调[4],闻余大言皆冷笑。

宣父[5]犹能畏后生,丈夫未可轻年少。

【注释】

[1]抟摇:由下而上的旋风。语出《庄子·逍遥游》:"鹏之徙于南溟也,水击三千里,抟扶摇而上者九万里。"

[2]时:有时、偶尔。

[3]簸却:激荡、搅动。

[4]殊调:格调特殊,谓非同一般。

[5]宣父:初唐时孔子的封号。《论语·子罕》篇载孔子曾说:"后生可畏,焉知来者之不如今也?"

❓提示与思考

1. 李邕,字泰和,以文章、书法著称于当时,唐玄宗时曾任北海(治所在今山东青州)太守,世称"李北海",后为李林甫所害。开元七至九年(720～722)间,李邕任渝州(今四川重庆)刺史,正在四川的李白曾去拜见。从这首诗中,我们可以看出李白"天生我才必有用"的浪漫情怀。李白小李邕二十多岁,故诗题用了"上"字,以表明自谦。在现实生活中我们应该如何既能保持年轻人自信,又表现出对长者的充分尊重? 我们应该如何向别人推荐自己?

2. 如果说大鹏是《庄子·逍遥游》中自由的象征,那么凤凰在我们的文化传统中可以称之为社稷的图腾,《论语·子罕》篇中载孔子曾感叹道:"凤鸟不至,河不出图,洛不出书,吾已矣夫!"李白写这首诗时二十出头,杜甫此时才八九岁。杜甫后来在《壮游》一诗中回忆自己"七龄思即壮,开口咏凤凰"。你如何看这种诗歌意象上的不同选择? 它是必然的还是随意的?

3. 李白寥寥数笔,就勾画出一个力簸沧海的大鹏形象——也是年轻诗人自己的形象。而他的《临路歌》写的仍然是大鹏：

> 大鹏飞兮振八裔，中天摧兮力不济。余风激兮万世，游扶桑兮挂石袂。后
> 人得之传此，仲尼亡兮谁为出涕？

唐李华《故翰林学士李君墓志铭序》载，李白"赋《临终歌》而卒"。后人或以为《临路歌》之"路"当是"终"字之误。可见其一生始终以大鹏自喻。然而同是写大鹏，《上李邕》所写与此篇《临路歌》所写，其精神气质上有何不同？

拓展阅读

李白《与韩荆州书》

白闻天下谈士相聚而言曰："生不用万户侯，但愿一识韩荆州。"何令人之景慕，一至于此！岂不以有周公之风，躬吐握之事，使海内豪俊，奔走而归之，一登龙门，则声价十倍，所以龙蟠凤逸之士，皆欲收名定价于君侯。君侯不以富贵而骄之，寒贱而忽之，则三千之中有毛遂，使白得颖脱而出，即其人焉。

白陇西布衣，流落楚汉。十五好剑术，徧干诸侯；三十成文章，历抵卿相。虽长不满七尺，而心雄万夫。皆王公大人许与气义。此畴曩心迹，安敢不尽于君侯哉！

君侯制作侔神明，德行动天地，笔参造化，学究天人。幸愿开张心颜，不以长揖见拒。必若接之以高宴，纵之以清谈，请日试万言，倚马可待。今天下以君侯为文章之司命，人物之权衡，一经品题，便作佳士。而君侯何惜阶前盈尺之地，不使白扬眉吐气，激昂青云耶？

昔王子师为豫州，未下车，即辟荀慈明；既下车，又辟孔文举。山涛作冀州，甄拔三十余人，或为侍中、尚书，先代所美。而君侯亦荐严协律，入为秘书郎，中间崔宗之、房习祖、黎昕、许莹之徒，或以才名见知，或以清白见赏。白每观其衔恩抚躬，忠义奋发。白以此感激，知君侯推赤心于诸贤腹中，所以不归他人，而愿委身国士。倘急难有用，敢效微躯。

且人非尧舜，谁能尽善？白谟猷筹画，安能自矜？至于制作，积成卷轴，则欲尘秽视听，恐雕虫小技，不合大人。若赐观刍荛，请给纸笔，兼之书人。然后退扫闲轩，缮写呈上。庶青萍、结绿，长价于薛、卞之门。幸推下流，大开奖饰，惟君侯图之。

把酒问月

青天有月来几时？我今停杯一问之。
人攀明月不可得，月行却与人相随。
皎如飞镜临丹阙[1]，绿烟[2]灭尽清辉发。
但见宵从海上来，宁知[3]晓向云间没？
白兔捣药[4]秋复春，嫦娥孤栖与谁邻？
今人不见古时月，今月曾经照古人。
古人今人若流水，共看明月皆如此。
唯愿当歌对酒[5]时，月光长照金樽[6]里。

【注释】

[1] 丹阙：朱红门楼，代指宫殿。
[2] 绿烟：即青烟，泛指月下云雾。
[3] 宁知：怎知。
[4] 白兔捣药：晋傅玄《拟天问》："月中何有，白兔捣药。"
[5] 当歌对酒：语出曹操《短歌行》："对酒当歌，人生几何？"
[6] 金樽：精美的盛酒具。

提示与思考

1. 本诗题下有自注云："故人贾淳令予问之。"可见是在一次聚会酒后所写。诗中问月，自屈原《天问》肇始。李白之后，又有苏轼的《水调歌头》、辛弃疾的《木兰花慢》等，不乏其人。分析一下，为何历代诗人对问月如此感兴趣？

2. 初唐张若虚《春江花月夜》中诗句云："江畔何人初见月？江月何年初照人？人生代代无穷已，江月年年只相似。"这与李白本诗中的"今人不见古时月，今月曾经照古人。古人今人若流水，共看明月皆如此"有何相通之处？如果把月亮换成桃花，则又有刘希夷《代白头吟》中的"古人无复洛城东，今人还对落花风。年年岁岁花相似，岁岁年年人不同"。请问，你曾经有过类似的感受吗？

拓展阅读

辛弃疾《木兰花慢》

中秋饮酒将旦，客谓前人诗词有赋待月，无送月者，因用《天问》体赋。

可怜今夕月，向何处，去悠悠？是别有人间，那边才见，光景东头？是天外，空汗漫，但长风浩浩送中秋？飞镜无根谁系？嫦娥不嫁谁留？　　谓洋海底问无由，恍惚使人愁。怕万里长鲸，纵横触破，玉殿琼楼。虾蟆故堪浴水，问云何玉兔解沉浮？若道都齐无恙，云何渐渐如钩？

军　行

骦马[1]新跨白玉鞍，战罢沙场月色寒。
城头铁鼓声犹震，匣[2]里金刀血未干。

【注释】

　　[1] 骦马：紫骦马，一种赤身黑鬃的战马。
　　[2] 匣：这里特指刀鞘。

提示与思考

　　1. 卢照邻《紫骦马》："骦马照金鞍，转战入皋兰。塞门风稍急，长城水正寒。雪暗鸣珂重，山长喷玉难。不辞横绝漠，流血几时干？"对照卢作，分析李白此诗是如何强化节奏感和色彩感的。

　　2. 南宋的严羽在《沧浪诗话·诗评》中分析唐宋诗的不同时曾说："本朝人尚理而病于意兴，唐人尚意兴而理在其中。"用毛泽东的话说就是"诗要用形象思维，不能如散文那样直说，所以比、兴两法是不能不用的……宋人多数不懂诗是要用形象思维的，一反唐人规律，所以味同嚼蜡"。（《致陈毅》)本诗首句以战马的形象写军人临战时的昂扬斗志，二句写战罢氛围，隐含了厮杀的残酷。前两句铺垫，后两句一气呵成。请问最后一句所写场景片断包含了什么意义？

　　3. 阅读《三国演义》第五回《关羽温酒斩华雄》一段，对比"城头铁鼓声犹震，匣里金刀血未干"，体会小说与诗歌的不同表现方式。

拓展阅读

辛文房《唐才子传·李白》

　　白字太白，山东人。母梦长庚星而诞，因以命之。十岁通五经，自梦笔头生花，后天才赡逸。喜纵横，击剑为任侠，轻财好施。更客任城，与孔巢父、韩准、裴政、张叔明、陶沔居徂徕山中，日沉饮，号"竹溪六逸"。

天宝初，自蜀至长安，道未振，以所业投贺知章，读至《蜀道难》，叹曰："子谪仙人也。"乃解金龟换酒，终日相乐，遂荐于玄宗，召见金銮殿，论时事，因奏颂一篇，帝喜，赐食，亲为调羹，诏供奉翰林。尝大醉上前，草诏，使高力士脱靴，力士耻之，摘其《清平调》中飞燕事，以激怒贵妃，帝每欲与官，妃辄沮之。白益傲放，与贺知章、李适之、汝阳王琎、崔宗之、苏晋、张旭、焦遂为"饮酒八仙人"。恳求还山，赐黄金，诏放归。

白浮游四方，欲登华山，乘醉跨驴，经县治，宰不知，怒引至庭下曰："汝何人，敢无礼？"白供状不书姓名，曰："曾令龙巾拭吐，御手调羹，贵妃捧砚，力士脱靴。天子门前，尚容走马；华阴县里，不得骑驴？"宰惊愧，拜谢曰："不知翰林至此。"白长笑而去。尝乘舟与崔宗之自采石至金陵，著宫锦袍，坐傍若无人。禄山反，明皇在蜀，永王璘节度东南，白时卧庐山，辟为僚佐。璘起兵反，白逃还彭泽。璘败，累系浔阳狱。初，白游并州，见郭子仪，奇之，曾救其死罪。至是，郭子仪请官以赎，诏长流夜郎。

白晚节好黄老，度牛渚矶，乘酒捉月，沉水中。初，悦谢家青山，今墓在焉。有文集二十卷，行世。

或云：白，凉武昭王暠九世孙也。

杜甫诗（三首）

杜甫（712～770 年），字子美，号少陵野老。曾任检校工部员外郎，世称"杜工部"。祖籍襄州襄阳（今属湖北），生于巩县（今河南巩义）。祖父杜审言为初唐著名诗人。杜甫生活在唐朝由盛转衰的历史时期，一生坎坷，备尝乱离之苦，却始终忧国忧民，最终病逝于湘江舟中。杜诗多涉社会动荡、政治黑暗、人民疾苦，被誉为"诗史"，其人也被尊为"诗圣"。杜甫晚年漂泊西南一带，以律诗见长，诗艺精湛，风格多样，而以"沉郁顿挫"为主。

以下所选四诗均出自人民文学出版社《杜甫诗选》（1979 年版）。

梦李白（之一）

浮云终日行[1]，游子久不至。
三夜频梦君，情亲见君意。

告归常局促[2]，苦道来不易。

江湖多风波，舟楫恐失坠。

出门搔白首，若负平生志。

冠盖[3]满京华，斯人独憔悴。

孰云网恢恢[4]？将老身反累。

千秋万岁名，寂寞身后事。

【注释】

[1]"浮云"二句：李白《送友人》诗有"浮云游子意，落日故人情"之句。

[2]局促：谓时间短暂，此指离别的匆忙。

[3]冠盖：冠冕和车盖，指京城的达官贵人。

[4]网恢恢：语出《老子》："天网恢恢，疏而不漏。"此处反用其意，谓谁说天网宽广，为何偏对李白如此苛刻，使之到老却获罪被贬？

提示与思考

1. 天宝三年(744)，李白、杜甫初会于洛阳，遂成莫逆之交。杜甫现存第一首七言绝句诗就是《赠李白》："秋来相顾尚飘蓬，未就丹砂愧葛洪。痛饮狂歌空度日，飞扬跋扈为谁雄。"而李白也写过一首《沙丘城下寄杜甫》诗："我来竟何事，高卧沙丘城。城边有古树，日夕连秋声。鲁酒不可醉，齐歌空复情。思君若汶水，浩荡寄南征。"乾元元年(758)，李白被流放夜郎，至第二年杜甫得此消息，积思成梦，因作此诗。从本诗中我们能体验到一种令人敬佩的伟大而又执着的友谊。在你目前的生命历程中，能否找到这样一个"三夜频梦"的朋友？

2. 杜甫居长安时曾写有《春日忆李白》诗：

白也诗无敌，飘然思不群。清新庾开府，俊逸鲍参军。渭北春天树，江东日暮云。何时一樽酒，重与细论文。

比较此诗与《梦李白》一诗的不同表现手法，其中所塑造的李白形象有何不同？

3. 找几个同学一起唱《睡在我上铺的兄弟》，然后议论一下现在的学生生活中哪些行为片段值得珍藏和回忆。

拓展阅读

杜甫《天末怀李白》

凉风起天末，君子意如何？

鸿雁几时到，江湖秋水多。

文章憎命达，魑魅喜人过。

应共冤魂语，投诗赠汨罗。

登　楼

花近高楼伤客[1]心，万方多难[2]此登临。
锦江[3]春色来天地，玉垒[4]浮云变古今。
北极朝廷终不改[5]，西山寇盗[6]莫相侵。
可怜后主还祠庙[7]，日暮聊为梁甫吟[8]。

【注释】

[1] 客：作者自称。本诗作于广德二年（764）春，其时杜甫避乱于成都草堂。

[2] 万方多难：去年秋吐蕃陷长安，代宗出逃。后代宗虽得返京，但政局混乱，外有吐蕃侵扰，内有宦官专权，兼以藩镇割据，故云"万方多难"。

[3] 锦江，岷江支流，流经成都西南。

[4] 玉垒，山名，在成都西北，乃蜀中通往吐蕃的要道。

[5] 北极，即北极星，喻指唐王朝。此时安史之乱平定一年多，虽有吐蕃乘虚侵入长安，然郭子仪旋复京师，吐蕃所立伪帝广武王出逃，代宗还长安，故曰"朝廷终不改"。

[6] 西山盗寇：指吐蕃。广德元年十二月，吐蕃又陷松、维、保等州。

[7] 后主：指蜀汉刘禅。后主祠与先主庙、武侯祠均在成都锦官门外。还（hái）：仍有。

[8] 梁甫吟：乐府旧题，诸葛亮早年自比管仲、乐毅时常吟诵此篇。《三国志·诸葛亮传》："亮躬耕陇亩，好为《梁甫吟》。"

提示与思考

1. 本诗首句的写景与第二句的写事之间有何关联？所谓"伤客心"是因"花近高楼"还是因为"万方多难"？同理，找一找颔联写景与颈联写事之间是否能建立某种联系。

2. 最后两句抒情用典而不直说，用意婉转微妙，你认为其中透露了作者怎样的思想情感？

3. 背诵此诗。了解七律的相关写作要求，以登高远望为题材，尝试着写一首七律。

拓展阅读

杜甫《登岳阳楼》

昔闻洞庭水,今上岳阳楼。

吴楚东南坼,乾坤日夜浮。

亲朋无一字,老病有孤舟。

戎马关山北,凭轩涕泗流。

漫兴(之一)

肠断春江欲尽头[1],杖藜[2]徐步立芳洲。

颠狂柳絮随风舞,轻薄桃花逐水流。

【注释】

[1] 欲尽头:指三春将尽。

[2] 杖藜:拄杖。藜,其茎直,古人多用以做拐杖。

提示与思考

1. 杜甫《绝句二首》(其一)也是写春天的景色:"迟日江山丽,春风花草香。泥融飞燕子,沙暖睡鸳鸯。"比较一下,两首诗作的不同在哪里?

2. 杜甫《绝句漫兴》:"眼见客愁愁不醒,无赖春色到江亭。即遣花开深造次,便教莺语太丁宁。"体会其中用"无赖"形容春色,用"丁宁"(同今"叮咛")形容鸟鸣的写法,比较它们与本诗用"癫狂"、"轻薄"来形容柳絮和桃花之间的细微区别。

3. 杜甫《春夜喜雨》:"随风潜入夜,润物细无声。"郑板桥有"春风放胆来梳柳,夜雨瞒人去润花"的名联,你觉得表现出的意思一样吗?两者的不同仅仅是因为用了不同的表现手法吗?还是相反,因为要表现不同的感受才采用了不同的手法?或者都不是,也许诗人独特的感受和其表现形式本来就密不可分,其实就是一回事?

拓展阅读

曾巩《咏柳》

乱条犹未变初黄,倚得东风势便狂。

解把飞花蒙日月,不知天地有清霜。

岑参《凉州馆中与诸判官夜集》

岑参(约715~770年),唐南阳(今河南新野)人,迁居荆州江陵(湖北江陵),天宝进士,曾随高仙芝出塞到安西、威武等地,后又往来于北庭、轮台间。官至嘉州刺史,卒于成都。长于七言歌行,所作善于描绘塞上风光和战争景象,气势豪迈,情辞慷慨。

本诗是作者出塞途中经凉州河西节度府时在一次夜宴后写给老朋友的。

弯弯月出挂城头,城头月出照凉州[1]。
凉州七里十万家,胡人半解弹琵琶。
琵琶一曲肠堪断,风萧萧兮夜漫漫。
河西幕中多故人[2],故人别来三五春。
花门楼[3]前见秋草,岂能贫贱相看老。
一生大笑能几回,斗酒相逢须醉倒。

【注释】

[1] 凉州:今甘肃武威,唐河西节度府所在地。

[2] 河西幕:即河西节度使之幕府,作者此时为府中幕僚。故人:老朋友。

[3] 花门楼:当指本次夜吟时的凉州馆舍。

提示与思考

1. 顶针续麻(修辞学上也称"顶真格")是我国民间诗歌创作中的常见手法,你感觉这种手法起到了怎样的艺术效果?

2. 对比刘希夷《代白头吟》的用韵,看看本诗的用韵有何特点?

拓展阅读

岑参《送李副使赴碛西官军》

火山六月应更热,赤亭道口行人绝。
知君惯度祁连城,岂能愁见轮台月。
脱鞍暂入酒家垆,送君万里西击胡。
功名祇向马上取,真是英雄一丈夫。

李益《夜上受降城闻笛》

　　李益(746~829 年),字君虞,姑臧(今甘肃武威)人,后迁河南郑州。初任郑县尉,因仕途失意,后弃官漫游燕赵一带。后入朝历秘书少监、集贤殿学士,迁太子宾客,以礼部尚书致仕。李益是中唐边塞诗的代表诗人,名列"大历十才子"之一。

　　受降城:故址在今内蒙古巴彦淖尔盟,本为西汉所筑。贞观二十年,唐太宗曾临灵州接受突厥部的投降,故也称灵州为"受降城"。又,唐中宗时在黄河以北(今内蒙古境内)筑中、东、西三受降城,首尾相应,以防突厥侵扰。或以为作者所登即西受降城。

回乐峰[1]前沙似雪,受降城下月如霜。

不知何处吹芦管[2],一夜征人尽望乡。

【注释】

　　[1] 回乐峰:唐代灵州有回乐县(故址在今宁夏灵武县一带)。一本作"回乐烽",即当地的烽火台。

　　[2] 芦管:这里代指笛子。

❓提示与思考

　　1. 参照李益《从军北征》:"天山雪后海风寒,横笛偏吹行路难。碛里征人三十万,一时回向月中看。"这两首绝句写的都是边塞月夜闻笛曲,在表现手法上有何共同之处?

　　2. 历来写音乐的诗作不在少数,唐诗中写笛曲的如高适《和王七度玉门关上吹笛》:"胡人吹笛戍楼间,楼上萧条海月闲。借问落梅凡几曲?从风一夜满关山。"又如李白《春夜洛城闻笛》:"谁家玉笛暗飞声,散入春风满洛城。此夜曲中闻折柳,何人不起故园情!"

📖拓展阅读

李益《春夜闻笛》

寒山吹笛唤春归,迁客相看泪满衣。

洞庭一夜无穷雁,不待天明尽北飞。

韩愈《送孟东野序》

　　韩愈(768～824年)，字退之，河阳(今河南孟县)人。以郡望昌黎(今属河北省)，世称"韩昌黎"。三岁而孤，折节读书，后中进士，历任国子监祭酒、兵部侍郎、吏部侍郎等职，故人称"韩吏部"。韩愈诗文俱有名，尤以古文著称，是唐代古文运动的倡导者，为"唐宋八大家"之首，与柳宗元并称"韩柳"。

　　本文是韩愈为孟郊(字东野)就任溧阳县尉而作的一篇临别赠文。序，古代文体之一，本用于文集之前，唐以来亦用于赠人。

　　大凡物不得其平则鸣。草木之无声，风挠之鸣。水之无声，风荡之鸣。其跃也，或激之；其趋也，或梗之；其沸也，或炙之。金石之无声，或击之鸣。人之于言也亦然，有不得已者而后言，其歌也有思，其哭也有怀。凡出乎口而为声者，其皆有弗平者乎！

　　乐也者，郁于中而泄于外者也，择其善鸣者而假之鸣。金、石、丝、竹、匏、土、革、木八者[1]，物之善鸣者也。维天之于时也亦然，择其善鸣者而假之鸣。是故以鸟鸣春，以雷鸣夏，以虫鸣秋，以风鸣冬。四时之相推敓[2]，其必有不得其平者乎？

　　其于人也亦然。人声之精者为言，文辞之于言，又其精也，尤择其善鸣者而假之鸣。其在唐、虞[3]，咎陶、禹[4]其善鸣者也，而假以鸣。夔弗能以文辞鸣[5]，又自假于《韶》以鸣。夏之时，五子[6]以其歌鸣。伊尹[7]鸣殷，周公鸣周。凡载于《诗》、《书》六艺[8]，皆鸣之善者也。周之衰，孔子之徒鸣之，其声大而远。传曰："天将以夫子为木铎[9]。"其弗信矣乎？其末也，庄周以其荒唐之辞鸣。楚，大国也，其亡也，以屈原鸣。臧孙辰[10]、孟轲、荀卿，以道鸣者也。杨朱[11]、墨翟、管夷吾、晏婴[12]、老聃、申不害[13]、韩非、慎到[14]、田骈[15]、邹衍[16]、尸佼[17]、孙武、张仪、苏秦之属，皆以其术鸣。秦之兴，李斯鸣之。汉之时，司马迁、相如、扬雄[18]，最其善鸣者也。其下魏晋氏，鸣者不及于古，然亦未尝绝也。就其善者，其声清以浮，其节数以急[19]，其辞淫以哀，其志弛以肆[20]，其为言也，乱杂而无章。将天丑其德莫之顾邪？何为乎不鸣其善鸣者也？

　　唐之有天下，陈子昂、苏源明[21]、元结[22]、李白、杜甫、李观[23]，皆以其所能鸣。其存而在下者，孟郊东野始以其诗鸣。其高出魏晋，不懈而及于古，其他浸淫[24]乎汉氏矣。从吾游者，李翱[25]、张籍[26]其尤也。三子者之鸣信善矣。抑不知天将和其声，而使鸣国家之盛邪？抑将穷饿其身，思愁其心肠，而使自鸣其不幸邪？三子者之命,则悬乎天矣。其在上也,奚以喜;其在下也,奚以悲?东野之役于江南[27]也,有若不释然者,故吾道其于天者以解之。

【注释】

[1]"金、石"句:指古代八种乐器,也称"八音"。如金有钟,石有磬,丝有琴瑟,竹有箫笛,匏(páo)有竽笙,土有埙(xūn),革有鼓,木有柷敔(zhù yǔ)等。

[2]推敓(duó):推移。敓,同"夺"。

[3]唐、虞:尧、舜之号。

[4]咎陶(gāo yáo):也作咎繇、皋陶。传说为舜臣,主刑狱。《尚书》有《皋陶谟》。禹:大禹,《尚书》有《禹贡》篇。

[5]夔(kuí):传说中舜的乐官。下句所谓《韶》乐,即大舜时的雅乐,为夔所掌管。《论语·述而》:"在齐闻《韶》,三月不知肉味。曰:不图为乐之至于斯也!"

[6]五子:传夏王太康耽于游乐,他的五个胞弟曾作歌以为告诫。《尚书》有《五子之歌》。

[7]伊尹:名挚,曾佐商汤伐桀。据传作有《伊训》、《太甲》等文,均见于《尚书》。

[8]六艺:汉代以后对六种儒家经典的统称,即《诗经》、《尚书》、《易》、《礼》、《乐》、《春秋》。

[9]"天将"句:语出《论语·八佾》:"天下之无道也久矣,天将以夫子为木铎。"木铎:木舌的摇铃。古代颁布政令时先振铎以为警示,后遂以木铎喻宣扬教化。

[10]臧孙辰:春秋时鲁国大夫臧文仲。《左传》、《国语·鲁语》载有他的言论。

[11]杨朱:字子居,战国时魏人。其说倡导重己为我,言论见于《孟子》、《庄子》等诸子文中。

[12]晏婴:字平仲,春秋时齐景公贤相,倡节俭力行,其言行见《晏子春秋》。

[13]申不害:战国时郑人。韩昭侯时为相,其说本于黄老而主刑名,著有《申子》。

[14]慎到:赵国人,著有《慎子》。

[15]田骈:齐国人,著《田子》,今佚。

[16]邹衍:齐国人,阴阳家的代表人物。

[17]尸佼:晋国人,有《尸子》,《汉书·艺文志》列入杂家。

[18]扬雄:字子云,与司马相如皆西汉成都人,辞赋大家,又有《太玄》、《法言》等专著。

[19]数以急:谓节奏频繁而短促。

[20]弛以肆:弛,松弛,引申为颓废。肆,放荡、不严谨。

[21] 苏源明：字弱夫，武功人，唐天宝年间进士。

[22] 元结：字次山，河南洛阳人，有《元次山文集》。

[23] 李观：字元宾，赵州赞皇人。贞元八年与韩愈同登进士第，长于古文。

[24] 浸淫：本为浸润濡湿，引申为浸染、受熏陶，此有接近之意。

[25] 李翱：字习之，陇西成纪人，是韩愈的学生。有《李文公集》。

[26] 张籍：字文昌，吴郡人。善作乐府诗，有《张司业集》。

[27] 役于江南：指赴溧阳就任。溧阳县（在今江苏）属江南道。

提示与思考

1. 设想一下，当你的一个才华横溢的朋友得不到社会的承认，非常不情愿却又必须去下面跑生活，只身离开时你该对他说些什么？安慰鼓励，似难令当事者信服；若一味抨击社会的不公，也许会得到些共鸣，但却有可能令他更加灰心丧气，把所有问题都归于别人而放弃自己的努力；劝其放眼未来，又像空头支票很难兑现。都说"文似看山不喜平"，学习一下韩愈是如何立论的。

2. 如何面对人生挫折，《孟子·告子下》所言是一种态度："舜发于畎亩之中，傅说举于版筑之间，胶鬲举于鱼盐之中，管夷吾举于士，孙叔敖举于海，百里奚举于市。故天将降大任于是人也，必先苦其心志，劳其筋骨，饿其体肤，空乏其身，行拂乱其所为，所以动心忍性，曾益其所不能。"所谓"艰难困苦，玉汝于成"。在文学创作方面，司马迁"发愤著述"同样是一种榜样的力量。本文所提出的"不平则鸣"则主张把生活中的不幸转化为文学创作的原动力。宋人甚至说"诗穷而后工"（见欧阳修《梅圣俞诗集序》），你能接受这种观点吗？

拓展阅读

司马迁《报任安书》（节选）

人固有一死，或重于泰山，或轻于鸿毛，用之所趋异也。太上不辱先，其次不辱身，其次不辱理色，其次不辱辞令，其次诎体受辱，其次易服受辱，其次关木索、被箠楚受辱，其次剔毛发、婴金铁受辱，其次毁肌肤、断支体受辱，最下腐刑极矣。传曰："刑不上大夫。"此言士节不可不勉励也。猛虎在深山，百兽震恐，及其在槛阱之中，摇尾而求食，积威约之渐也。故士有画地为牢势不可入，削木为吏议不可对，定计于鲜也。今交手足，受木索，暴肌肤，受榜箠，幽于圜墙之中，当此之时，见狱吏则头枪地，视徒隶则正惕息，何者？积威约之势也。及以至此，言不辱者，所谓强颜耳，曷足贵乎！且西伯，伯也，拘于羑里；李斯，相也，具于五刑；淮阴，王也，受械于陈；彭越、张敖，南面称孤，系狱抵罪；绛侯诛诸吕，权倾五伯，囚于请室；魏其，大将也，衣赭衣,关三木;季布为朱家钳奴,灌夫受辱于居室。此人皆身至王侯将相,声闻邻国,及罪至罔加,不能引决自裁,在尘埃之中。古今一体,安在其不辱也?由此言之,勇怯,势也;强弱,形也。审矣,何足怪乎!夫人不能蚤自裁绳墨之外,已稍陵迟,至于鞭箠之间,乃欲引节,斯不亦远乎!古人所以重施刑于大夫者,殆为此也。夫人情莫不贪生恶死,念父母,顾妻子,至激于义理者不然,乃有所不得已也。今仆不幸,蚤失父母,无兄弟之亲,独身孤立,少卿视仆于妻子何如哉?且勇者不必死节,怯夫慕义,何处不勉焉。仆虽怯懦欲苟活,亦颇识去就之分矣,何至自沈溺缧绁之辱哉!且夫臧获婢妾,由能引决,况仆之不得已乎?所以隐忍苟活,幽于粪土之中而不辞者,恨私心有所不尽,鄙陋没世而文采不表于后世也。

古者富贵而名摩灭,不可胜记,唯倜傥非常之人称焉。盖文王拘而演《周易》,仲尼厄而作《春秋》;屈原放逐,乃赋《离骚》;左丘失明,厥有《国语》;孙子膑脚,《兵法》修列;不韦迁蜀,世传《吕览》;韩非囚秦,《说难》《孤愤》;《诗》三百篇,大抵贤圣发愤之所为作也。此人皆意有所郁结,不得通其道,故述往事,思来者。乃如左丘明无目,孙子断足,终不可用,退而论书策,以舒其愤,思垂空文以自见。仆窃不逊,近自托于无能之辞,网罗天下放失旧闻,略考其行事,综其终始,稽其成败兴坏之纪,上计轩辕,下至于兹,为十表,本纪十二,书八章,世家三十,列传七十,凡百三十篇,亦欲以究天人之际,通古今之变,成一家之言。草创未就,会遭此祸,惜其不成,是以就极刑而无愠色。仆诚已著此书,藏之名山,传之其人,通邑大都,则仆偿前辱之责,虽万被戮,岂有悔哉!然此可为智者道,难为俗人言也。

张籍《秋思》

张籍(约768~830年),字文昌,和州乌江(今安徽和县)人,郡望苏州。中唐贞元年间进士,授太常寺太祝。久之,迁秘书郎,由韩愈举荐为国子博士。历水部员外郎、主客郎中。以乐府诗与王建齐名,并称"张王乐府"。曾官水部员外郎,迁国子司业,世称"张水部"、"张司业"。

《秋思》为作者在京城为官时思乡之作。

洛阳城里见秋风[1],欲作家书意万重。
复恐匆匆说不尽,行人临发又开封。

【注释】

[1] 典出《世说新语·识鉴》："张季鹰辟齐王东曹掾,在洛,见秋风起,因思吴中菰菜羹、鲈鱼脍,曰:'人生贵得适意尔,何能羁宦数千里以要名爵!'遂命驾便归。"

提示与思考

1. 张籍与张翰(字季鹰)都是吴人,都在洛阳做官,故一见秋风,自然联想到张季鹰思乡一事。此诗首句高妙之处就在于知其用典者能体悟其深意,不知者亦不妨碍理解本诗。李白《山中与幽人对酌》:"两人对酌山花开,一杯一杯复一杯。我醉欲眠卿且去,明朝有意抱琴来。"你知道其中所用典故出自何处吗?

2. 盛唐时的岑参曾有一首《逢入京使》诗:"故园东望路漫漫,双袖龙钟泪不干。马上相逢无纸笔,凭君传语报平安。"同样是给家里捎信,岑参只有一句平安话,里面却包含了许多意思;张籍明明都写下来了,却说自己还有很多话要写,其实也不过还是那一个意思罢了。读一下元代马致远的《寿阳曲》:

云笼月,风弄铁,两般儿助人凄切。别银灯欲将心事写,长吁气一声吹灭。

元人贯云石《清江引·惜别》:

若还与他相见时,道个真传示。不是不修书,不是不才思,绕清江买不得天样纸。

都是一个字也没写,可具体表现却大相径庭:一个是满腹心事不知该如何写,干脆不写了;另一个则是欲写满腹心事,却强调自己是受到条件的限制而没办法写下来。文学表现的多样性和丰富性其实就是创造性。

拓展阅读

张籍《望行人》

秋风窗下起,旅雁向南飞。

日日出门望,家家行客归。

无因见边使,空待寄寒衣。

独闭青楼暮,烟深鸟雀稀。

李翱《复性书》

李翱(772～841年),字习之,赵郡(今河北赵县)人。唐德宗贞元年间进士,曾历任国子博士、中书舍人、桂州刺史、山南东道节度使等职。追随韩愈,并一起倡导古文运动。武宗会昌元年卒。谥为文,世称"李文公"。

《复兴书》全文分上中下三篇四千余字,本文节选自该文之最后部分。所谓复性,是要恢复人所有别于禽兽的道德属性。作者认为,这种人所独有的属性,有的人完全丧失了,有的人丧失了一部分,所以他在文中号召恢复人的这种特性。

天地之间,万物生焉,人之于万物,一物[1]也,其所以异于鸟兽虫鱼者,岂非道德之性乎哉? 受一气而成形,一为物而一为人,得之甚难也。生乎世,又非深长之年也。以非深长之年,行甚难得之身,而不专专[2]于大道,肆其心[3]之所为,其所以自异于鸟兽虫鱼者无几矣。昏而不思,其昏也终不明矣。

吾之生二十有九年矣。思十九年时,如朝日也;思九年时,亦如朝日也。人之受命,其长者不过七十、八十年,九十、百年者则稀矣。当百年时,而视乎九年时也,与吾此日之思于前也,远近其能相悬[4]耶? 其又能远于朝日之时耶? 然则人之生也,虽享百年,若雷电之惊相激也,若风之飘而旋也可知矣。况千百人而无一及百年之年者哉? 故我之终日志于道德,犹恐未及也。彼肆其心之所为者,独何人哉?

【注释】

[1] 一物:同样的物。下句"一气"同。

[2] 专专:谓一心一意。

[3] 肆其心:恣意放纵其心性。

[4] 相悬:相差、像区别。这句意谓没有什么差别。

提示与思考

1. 反思一下你平时的行为方式,你认为自己应该任心顺性还是崇德修身? 两者有矛盾吗?

2. 对你来说道德是一种内在的力量还是外来的约束? 李翱《赠药山高僧惟俨》(其一):"炼得身形似鹤形,千株松下两函经。我来问道无余话,云在青天水在瓶。"你如何理解最后一句? 云在天上自由自在,水在瓶中就受拘束吗?

拓展阅读

欧阳修《读李翱文》(节选)

　　予始读翱《复性书》三篇,曰:此《中庸》之义疏尔……最后读《幽怀赋》,然后置书而叹,叹已复读,不自休。恨翱不生于今,不得与之交;又恨予不得生翱时,与翱上下其论也……其赋曰:"众嚣嚣而杂处兮,咸叹老而嗟卑;视予心之不然兮,虑行道之犹非。"又怪神尧以一旅取天下,后世子孙不能以天下取河北,以为忧。呜呼!使当时君子皆易其叹老嗟卑之心,为翱所忧之心,则唐之天下岂有乱与亡哉!

　　然翱幸不生今时,见今之事,则其忧又甚矣!奈何今之人不忧也?余行天下,见人多矣,脱有一人能如翱忧者,又皆贱远,与翱无异。其余光荣而饱者,一闻忧世之言,不以为狂人,则以为病痴子,不怒则笑之矣。呜呼!在位而不肯自忧,又禁他人使皆不得忧,可叹也夫!

刘禹锡诗(两首)

　　刘禹锡(772～842年),字梦得,洛阳(今属河南)人,曾任太子宾客,世称"刘宾客"。贞元年间进士,登博学宏词科,从事淮南幕府,曾任监察御史,是王叔文政治改革集团中心人物之一。革新失败被贬为朗州司马(今湖南常德)。后奉召回洛阳,任太子宾客。

　　刘禹锡是中唐晚期著名诗人,有"诗豪"之称。以下选刘禹锡七律怀古诗与七绝写景诗各一首。

西塞山怀古

王濬楼船下益州[1],金陵王气黯然收[2]。
千寻铁锁[3]沉江底,一片降幡出石头[4]。
人世几回[5]伤往事,山形依旧枕寒流。
今逢四海为家[6]日,故垒[7]萧萧芦荻秋。

【注释】

[1] 王濬(jùn)：西晋将领。益州：三国时郡治在今成都。晋武帝伐吴,令益州刺史王濬造战船,出巴蜀。战船上起木楼,故称"楼船"。

[2] 金陵：吴国都城,三国时称建业,即今南京。据传此地有王者之气,故楚威王曾埋金以镇之,因有此名。王气收：指东吴灭亡。

[3] 铁锁：东吴军以大铁索横于江面,拦防晋船,后为晋军用火烧断。千寻：形容铁链之长,古代八尺为一寻。

[4] 石头：指石头城,本孙权时所筑,故址在今南京清凉山。降幡：降旗。王濬率船队攻破石头城,吴主孙皓投降。

[5] 几回：自东吴始,东晋、宋、齐、梁、陈等皆建都于金陵,相继而亡。

[6] 四海为家：意即天下统一。

[7] 故垒：即指当年西塞山上的营垒,为长江中游要塞,三国时吴国以此为江防前线。

提示与思考

1. 西塞山在今湖北黄石东,一名矶头山。唐穆宗长庆四年(824),刘禹锡自夔州调往和州(今安徽和县)任刺史。赴任途中,经过西塞山时写了这首著名的怀古诗。据计有功《唐诗纪事》载,作者与元稹、韦楚客访白居易,相约以《金陵怀古》为题,各赋一诗,刘诗先成,白居易说："四人探骊龙,子先获珠,所余鳞爪何用耶!"遂为之搁笔。

2. 作者还有一首题材相近的《金陵怀古》五律：

> 潮满冶城渚,日斜征虏亭。
>
> 蔡洲新草绿,幕府旧烟青。
>
> 兴废由人事,山川空地形。
>
> 《后庭花》一曲,幽怨不堪听。

比较一下两者的异同,你更喜欢哪一首? 为什么?

3. 咏史诗最常见的手法是,以自然山水的永恒衬托人事的变迁。在《西塞山怀古》中找出体现这一手法的句子。

拓展阅读

刘禹锡《金陵五题》(选三首)

余少为江南客,而未游秣陵,尝有遗恨。后为历阳守,跂而望之。适有客以《金陵五题》相示,逌尔生思,欻然有得。他日友人白乐天掉头苦吟,叹赏良久,且曰《石头》诗云"潮打空城寂寞回",吾知后之诗人,不复措词矣。余四咏虽不及此,亦不孤乐天之言耳。

石头城

山围故国周遭在,潮打空城寂寞回。

淮水东边旧时月,夜深还过女墙来。

乌衣巷

朱雀桥边野草花,乌衣巷口夕阳斜。

旧时王谢堂前燕,飞入寻常百姓家。

台　城

台城六代竞豪华,结绮临春事最奢。

万户千门成野草,只缘一曲《后庭花》。

秋　词

自古逢秋悲寂寥[1],我言秋日胜春朝。

晴空一鹤排[2]云上,便引诗情到碧霄。

【注释】

[1] 寂寥:这里指空旷萧条。

[2] 排:推开。

？提示与思考

1. 作者称"自古逢秋悲寂寥",你能举几首古人写秋天的诗词作品吗? 把你所知道的吟咏秋天的诗作与《秋词二首》(其一)作一比较,这样你就能更好地理解为什么作者被称为"诗豪"了。

2. 刘禹锡《秋词二首》(其二):"山明水净夜来霜,数树深红出浅黄。试上高楼清入骨,岂如春色嗾人狂。"而其《秋风引》:"何处秋风至,萧萧送雁群。朝来入庭树,孤客最先闻。"同一个作者,同样是吟咏秋天,为什么会有如此大的差异?

拓展阅读

宋玉《九辩》(节选)

悲哉! 秋之为气也。

萧瑟兮草木摇落而变衰，憭栗兮若在远行，登山临水兮送将归。

泬寥兮天高而气清，寂寥兮收潦而水清。

憯凄增欷兮薄寒之中人，怆怳懭恨兮去故而就新。

坎廪兮贫士失职而志不平，廓落兮羁旅而无友生，惆怅兮而私自怜。

燕翩翩其辞归兮，蝉寂漠而无声。

雁雝雝而南游兮，鹍鸡啁哳而悲鸣。

独申旦而不寐兮，哀蟋蟀之宵征。

时亹亹而过中兮，蹇淹留而无成。

悲忧穷戚兮独处廓，有美一人兮心不绎。

去乡离家兮徕远客，超逍遥兮今焉薄？

专思君兮不可化，君不知兮可奈何！

蓄怨兮积思，心烦憺兮忘食事。

愿一见兮道余意，君之心兮与余异。

车既驾兮朅而归，不得见兮心伤悲。

倚结軨兮长太息，涕潺湲兮下沾轼。

慷慨绝兮不得，中瞀乱兮迷惑。

私自怜兮何极？心怦怦兮谅直。

杜牧《题宣州开元寺水阁》

杜牧（803～852年），字牧之，号樊川居士，京兆万年（今陕西西安）人，唐代著名宰相杜佑之孙。唐文宗大和年间进士，授弘文馆校书郎。后赴江西观察使幕，转淮南节度使幕，曾任黄州、池州、睦州刺史等职，官至中书舍人。杜牧为晚唐杰出诗人，尤以七言绝句著称，与李商隐并称"小李杜"。

本诗选自《全唐诗》。宣州，即现在的安徽宣城，城东有宛溪流过，城东北有敬亭山，南朝著名山水诗人谢朓曾在此任太守。开元寺，本名永乐寺，始建于东晋，是宣城的名胜之一。

六朝[1]文物草连空，天淡云闲今古同。

鸟去鸟来山色里，人歌人哭[2]水声中。

深秋帘幕千家雨，落日楼台一笛风。

惆怅无因见范蠡，参差烟树五湖[3]东。

【注释】

[1] 六朝：东吴、东晋以及南朝的宋、齐、梁、陈先后建都金陵（今南京），故称。

[2] 人歌人哭：典出《礼记·檀弓》："晋献文子成室，张老曰：美哉轮焉！美哉奂焉！歌于斯，哭于斯，聚国族于斯。"

[3] 五湖：太湖及其周边相属四湖。相传范蠡与勾践深谋二十余年，终于灭吴。功成之后归隐，泛舟于五湖。

提示与思考

1. 从题材上讲，这是一首典型的咏史怀古之作。但其中并没有单纯地去议论具体的人物或事件，如"鸟去鸟来山色里，人歌人哭水声中"一联看似流畅轻快，却能以山水的永恒之美衬托出人世的沧桑变幻。杜牧长于写咏史诗，如《赤壁》："折戟沉沙铁未销，自将磨洗认前朝。东风不与周郎便，铜雀春深锁二乔。"又如《江南春》："千里莺啼绿映红，水村山郭酒旗风。南朝四百八十寺，多少楼台烟雨中。"请问，这两首咏史绝句，哪一首的艺术手法与《题宣州开元寺水阁》更接近？

2. 咏史诗从本质上讲都是咏怀诗。唐文宗大和二年（828），二十六岁的杜牧进士及第，同年冬作为幕僚，随江西观察使沈传师来到宣州。开成二年（837），他入宣徽观察使崔郸幕，为团练判官，再次来到宣州。越明年，三十六岁的杜牧重游开元寺，写下了这首七律。你能从诗中领略作者对十年来人事变幻的感慨吗？

3. 王实甫《西厢记》第四本第三折《正宫·收尾》里有"四围山色中，一鞭残照里"的句子，这与"落日楼台一笛风"中的"一笛风"在修辞手法上有异曲同工之妙。我们平时常说："听君一席话，胜读十年书。"若把"一席话"改为"一些话"或"一段话"，你觉得有区别吗？周杰伦所唱《东风破》（方文山作词）中有"一盏离愁，孤灯伫立在窗口"和"一壶漂泊，浪迹天涯难入喉"的歌词，"一盏离愁"、"一壶漂泊"与"一笛风"，有何细微的差别？这种写法好在哪里？

拓展阅读

杜牧《过华清宫绝句》

其一

长安回望绣成堆，山顶千门次第开。

一骑红尘妃子笑，无人知是荔枝来。

其二

新丰绿树起黄埃，数骑渔阳探使回。

霓裳一曲千峰上，舞破中原始下来。

其三

万国笙歌醉太平,倚天楼殿月分明。

云中乱拍禄山舞,风过重峦下笑声。

李商隐诗(两首)

李商隐(约812～858年),字义山,号玉溪生,怀州河内(今河南沁阳)人。唐文宗开成年间进士。曾任弘农尉、佐幕府、东川节度使判官等职。因受党争之祸,辗转于各藩镇充当幕僚,潦倒终身。李商隐是晚唐著名诗人,与杜牧合称“小李杜”,与温庭筠合称为“温李”,其诗风格浓丽,多用典,诗意迷离恍惚,对后人特别是宋初诗坛影响巨大。

李商隐长于近体格律诗,以下选七律、五律各一首。

锦 瑟

锦瑟[1]无端五十弦,一弦一柱[2]思华年。

庄生晓梦迷蝴蝶[3],望帝[4]春心托杜鹃。

沧海月明珠有泪[5],蓝田日暖玉生烟[6]。

此情可待成追忆[7],只是当时已惘然[8]。

【注释】

[1] 锦瑟:妆饰以文采的瑟琴。

[2] 柱:支撑琴弦的枕码。

[3] “庄生”句:语出《庄子·齐物论》:“昔者庄周梦为蝴蝶,栩栩然蝴蝶也……俄而觉,则蘧蘧然周也。不知周之梦为蝴蝶欤,蝴蝶之梦为周欤?”

[4] 望帝:传说古蜀地的君主,名杜宇。《寰宇记》:“蜀王杜宇,号望帝,后因禅位,自亡去,化为子规”。子规即杜鹃鸟,暮春而啼,其声哀苦凄悲。

[5] 珠有泪:典出张华《博物志》:“南海外有鲛人,水居如鱼,不废绩织,其眼泣则能出珠。”

[6] 蓝田:地名,今属陕西西安,以出产美玉著称,据传说著名的和氏璧即为蓝田玉。玉生烟:司空图《与极浦书》:“戴容州谓诗家之景,如蓝田日暖,良玉生烟,可

望而不可置于眉睫之前也。"

　　[7]"此情"句:谓此时回忆昔年之情,已了然明白,咫尺可待,如在目前。但这一切却倏然而逝,竟成往事。

　　[8]惘然:形容迷茫、恍惚不清。

❓提示与思考

　　1. 这首诗历来注释不一,因其为《李义山诗集》中的第一首,亦被称之为"诗序"。除序诗说之外,尚有悼亡、艳情、自伤以及回忆往事说等,你倾向于哪一种?

　　2. 元好问《论诗绝句》云:"望帝春心托杜鹃,佳人锦瑟怨华年。诗家总爱西昆好,独恨无人作郑笺。"而梁启超在《饮冰室文集·中国韵文里头所表现的情感》一文中谈及义山的《锦瑟》等诗时却说:"他讲的什么事,我理会不着。拆开一句一句的叫我解释,我连文义也解不出来。但我觉得他美,读起来令我精神上得到一种新鲜的愉快。"你如何看待这两种观点?

　　3. 请将本诗与姜育恒演唱的《再回首》歌词对读。

📖拓展阅读

李商隐《无题》(之一)

来是空言去绝踪,月斜楼上五更钟。
梦为远别啼难唤,书被催成墨未浓。
蜡照半笼金翡翠,麝熏微度绣芙蓉。
刘郎已恨蓬山远,更隔蓬山一万重。

晚　晴

深居俯夹城[1],春去夏犹清。
天意怜幽草,人间重晚晴。
并添高阁[2]迥,微注小窗明。
越鸟巢干后,归飞体更轻。

【注释】

　　[1]夹城:原指京城主城外修筑的副城或两边筑有高墙的复道。本诗作于桂州(今桂林),且首二字称"深居",或当指城墙夹角一带地方。

[2] 高阁:诗人所居楼阁。

? 提示与思考

1. 大家都熟悉作者的另一首名篇《乐游原》:"向晚意不适,驱车登古原。夕阳无限好,只是近黄昏。"同是写黄昏晚晴之景,境界有何不同?

2. "微注"二字细腻地表达出作者对黄昏之时阳光的特别感受,你能体悟到吗?试着用其他词语替换,是否能取得相似的效果。

拓展阅读

刘禹锡《酬乐天咏老见示》

人谁不愿老,老去有谁怜?
身瘦带频减,发稀冠自偏。
废书缘惜眼,多灸为随年。
经世还谙事,阅人如阅川。
细思皆幸矣,下此便翛然。
莫道桑榆晚,为霞尚满天。

李煜词(两首)

李煜(937~978年),字重光,彭城(今江苏徐州)人,南唐后主,在位十五年。后国破降宋,俘至汴京,被封违命侯。四十二岁卒,葬洛阳邙山。李煜才华横溢,精书法,善绘画,通音律,尤擅诗词,被誉为"千古词帝"。

以下所选《浪淘沙》《相见欢》均为作者后期词作。

相见欢

林花谢了春红,太匆匆,无奈朝来寒雨晚来风。　　胭脂泪[1],留人醉,几时重[2]?自是人生长恨水长东。

【注释】

[1] 胭脂泪:语出杜甫《曲江对雨》:"林花著雨胭脂湿",意谓林中红花为雨所浸染,如美人泪滴胭脂。后王实甫《西厢记·长亭送别》有"晓来谁染霜林醉? 总是离人泪"的曲词,亦当从此化出。

[2] 几时重:意谓何时能再次相逢。

提示与思考

1. 学术界公认的李煜词创作的特点之一就是:擅长把人生中某种具有普遍意义的意绪和情感通过具体生动的形象表现出来,从而引起读者的共鸣。如大家所熟知的"问君能有几多愁,恰似一江春水向东流"(《虞美人》)。本词的"自是人生长恨水长东"也是一例。又,李煜《清平乐》:

> 别来春半,触目柔肠断。砌下落梅如雪乱,拂了一身还满。 雁来音信无凭,路遥归梦难成。离恨恰如春草,更行更远还生。

在这首词中哪一句体现出上述创作的特点?

2. 你能说出李煜词和李商隐诗在语言风格上明显的差异在哪里吗?

拓展阅读

王铚《默记·李煜之死》

徐铉归朝,为左散骑常侍,迁给事中。太宗一日问:"曾见李煜否?"铉对以臣安敢私见之。上曰:"卿第诣之,但言朕令卿往见可矣。"铉遂径诣其居,望门下马,但老卒守门。徐言:"愿见太尉。"卒言:"有旨不得与人接,岂可见也。"铉云:"我乃奉旨来见。"老卒往报。徐入立庭下。久之,老卒遂入,取旧椅子相对,铉遂见谓卒曰:"但正衙一椅足矣。"顷间,李主纱帽道服而出,铉方拜,而遽下阶引其手以上。铉辞宾主之礼,李主曰:"今日岂有此礼。"铉引椅少偏,乃敢坐。后主相持大哭。及坐,默不言。忽长吁叹曰:"当时悔杀了潘佑、李平。"铉即去,有旨召对,询后主何言。铉不敢隐。遂有秦王赐牵机药之事。牵机药者,服之,前却数十回,头足相就,如牵机状。又,后主七夕在赐第命故妓作乐,声闻于外。太宗闻之,大怒。又传"小楼昨夜又东风"及"一江春水向东流"之句,并坐之,遂被祸云。

浪淘沙

往事只堪哀,对景难排。秋风庭院藓侵阶。一桁[1]珠帘闲不卷,终日谁来?

金剑[2]已沉埋,壮气蒿莱。晚凉天静[3]月华开。想得玉楼瑶殿影,空照秦淮[4]！

【注释】

[1] 一桁(háng)：一列,一挂。桁,门窗框上的横木。

[2] 金剑：一本作"金锁"。

[3] 天静：或作"天净"。

[4] 秦淮：即秦淮河,传说是秦始皇为疏通淮水而开凿,故名。秦淮河流经金陵(今南京市区),两岸酒楼舞馆林立,自南朝以来一直是繁华游赏之地。

提示与思考

1. 据明人沈际飞《草堂诗余续集》云："此在汴京念秣陵事作。"故或题为"感念",或题为"在汴京念秣陵作",当是李煜后期的作品。有人分析说李煜后期词所抒发的情感无外乎怀念过去奢靡浮华的生活方式而已,并不健康,你如何看待这个问题？

2. 刘禹锡有一首著名的咏史诗《石头城》："山围故国周遭在,潮打空城寂寞回。淮水东边旧时月,夜深还过女墙来。"谓月色依旧,往事却已成空,其表现手法与李煜本首词作非常接近,你认为二者本质的区别在哪里？

拓展阅读

李煜《子夜歌》

人生愁恨何能免？销魂独我情何限！故国梦重归,觉来双泪垂。　　　高楼谁与上？长记秋晴望。往事已成空,还如一梦中。

王禹偁《村行》

王禹偁(954～1001年),字元之,济州巨野(今山东省巨野县)人,晚贬居黄州(今湖北黄冈),世称"王黄州"。家贫,世代务农,北宋初太平兴国年间进士,历任右拾遗、知制诰、翰林学士。因直言讽谏而屡受贬谪。后召还,终病死于蕲州。

《村行》是作者在宋太宗淳化二年(991年)被贬商州(今属陕西省)团练副使时所写。

马穿山径菊初黄，信马悠悠野兴[1]长。

万壑有声含晚籁[2]，数峰无语立斜阳。

棠梨[3]叶落胭脂色，荞麦花开白雪香。

何事吟余忽惆怅？村桥原树[4]似吾乡。

【注释】

[1] 野兴：游赏山野的兴致。

[2] 晚籁：此处指傍晚时分的秋声。

[3] 棠梨：又名杜梨。一种落叶乔木，花白，入秋后叶色转红。

[4] 原树：指郊原上的树木。

提示与思考

1. 欧阳修《蝶恋花》有"泪眼问花花不语"，张升《临江仙·离亭燕》有"寒日无言西下"的句子。本诗也说"数峰无语立斜阳"。钱钟书《宋诗选注》曾分析道：

> 山峰本来是不能语而"无语"的，王禹偁说它们"无语"，或如龚自珍《己亥杂诗》说："送我摇鞭竟东去，此山不语看中原"，并不违反事实；但是同时也仿佛表示它们原先能语、有语、欲语而此刻忽然"无语"。这样，"数峰无语"、"此山不语"才不是一句不消说的废话……改用正面的说法，例如"数峰毕静"，就削减了意味，除非那种正面字眼强烈暗示山峰也有生命或心灵，像李商隐《楚宫》"暮雨自归山悄悄"。

同理，细品"万壑有声含晚籁"一句，他要表达的意思是什么呢？

2. 诗歌由第二句的"野兴长"至倒数第二句的"忽惆怅"，其间有非常明显的情绪转换，颇有王粲《登楼赋》"虽信美非吾土兮，曾何足以少留"的意思。联系两人写作时的具体人生境况，这种乡思还意味着什么？

拓展阅读

王禹偁《寒食》

今年寒食在商山，山里风光亦可怜。

稚子就花拈蛱蝶，人家依树系秋千。

郊原晓绿初经雨，巷陌春阴乍禁烟。

副使官闲莫惆怅，酒钱犹有撰碑钱。

晏殊《蝶恋花》

晏殊(991~1055年),字同叔,临川(今属江西)人。七岁能文,十四岁以神童召试,赐同进士出身。为宋仁宗朝重臣,官至同平章事兼枢密使,范仲淹、韩琦、欧阳修等皆出其门下。年六十五卒,谥元献。

晏殊为当时词坛耆宿,他一生富贵优游,作词笔调闲婉,理致深蕴,音律谐适,词语雅丽。以下所选为其代表作,《蝶恋花》为词牌名,又名《鹊踏枝》、《凤栖梧》。

槛[1]菊愁烟兰泣露,罗幕轻寒,燕子双飞去。明月不谙[2]离恨苦,斜光到晓穿朱户。　　昨夜西风凋碧树,独上高楼,望见天涯路。欲寄彩笺兼尺素[3],山长水阔知何处!

【注释】

[1] 槛(jiàn):栏杆。

[2] 不谙:不知。谙,熟知。

[3] 尺素:代之书信。纸张普遍使用前,古人写信多用一尺长的素绢,故有此称。

？提示与思考

1. 晏殊《踏莎行》:

小径红稀,芳郊绿遍,高台树色阴阴见。春风不解禁杨花,濛濛乱扑行人面。　　翠叶藏莺,朱帘隔燕,炉香静逐游丝转。一场愁梦酒醒时,斜阳却照深深院。

其中"春风不解禁杨花"与"明月不谙离恨苦",在写法上的共同之处是什么?

2. "斜阳却照深深院"与"斜光到晓穿朱户",虽然一个写阳光、一个写月光,但写作手法却都是突出表现了一个特定的场景,就像摄影中的一个特写镜头,其中透露出怎样的情绪?

3. 晏殊《无题》诗云:"油壁香车不再逢,峡云无迹任西东。梨花院落溶溶月,柳絮池塘淡淡风。几日寂寥伤酒后,一番萧瑟禁烟中。鱼书欲寄何由达?水远山长处处同。"对比这首七律诗末二句与《蝶恋花》词结尾的异同。

拓展阅读

晏殊《浣溪沙》

一向年光有限身,等闲离别易销魂。酒筵歌席莫辞频。　　满目山河空念远,落花风雨更伤春。不如怜取眼前人。

柳永《玉蝴蝶》

柳永(约987~约1053年)原名三变,后改名永,字耆卿,排行第七,人称"柳七",崇安(今福建武夷山市)人。宋仁宗朝景祐进士,官屯田员外郎。柳永是北宋初第一个专力写词的文人,其词多描绘城市风光与歌舞生活,长于抒写羁旅行役之情,尤以长调慢词居多,在词史上有较大影响。

《玉蝴蝶》铺写了对远方故人的怀念之情,为柳词名篇。

望处雨收云断[1],凭阑悄悄,目送秋光。晚景萧疏,堪动宋玉悲凉[2]。水风轻、蘋花[3]渐老,月露冷、梧叶飘黄。遣情伤。故人何在?烟水茫茫。　　难忘。文期酒会[4],几孤风月[5],屡变星霜[6]。海阔山遥,未知何处是潇湘[7]!念双燕、难凭远信,指暮天、空识归航。黯相望,断鸿声里,立尽斜阳。

【注释】

[1] 雨收云断:谓雨停云散。

[2] 宋玉悲凉:宋玉《九辩》首句云:"悲哉!秋之为气也。萧瑟兮,草木摇落而变衰。"后遂有宋玉悲秋之典。

[3] 蘋花:无根水生,花小色白。

[4] 文期酒会:文人们相约饮酒赋诗的聚会。

[5] 几孤风月:辜负了几多美好时光。孤,通"辜"。

[6] 屡变星霜:经过多年。

[7] 潇湘:代指所思念的人居住的地方。

提示与思考

1. 温庭筠《望江南》:"梳洗罢,独倚望江楼。过尽千帆皆不是,斜晖脉脉水悠悠,肠断白苹洲。"柳永《八声甘州》结尾云:"想佳人、妆楼颙望,误几回、天际识归舟。争知我、倚阑干处,正恁凝愁。"与本词最后所写场景是否有相同之处?

2.注意这篇作品的结构特征。词一般而言上片写景,下片抒情为多见,本篇也不例外。但上片虽以写景为主,最后两句"故人何在?烟水茫茫"却是抒情;下片以抒情为主,最后两句"断鸿声里,立尽斜阳"却是写景。思考一下诗词作品中情与景之间的关系。

拓展阅读

柳永《忆帝京》

薄衾小枕天气,乍觉别离滋味。展转数寒更,起了还重睡。毕竟不成眠,一夜长如岁。 也拟待、却回征辔。又争奈、已成行计。万种思量,多方开解,只恁寂寞厌厌地。系我一生心,负你千行泪。

欧阳修《踏莎行》

欧阳修(1007～1072年),字永叔,号醉翁,晚年又号六一居士,吉州永丰(今属江西省)人。北宋天圣年间进士,官至枢密副使、参知政事。欧阳修是北宋诗文革新的领袖,为"唐宋八大家"之一。谥号文忠,世称"欧阳文忠公"。

欧阳修也擅长写词,其词多写恋情、歌舞、惜春等传统题材,风格深婉缠绵。《踏莎行》抒写离愁别绪,是其代表作之一。

候馆梅残[1],溪桥柳细,草薰风暖[2]摇征辔。离愁渐远渐无穷,迢迢不断如春水。 寸寸柔肠,盈盈粉泪,楼高莫近危栏[3]倚。平芜尽处是春山,行人更在春山外[4]。

【注释】

[1]候馆:即迎宾候客之旅舍。六朝时陆凯《赠范晔》诗:"折梅逢驿使,寄与陇头人。江南无所有,聊赠一枝春。"

[2]草薰风暖:语出江淹《别赋》:"闺中风暖,陌上草薰。"薰,谓香气弥散。

[3]危栏:即高栏。

[4]"平芜"二句：化用李商隐《无题》(来是空言去绝踪)中"刘郎已恨蓬山远，更隔蓬山一万重"的句子。

提示与思考

1. 欧阳修《早春南征寄洛中诸友》诗：

楚色穷千里，行人何苦赊。

芳林逢旅雁，候馆噪山鸦。

春入河边草，花开水上槎。

东风一樽酒，新岁独思家。

将这首诗与《踏莎行》对读，体味一下诗与词的不同表现风格。

2. 南宋姜夔《踏莎行》：

燕燕轻盈，莺莺娇软，分明又向华胥见。夜长争得薄情知，春初早被相思染。　　别后书辞，别时针线，离魂暗逐郎行远。淮南皓月冷千山，冥冥归去无人管。

这首词与欧阳修同题词作有何相通之处？

3. 查找相关辞书，看看成语"名落孙山"的出处是否与本词有关。

拓展阅读

欧阳修《蝶恋花》

别后不知君远近，触目凄凉多少闷。渐行渐远渐无书，水阔鱼沉何处问。

夜深风竹敲秋韵，万叶千声皆是恨。故欹单枕梦中寻，梦又不成灯又烬。

曾巩《墨池记》

曾巩(1019～1083年)，字子固，建昌南丰(今属江西)人，世称"南丰先生"。幼年聪慧，北宋嘉佑年间进士，历任馆阁校勘、集贤校理。先后在齐、襄、亳、沧等地任知州，后官拜中书舍人，卒于江宁府(今南京市)。

曾巩为著名散文家，"唐宋八大家"之一。本文是应抚州州学教授王盛之约请而写就。文章辞气舒缓平正，寓意深婉醇厚，体现了作者谨严古雅的文风。

临川[1]之城东,有地隐然而高,以临于溪,曰新城。新城之上,有池洼然而方以长,曰王羲之[2]之墨池者,荀伯子[3]《临川记》云也。羲之尝慕张芝[4],临池学书,池水尽黑,此为其故迹,岂信然邪?

方羲之之不可强以仕[5],而尝极[6]东方,出沧海[7],以娱其意于山水之间,岂其徜徉肆恣[8],而又尝自休于此邪?

羲之之书晚乃善[9],则其所能,盖亦以精力自致者,非天成也。然后世未有能及者,岂其学不如彼邪?则学固岂可以少哉!况欲深造道德者邪?

墨池之上,今为州学舍[10]。教授[11]王君盛,恐其不章[12]也,书“晋王右军墨池”之六字于楹间以揭之。又告于巩曰:“愿有记。”推王君之心,岂爱人之善,虽一能不以废[13],而因以及乎其迹邪?其亦欲推其事,以勉学者邪?夫人之有一能,而使后人尚之如此,况仁人庄士[14]之遗风馀思,被于来世者何如哉!

庆历[15]八年九月十二日曾巩记。

【注释】

[1] 临川:郡名,地在今江西抚州市。

[2] 王羲之:字逸少,曾任会稽内史,领右将军,人称“王右军”。

[3] 荀伯子:南朝宋人,曾任临川内史。

[4] 张芝:字伯英,东汉著名书法家,善草书。孙过庭《书谱》记王羲之曾说:“吾书比之钟张,钟当抗行,或谓过之……然张精熟,池水尽墨。”

[5]“方羲之”句:王羲之素与王述不和,羲之任会稽内史后,朝廷又命王述为扬州刺史,会稽本属扬州,王羲之求改属越州,不得,羲之耻居王述之下,辞职归隐。事见《世说新语·仇隙》。

[6] 极:穷极、尽至。

[7] 出沧海:据《晋书·王羲之传》:“羲之既去官,与东土人士尽山水之游,弋钓为娱……遍游东中诸郡,穷诸名山,泛沧海。”

[8] 徜徉(cháng yáng)肆恣:形容悠然随意。

[9]“羲之之书”句:虞和《论书表》:“羲之书在始末有奇……迨其末年,乃造其极。”

[10] 州学舍:指抚州州府所立官学的馆舍。

[11] 教授:官名。宋代州学教授除了传道授业、管理州县官学外,还主持并参与地方文化活动。

[12] 章:同“彰”。

[13] 不以废:不肯让它埋没。

[14] 仁人庄士:有道德修养、为人端正的君子。

[15] 庆历:北宋仁宗赵祯年号。

提示与思考

1. 本文虽名《墨池记》,却所记甚少,所议颇多。回忆一下你所学过的类似文章,如范仲淹的《岳阳楼记》用了多少文字具体写到岳阳楼? 欧阳修的《醉翁亭记》又用了多少文字写了醉翁亭? 中国各地名胜古迹众多,但其中传说附会者亦不在少数。如果有人让你为一个不能确定其真实性的古迹写一篇游记,你该如何写?

2. 很多读者将此文主旨归为勉学,你认同这种解释吗? 文中"则学固岂可以少哉! 况欲深造道德者邪"一句只是随手写来的吗? 为何结尾提及"仁人庄士"而不用"文人墨客"等词语?

3. 统计一下,这篇不到四百字的短文中,用了多少推测及反问语句? 想一想,这种句式起到了怎样的效果?

拓展阅读

曾巩《趵突泉》

一派遥从玉水分,暗来都洒历山尘。

滋荣冬茹湿常早,涧泽春茶味更真。

已觉路傍行似鉴,最怜沙际涌如轮。

曾成齐鲁封疆会,况托娥英诧世人。

王安石《读孟尝君传》

王安石(1021～1086 年),字介甫,号半山,临川(今江西抚州市)人,世称"临川先生"。北宋庆历年间进士,神宗时拜相,主持变法。变法失败,退居江宁府(今南京),潜心学术研究与诗文创作。晚年封荆国公,又称"王荆公"。

王安石也长于散文,名列"唐宋八大家"之一。本文全篇不足百字,是作者读司马迁《史记·孟尝君传》的一篇读后感。

世皆称孟尝君[1]能得士,士以故归之,而卒赖其力,以脱于虎豹之秦。嗟呼!尝君特鸡鸣狗盗[2]之雄耳,岂足以言得士? 不然,擅齐之强,得一士焉,宜可以南面而制秦,尚何取鸡鸣狗盗之力哉? 鸡鸣狗盗之出其门,此士之所以不至也。

【注释】

[1] 孟尝君:即田文,战国四公子之一,齐宗室大臣。其父田婴是齐威王异母弟。孟尝君广招宾客,以门下食客三千而闻名,权倾一时。死后葬于薛国城东(今山东滕州东南官桥镇一带)。

[2] 鸡鸣狗盗:语出《史记·孟尝君传》。孟尝君曾被秦昭王囚禁。孟有一狐白裘,已送于秦王。手下一门客夜间扮狗,潜入秦宫,盗出狐白裘。献给昭王宠妃。宠妃为之说情,孟尝君遂被释放。夜半至函谷关,有一门客能学鸡鸣,守关之士以为破晓,打开关门,孟尝君终得出关。

❓ 提示与思考

1. 凡下笔为文,立意要新、文气须盛,王安石本文正是如此。至于逻辑周密与否倒在其次。分析一下本文的行文逻辑,看看是否有值得斟酌推敲的地方。

2. 王安石作为一个成熟的政治家,对历史有着自己独到而又深刻的认识和理解,本文就是一篇典型的翻案文章。你能同意他的观点吗?

3. 现在微博写作逐渐兴起,每篇不得超过一百四十字。王安石本文不足百字,但却结构完整严密,文气连贯,前后照应。请模仿学习这种风格来写微博体短文。

📖 拓展阅读

王安石《明妃曲二首》

其一

明妃初出汉宫时,泪湿春风鬓脚垂。
低徊顾影无颜色,尚得君王不自持。
归来却怪丹青手,入眼平生几曾有;
意态由来画不成,当时枉杀毛延寿。
一去心知更不归,可怜着尽汉宫衣;
寄声欲问塞南事,只有年年鸿雁飞。
家人万里传消息,好在毡城莫相忆;
君不见咫尺长门闭阿娇,人生失意无南北。

其二

　　明妃初嫁与胡儿,毡车百辆皆胡姬。

　　含情欲语独无处,传与琵琶心自知。

　　黄金捍拨春风手,弹看飞鸿劝胡酒。

　　汉宫侍女暗垂泪,沙上行人却回首。

　　汉恩自浅胡自深,人生乐在相知心。

　　可怜青冢已芜没,尚有哀弦留至今。

王令《暑旱苦热》

　　王令(1032～1059年),字逢原,魏郡元城(今河北大名)人。五岁父母双亡,随叔祖移居广陵(今江苏扬州)。十六七岁自立门户,在天长(今属安徽)、高邮(今属江苏)等地授徒为生。后拜识王安石,受其赏识,遂为至交。王令一生贫困,二十八岁病逝于常州(今属江苏)。

　　王令的诗歌受韩孟诗派的影响较深,构思新异,想象奇特,造语精辟,气势雄健。以下所选即是其代表作之一。

　　清风无力屠得热,落日着翅飞上山。

　　人固已惧江海竭,天岂不惜河汉干。

　　昆仑[1]之高有积雪,蓬莱[2]之远常遗寒。

　　不能手提天下往,何忍身去游其间!

【注释】

　　[1]昆仑:山名,又称昆仑虚,或称玉山,地处西方,传说为西王母所居神山。

　　[2]蓬莱:神话传说中仙人居所,在东海之中,是与瀛洲、方丈并列的三仙山之一。

提示与思考

　　1. 王令《暑中懒出》中有"已嫌风少难平暑"的句子,这与本诗首句"清风无力屠得热"意思一样,但表述方式却有很大的差别。"平暑"与"屠热"你更喜欢哪一种表述。苏见信的《趁我》专辑中有一首姚若龙作词的《火烧的寂寞》：

> 谁影子那么重，
>
> 拖在我脚步后头，
>
> 走不到要去的快乐。
>
> 重复做一个梦，
>
> 怀疑世界凝固了，
>
> 把明天杀死了……

这句"把明天杀死了"与"清风无力屠得热"在修辞手法上的共同之处是什么？起到了怎样的效果？

2. 与王令同时的韩琦《苦热》诗云："尝闻昆阆间，别有神仙宇……吾欲飞而往，于义不独处。安得世上人，同日生毛羽？"这与本诗末两句"不能手提天下往，何忍身去游其间"意思非常接近。联系王令的"长星作彗倘可假，出手为扫中原清"（《偶闻有感》）和"终当力卷沧溟水，来作人间十日霖"（《龙池》）等诗句，总结一下，王令的上述诗句有何共同特点。

3. 《千家诗》中曾选入王令的绝句《送春》：

> 三月残花落更开，小檐日日燕飞来。
>
> 子规夜半犹啼血，不信东风唤不回。

你认为这首诗好在哪里？

拓展阅读

王令《暑热思风》

> 坐将赤热忧天下，安得清风借我曹。
>
> 力卷雨来无岁旱，尽吹云去放天高。
>
> 岂随虎口令轻啸，愿助鸿毛绝远劳。
>
> 江海可怜无际岸，等闲假借作波涛。

程颢《秋日偶成》

程颢（1032～1085 年），字伯淳，原籍河南府（今河南洛阳），生于湖北黄陂。其家历代仕宦，自幼饱受家学熏陶，北宋嘉祐年间进士，历官鄠县、上元县主簿、泽州晋城令、太子中允、监察御史、镇宁军节度判官、宗宁寺丞等职。神宗初,任御史。因与王安石政见不合,遂潜心于学术,终成一代大儒,封"豫国公",配祀孔庙。

这首七律抒写作者心目中高尚的人生境界。

> 闲来无事不从容,睡觉[1]东窗日已红。
>
> 万物静观皆自得[2],四时佳兴[3]与人同。
>
> 道通天地有形外,思入风云变态[4]中。
>
> 富贵不淫贫贱乐[5],男儿到此是豪雄。

【注释】

　[1] 睡觉(jué):即睡醒。觉,觉悟、觉醒。

　[2] 自得:自得其所。这句是说万物都顺其自然地呈现出它自身的本性。

　[3] 佳兴:好的兴致。这句是说我的内心也和其他人是相通的。

　[4] 变态:指各种变化状态。

　[5] 不淫:不放纵、不迷乱。淫,过度。最后两句语本《孟子·滕文公下》:"富贵不能淫,贫贱不能移,威武不能屈,此之谓大丈夫。"

❓提示与思考

1. 此诗之关键词在"从容"二字。程颢另有《题淮南寺》绝句:"南去北来休便休,白苹吹尽楚江秋。道人不是悲秋客,一任晚山相对愁。"结合《秋日偶成》思考一下,为什么他能自称"道人不是悲秋客"?

2. 程颢与弟程颐并称"二程",其学说由南宋朱熹等人继承并发展,成为"程朱"理学。朱熹有《观书有感》:"半亩方塘一鉴开,天光云影共徘徊。问渠那得清如许,为有源头活水来。"可以看出,理学家们的诗歌创作更注重理趣。严羽《沧浪诗话·诗评》认为:"诗有词、理、意兴。南朝人尚词而病于理,本朝人尚理而病于意兴,唐人尚意兴而理在其中。"对此你有何看法?

3. 苏轼的《定风波》:

莫听穿林打叶声,何妨吟啸且徐行。竹杖芒鞋轻胜马,谁怕? 一蓑烟雨任平生。　　料峭春风吹酒醒,微冷,山头斜照却相迎,回首向来萧瑟处,归去,也无风雨也无情。

这首词表现的意思和程颢的《秋日偶成》是否有相通之处?

拓展阅读

程颢《秋日偶成》

寥寥天气已高秋,更倚凌虚百尺楼。

世上利名群蚁蟒,古来兴废几浮沤。

退居陋巷颜回乐,不见长安李白愁。

两事到头须有得,我心处处自优游。

苏轼文(两篇)

苏轼(1037～1101年),字子瞻,号东坡居士,眉州(今属四川)人。二十一岁与弟苏辙同登进士,神宗时在凤翔、杭州、密州、徐州、湖州等地任职,后被贬黄州任团练副使。哲宗立,高太后临朝,复为朝奉郎知登州(今山东蓬莱)。又迁翰林学士知制诰,知礼部贡举。出知杭州、颍州、扬州、定州等地。哲宗亲政,贬惠州(今属广东),再贬儋州(今属海南)。遇赦北归,途中病卒于常州(今属江苏),享年六十六岁,赐谥文忠。

苏轼才华出众,诗、词、文、赋无所不能。以下两篇均为其被贬黄州团练副使时所作。

赤壁赋

壬戌[1]之秋,七月既望[2],苏子与客泛舟,游于赤壁之下。清风徐来,水波不兴。举酒属[3]客,诵明月之诗,歌窈窕之章[4]。少焉,月出于东山之上,徘徊于斗牛[5]之间。白露横江,水光接天。纵一苇之所如[6],凌万顷之茫然。浩浩乎如冯虚御风[7],而不知其所止;飘飘乎如遗世独立[8],羽化[9]而登仙。

于是饮酒乐甚,扣舷而歌之。歌曰:"桂棹兮兰桨,击空明兮泝流光。渺渺[10]兮予怀,望美人兮天一方。"客有吹洞箫者,倚歌[11]而和之。其声呜呜然,如怨如慕,如泣如诉。余音袅袅,不绝如缕。舞幽壑之潜蛟,泣孤舟之嫠妇[12]。

苏子愀然[13],正襟危坐,而问客曰:"何为其然也?"客曰:"月明星稀,乌鹊南飞,此非曹孟德之诗乎?西望夏口[14],东望武昌[15];山川相缪[16],郁乎苍苍。此非孟德之困于周郎[17]者乎？方其破荆州，下江陵，顺流而东也[18]，舳舻[19]千里，旌旗蔽空，酾[20]酒临江，横槊[21]赋诗，固一世之雄也，而今安在哉？况吾与子渔樵于江渚之上，侣鱼虾而友麋鹿，驾一叶之扁舟，举匏樽[22]以相属，寄蜉蝣[23]于天地，渺沧海之一粟。哀吾生之须臾，羡长江之无穷。挟飞仙以遨游，抱明月而长终[24]，知不可乎骤得，托遗响[25]于悲风。"

苏子曰："客亦知夫水与月乎？逝者如斯[26]，而未尝往也；盈虚者如彼，而卒莫消长也。盖将自其变者而观之，则天地曾[27]不能以一瞬。自其不变者而观之，则物与我皆无尽也，而又何羡乎？且夫天地之间，物各有主。苟非吾之所有，虽一毫而莫取。惟江上之清风，与山间之明月。耳得之而为声，目遇之而成色。取之无禁，用之不竭。是造物者之无尽藏[28]也，而吾与子之所共食[29]。"

客喜而笑，洗盏更酌。肴核既尽，杯盘狼藉。相与枕藉[30]乎舟中，不知东方之既白。

【注释】

[1] 壬戌：即宋神宗元丰五年(1082年)。

[2] 既望：农历每月十五日为望，十六为既望。

[3] 属(zhǔ嘱)：倾注，引申为劝饮。

[4] "诵明月"二句：《诗经·陈风·月出》首章云："月出皎兮，佼人僚兮，舒窈纠兮，劳心悄兮。""窈纠"同"窈窕"。

[5] 斗牛：星宿名。即南天的斗宿与北天的牛宿。

[6] 一苇：喻小船。《诗经·卫风·河广》："谁谓河广，一苇杭(航)之。"如：往。

[7] 冯虚御风：乘风腾空而遨游。冯：通"凭"。

[8] 遗世独立：语出《九歌·山鬼》："表独立兮山之上，云容容兮而在下。"

[9] 羽化：成仙，道教认为成仙后能够飞升。

[10] 渺渺：悠远的样子。此句语出屈原《九歌·湘夫人》："帝子降兮北渚，目渺渺兮愁予。"

[11] 倚歌：按照歌曲的声调节拍。

[12] 嫠(lí)妇：本指寡妇，此处暗用白居易《琵琶行》所写孤居的商人妻的典故。

[13] 愀(qiǎo)然：忧愁变色。

[14] 夏口：古地名，汉水下游入长江处，即今之武汉。汉水自沔阳以下古称夏水，故名。

[15] 武昌：今湖北鄂州。

[16] 缪：通"缭"(liáo)，缠绕。

[17] 困于周郎：建安十三年周瑜在赤壁之战中击溃八十万曹兵。据《三国志》本传载，周瑜二十四岁为中郎将，"吴中皆呼为周郎"。

[18]"方其"三句：指赤壁之战前，荆州太守刘琮投降曹操，曹军不战据有荆州所辖南阳、江夏、长沙等八郡（今湖南、湖北一带）。

[19] 舳舻（zhú lú）：指战船首尾衔接。舳，船尾；舻，船头。

[20] 酾（shī）酒：斟酒。

[21] 槊（shuò）：十八般兵器之一，即丈八长矛。

[22] 匏（páo）樽：酒葫芦。

[23] 蜉蝣：一种小虫，朝生而暮死，此以喻人生短暂。

[24] 长终：至于永远。

[25] 遗响：指箫声。

[26] 逝者如斯：语出《论语·子罕》。

[27] 曾：语气副词，竟然。

[28] 无尽藏：无穷无尽的宝藏。

[29] 食：这里是享用的意思。

[30] 枕藉：指相互枕垫而睡。

提示与思考

1. 本赋是苏轼贬谪黄州团练副使时所作。因后来还写过一篇同题赋，故此篇又称《前赤壁赋》。文中所说赤壁，实为黄州赤鼻矶，因发音接近而被附会为三国时赤壁之战故地，苏轼借题发挥，以此抒写怀抱而已。元丰二年（1079 年），因被诬作诗"谤讪朝廷"，遭御史弹劾，被捕入狱，后经多方营救，于当年十二月释放，贬为黄州团练副使，但"不得签署公事，不得擅去安置所"，可以说这是作者一生最为困难的时期。但在本赋中，作者似乎并没有表现出过多的苦闷和忧愤，却似乎非常超然淡泊，为什么？他是如何为自己开解的？

2. 作者《念奴娇·赤壁怀古》是一首与本赋所咏题材较为接近的词作，所写的景色、涉及的历史人物都与赋作有较大的不同，但心境却有共同之处，找一找表现出这种相同心境的句子。

3. 元代关汉卿《关大王独赴单刀会》（第四折）：

[双调·新水令] 大江东去浪千叠，引着这数十人，驾着这小舟一叶。又不比九重龙凤阙，可正是千丈虎狼穴。大丈夫心烈，我觑这单刀会似赛村社。（云）好一派江景也呵！（唱）[驻马听] 水涌山叠，年少周郎何处也？不觉的灰飞烟灭，可怜黄盖转伤嗟。破曹的樯橹一时绝，鏖兵的江水犹然热，好教我情惨切！（云）这也不是江水，（唱）二十年流不尽的英雄血！

同是吟咏赤壁之战,这段借关羽之口唱出的曲词与苏轼的《念奴娇·赤壁怀古》词和前后《赤壁赋》在境界和风格上有哪些根本性的区别?

拓展阅读

苏轼《后赤壁赋》

是岁十月之望,步自雪堂,将归于临皋。二客从予,过黄泥之坂。霜露既降,木叶尽脱,人影在地,仰见明月。顾而乐之,行歌相答。已而叹曰:"有客无酒,有酒无肴,月白风清,如此良夜何?"客曰:"今者薄暮,举网得鱼,巨口细鳞,状如松江之鲈。顾安所得酒乎?"归而谋诸妇。妇曰:"我有斗酒,藏之久矣,以待子不时之需。"

于是携酒与鱼,复游于赤壁之下。江流有声,断岸千尺,山高月小,水落石出。曾日月之几何,而江山不可复识矣!

予乃摄衣而上,履巉岩,披蒙茸,踞虎豹,登虬龙,攀栖鹘之危巢,俯冯夷之幽宫。盖二客不能从焉。划然长啸,草木震动,山鸣谷应,风起水涌。予亦悄然而悲,肃然而恐,凛乎其不可留也。反而登舟,放乎中流,听其所止而休焉。时夜将半,四顾寂寥。适有孤鹤,横江东来,翅如车轮,玄裳缟衣,戛然长鸣,掠予舟而西也。

须臾客去,予亦就睡。梦一道士,羽衣蹁跹,过临皋之下,揖予而言曰:"赤壁之游乐乎?"问其姓名,俯而不答。"呜呼噫嘻!我知之矣。畴昔之夜,飞鸣而过我者,非子也耶?"道士顾笑,予亦惊寤。开户视之,不见其处。

记承天寺夜游

元丰六年[1]十月十二日夜,解衣欲睡,月色入户,欣然起行。念无与为乐者,遂至承天寺寻张怀民[2]。怀民亦未寝,相与步于中庭。庭下如积水空明,水中藻荇[3]交横,盖竹柏影也。

何夜无月?何处无竹柏?但[4]少闲人如吾两人者耳。

【注释】

[1] 元丰六年:宋神宗年号,即公元 1083 年。时作者被贬黄州已经四年。

[2] 张怀民:名梦得,清河(今河北清河人)。当时也被贬到黄州,寄居在承天寺。

[3] 藻荇(xìng):泛指水草。荇,一种多年生水草,叶像心形,面绿背紫,夏季开花,色黄。

[4] 但,只是。

❓ 提示与思考

1. 承天寺:故址在今湖北黄冈南。寺院中当时是否有池塘流水,现已不可考知。但苏轼笔下,承天寺的夜景和其《赤壁赋》所写一样都有月色水景,作者是如何写的? 这种写法与写实效果一样吗?

2. 苏轼《文说》:"吾文如万斛泉源,不择地皆可出。在平地滔滔汩汩,虽一日千里无难。及其与山石曲折,随物赋形,而不可知也。所可知者,常行于所当行,常止于不可不止,如是而已矣! 其他,虽吾亦不能知也。"本文止于最后的点睛之笔。而所谓"闲人",除了散淡高雅之士的意思外,是否还有其他含义? 请联系苏轼此时被贬的人生经历,更深入地思考这个问题。

📖 拓展阅读

苏轼《方山子传》

方山子,光、黄间隐人也。少时慕朱家、郭解为人,闾里之侠皆宗之。稍壮,折节读书,欲以此驰骋当世,然终不遇。晚乃遁于光、黄间,曰岐亭。庵居蔬食,不与世相闻。弃车马,毁冠服,徒步往来山中,人莫识也。见其所著帽,方屋而高,曰:"此岂古方山冠之遗像乎?"因谓之方山子。

余谪居于黄,过岐亭,适见焉。曰:"呜呼! 此吾故人陈慥季常也。何为而在此?"方山子亦矍然问余所以至此者,余告之故。俯而不答,仰而笑,呼余宿其家。环堵萧然,而妻子奴婢皆有自得之意。

余既耸然异之。独念方山子少时,使酒好剑,用财如粪土。前十有九年,余在岐下,见方山子从两骑,挟二矢,游西山。鹊起于前,使骑逐而射之,不获。方山子怒马独出,一发得之。因与余马上论用兵及古今成败,自谓一世豪士。今几日耳,精悍之色,犹见于眉间,而岂山中之人哉?

然方山子世有勋阀,当得官,使从事于其间,今已显闻。而其家在洛阳,园宅壮丽,与公侯等。河北有田,岁得帛千匹,亦足以富乐。皆弃不取,独来穷山中,此岂无得而然哉?

余闻光、黄间多异人,往往佯狂垢污,不可得而见,方山子傥见之与?

秦观《浣溪沙》

　　秦观(1049～1100年),字少游,号淮海居士,扬州高邮(今属江苏)人。其文采颇得苏轼赏识,与黄庭坚、晁补之、张耒并称"苏门四学士"。宋神宗元丰年间进士,曾任太学博士、秘书省正字、国史院编修官。哲宗时被贬徙郴州(今属湖南),又徙雷州(今属广东)。徽宗时放还,至藤州(今属广西)病卒。

　　《浣溪沙》本系唐教坊曲,后成为词牌名。秦观这首词意境幽渺闲远,令人回味。

　　漠漠[1]轻寒上小楼,晓阴无赖[2]似穷秋。淡烟流水画屏幽。　　自在飞花轻似梦,无边丝雨细如愁。宝帘[3]闲挂小银钩。

【注释】

　　[1] 漠漠:形容春寒之轻薄。韩愈《同水部张员外曲江春游》诗有"漠漠轻阴晚自开"之句。

　　[2] 无赖:无聊、无奈。语出杜甫《绝句漫兴》(其一)"无赖春色到江亭"。

　　[3] 宝帘:水精帘,亦作"水晶帘"。

提示与思考

　　1. 秦观《千秋岁》词末句云:"春去也,飞红万点愁如海",同样是比喻,本词中的"自在飞花轻似梦,无边丝雨细如愁"与之有何区别? 请你也试着用一种抽象难以捉摸的事情来比喻一个具体可感的事物。

　　2. 你看过绘画中的静物作品吗? 联系一下摄影中的特写镜头,分析最后一句"宝帘闲挂小银钩"好在哪里。

　　3. 《浣溪沙》是比较简单的词牌,七言六句,上下片各三句,句式章法整齐,变化不大。上片三句全用韵,下片末两句用韵,过片首两句须对仗。请用平声韵(即当代普通话的阴平、阳平)试着写一首《浣溪沙》词。

拓展阅读

秦观《春日》

一夕轻雷落万丝,霁光浮瓦碧参差。

有情芍药含春泪,无力蔷薇卧晓枝。

李清照《临江仙》

李清照(1084~约1155年),号易安,济南(今章丘明水镇)人。宋代著名女词人,为婉约派代表。早期生活优裕,与丈夫赵明诚共同致力于书画金石的搜集整理。金兵入侵,赵明诚死于离乱,李清照寓居南方,境遇孤苦。故其后期词作多抒写国破家亡之痛,情调感伤。主张词"别是一家",强调词与诗文之不同,崇尚协律、典雅。

本词为李清照后期寓居江南时的作品。作者自序云:"欧阳公作《蝶恋花》,有'深深深几许'之句,予酷爱之。用其语作'庭院深深'数阕,其声即旧《临江仙》也。"

庭院深深深几许,云窗雾阁[1]常扃。柳梢梅萼渐分明,春归秣陵[2]树,人老建康城。 感月吟风多少事,如今老去无成。谁怜憔悴更凋零,试灯[3]无意思,踏雪没心情。

【注释】

[1]云窗雾阁:用韩愈《华山仙女诗》"云窗雾阁事恍惚,重重翠幕深金屏"语意。

[2]秣陵:又称金陵,与下句之"建康"同指今南京。按,作者的丈夫赵明诚建炎初年曾知江宁府,建炎三年八月病卒于建康。

[3]试灯:谓于元宵节灯市前几日即陆续张灯。

提示与思考

1. 此作首句仿照欧阳修《蝶恋花》词,连用三个"深"字,即把双音节词"深深"与另一单音词"深"叠加而成。南宋罗大经《鹤林玉露》乙编《叠字诗》条:

> 诗有一句迭三字者,如吴融《秋树》诗云"一声南雁已先红,槭槭凄凄叶叶同"是也。有一句连三字者,如刘驾云"树树树梢啼晓莺"、"夜夜夜深闻子归"是也。有两句连三字者,如白乐天云"新诗三十轴,轴轴金玉声"是也。有三联迭字者,如古诗云"青青河畔草,郁郁园中柳,盈盈楼上女,皎皎当窗牖,娥娥红粉妆,纤纤出素手"是也……近时李易安词云:"寻寻觅觅,冷冷清清,凄凄惨惨戚戚。"起头连迭七字,以一妇人,乃能创意出奇如此。

请问,叠字在诗歌中究竟能起到怎样的作用?

2. "试灯无意思,踏雪没心情"两句,即便是在今天,读来仍然如此亲切自然。将日常口语运用到词中和她擅长用叠字一样,可以说是李清照词作的标志性特点之一,如大家所熟知的《声声慢》:"这次第,怎一个愁字了得。"又如《渔家傲》:"造化可能偏有意,故教明月玲珑地。"以这种"用浅俗之语,发清新之思"(清彭孙遹《金粟词话》)的手法写就的词后来被称之为"易安体"。辛弃疾就曾作过一首这种风格的《丑奴儿近·博山道中效李易安体》词:

> 千峰云起,骤雨一霎儿价。更远树斜阳,风景怎生图画!青旗卖酒,山那畔、别有人家。只消山水光中,无事过这一夏。　　午醉醒时,松窗竹户,万千潇洒。野鸟飞来,又是一般闲暇!却怪白鸥,觑着人、欲下未下。旧盟都在,新来莫是,别有说话?

找出其中具体模仿李清照用词风格的地方。你还能举出几个当代诗歌作品(包括流行歌曲歌词)运用口语进行创作的例子来吗?

拓展阅读

欧阳修《蝶恋花》

庭院深深深几许,杨柳堆烟,帘幕无重数。玉勒雕鞍游冶处,楼高不见章台路。雨横风狂三月暮,门掩黄昏,无计留春住。泪眼问花花不语,乱红飞过秋千去。

杨万里诗(两首)

杨万里(1127~1206 年),字廷秀,号诚斋,吉州(今属江西吉水县黄桥镇)人,绍兴年间进士,历任国子博士、太常博士、太常丞兼吏部右侍郎、广东提点刑狱、吏部员外郎等。后辞官,闲居乡里。

杨万里的诗师法自然,构思新巧,不拘一格,富有变化。与陆游、范成大、尤袤并称"中兴四大诗人"。以下所选两诗均为七言绝句,风格新奇活泼、圆润有趣。后人将此类诗作名之为"诚斋体"。

竹枝歌

月子弯弯照九州,几家欢乐几家愁。
愁杀人[1]来关月事? 得休休去且休休[2]。

【注释】

[1] 钉人：形容摆脱不掉。此句意为愁苦缠身如同月光之照在身上，但其实与月无关。

[2] 休休：安闲貌；安乐貌。《诗·唐风·蟋蟀》："好乐无荒，良士休休。"这里也有了结、罢手的意思。去：吴地方言，同"处"。比杨万里稍后的宋伯仁《都墟遭热》诗即有"世事可惊言不尽，得休休处便休休"的句子。

❓ 提示与思考

1. 《竹枝歌》本由古巴蜀民歌演变而来，以唐代刘禹锡的《竹枝词》对后代影响很大，如大家最熟悉的："杨柳青青江水平，闻郎江上踏歌声。东边日出西边雨，道是无晴却有晴。"杨万里本首绝句当是吸收、融会民间歌谣创作出的，保持了浓郁的民歌色彩。按，《京本通俗小说》所载宋元话本《冯玉梅团圆》开头"入话"中引《吴歌》："月子弯弯照九州，几家欢乐几家愁。几家夫妇同罗帐，几家飘散在他州。"以此思考一下文人诗歌创作与民间歌谣之间的关系。

2. 唐李泌《寄人》诗："多情只有春庭月，犹为行人照落花。"宋代笔记《绿窗新话》卷上引《丽情集》陈敏夫口占诗云："今夜不知何处宿，清风明月最关情。"杨万里晚年在《夜读诗卷》中也曾写道："两窗两横卷，一读一沾襟。只有三更月，知予万古心。"好像只有月亮才能理解诗人的情感，为什么？难道就是因为"月有阴晴圆缺，人有悲欢离合"？杨万里此诗却反其道而行之，你喜欢这种写法吗？

📖 拓展阅读

墨明棋妙乐队《再逢明月照九州》

我用离愁酿成一壶浓烈的酒
夜半饮雨飘零在山那头
小城旧事如影随形留做词一首
爱成伤为何不愿放手
你住过的屋檐而今朝露湿透
洒下墨色绘入遥远深秋
灯影伤人自嘲身似那浮萍向东流
盼明月融余晖淡闲愁
仲夏来临后卷帘云散啊
月儿弯弯照九州
几家欢乐几家愁

几家高楼饮美酒

几家流落在呀嘛在街头在巷口

大寒之后绒雪吹满我的眉头

与你擦肩城南落枫小桥边

你呢喃着我们熟悉的陈词一首

稍驻足涌泪却未回头

桨声涟漪中明月依旧啊

月儿弯弯照九州

几家欢乐几家愁

几家高楼饮美酒

几家流落在呀嘛在街头在巷口……

庚子正月五日晓过大皋渡

雾外江山看不真，只凭鸡犬[1]认前村。

渡船满板霜如雪，印我青鞋[2]第一痕。

【注释】

[1] 鸡犬：此处代指鸡鸣犬吠之声。

[2] 青鞋：黑布鞋。

提示与思考

1. 大皋渡：渡口名，故址在今江西泰和北。杨万里本江西吉水人，离此地不远，应该是他比较熟悉的地方。但此诗前两句却能写出一种迷茫、陌生感。后两句类似温庭筠《商山早行》中的名句："鸡声茅店月，人迹板桥霜"，但却完全没有"客行悲故乡"的低沉情绪。当一个清晨来临的时候，除了我们常说的"太阳每天都是新的"，你会如何来表达这种充沛饱满的精神状态？

2. 你还记得小时候的那些事吗：一觉醒来，大雪满地，好像突然之间一切都变了，眼中是一个完全未知的世界。你欣欣然踩在洁白、柔软的雪地上，根本不去考虑脚上的那一双新鞋会沾泥或弄湿。你肯定还会回过头去，看着自己留下的那两行清晰的、长长的脚印，新奇无比。你现在还会重复这样的行为吗？是的，你可能早就没有了那颗"赤子之心"，知觉也越来越迟钝了。不过没关系，作为补偿，文学能让我们重新回到那种状态——保持对生活的新鲜感受。

拓展阅读

杨万里《闲居初夏午睡起》

梅子留酸软齿牙,芭蕉分绿与窗纱。

日长睡起无情思,闲看儿童捉柳花。

陆游诗(三首)

陆游(1125~1210年),字务观,号放翁,越州山阴(今浙江绍兴)人。南宋著名爱国诗人。高宗时两次应试,均为秦桧所黜。孝宗时赐进士出身,历任枢密院编修官、通判、安抚使、知州等职。中年入蜀从军,投身抗金事业,官至宝章阁待制,后以罢官还乡。光宗即位,改任朝议大夫礼部郎中,晚年退居乡里,年八十六卒。

陆游今存诗九千多首,其中主要表现为抒写恢复中原的强烈爱国热情。另外还有反映民生疾苦、描摹山水景观及日常生活等题材。风格多样,尤以豪迈雄壮见长。以下所选三首为其中后期作品。

秋 思

利欲驱人万火牛[1],江湖浪迹一沙鸥[2]。

日长似岁闲方觉,事大如天醉亦休。

砧杵敲残深巷月,井桐摇落故园秋。

欲舒老眼无高处,安得元龙[3]百尺楼。

【注释】

[1] 火牛:战国时齐将田单曾用火牛阵大破燕军,此处用以形容欲望之凶猛。

[2] "江湖"句:语本杜甫《旅夜书怀》"飘飘何所似,天地一沙鸥"。

[3] 元龙:陈元龙,即三国时的陈登。据《三国志·魏志·陈登传》,名士许汜到陈登家,陈登让他睡下铺,自己却睡大床。刘备知道后对许汜说:国家多难,你却

只顾自己,若是我,让你睡地下,我却睡到百尺楼上。

❓提示与思考

1. 陆游现存诗歌中约有四十多首名为《秋思》,这首吟咏秋天的诗作却似乎只有第三联切题。无独有偶,作者另一首同题之作也是如此:

> 人生四十叹头颅,久矣心知负壮图。
> 未死皆为闲日月,无求尽有醉工夫。
> 风凋木叶流年晚,秋入窗扉病骨苏。
> 信步出门湖万顷,季鹰不用忆莼鲈。

请问这两首诗歌主要表现了作者怎样的情绪?

2. "砧杵敲残深巷月,井桐摇落故园秋",这两句是单纯写景的吗? 梳理一下这两句与上下联之间的内在关系。

📖拓展阅读

陆游《秋思》

> 黄落梧桐覆井床,莎根日夜泣寒螿。
> 老生窥镜鬓成雪,俊鹘摩空天欲霜。
> 破虏谁持白羽扇? 从军曾拥绿沉枪。
> 壮心自笑何时豁,梦绕祁连古战场。

三月二十七日夜醉中作

> 前年脍鲸[1]东海上,白浪如山寄豪壮。
> 去年射虎[2]南山秋,夜归急雪满貂裘。
> 今年摧颓[3]最堪笑,华发苍颜羞自照。
> 谁知得酒尚能狂,脱帽[4]向人时大叫。
> 逆胡未灭心未平,孤剑床头铿有声。
> 破驿梦回灯欲死,打窗风雨正三更。

【注释】

[1]脍鲸:据《庄子·外物》,古时任公子做成大钩粗绳,以五十头公牛为钓饵,"蹲乎会稽,投竿东海,旦旦而钓"。作者三年前居会稽山阴,故以此为喻。

[2] 射虎：用《史记·李将军列传》中李广蓝田南山中射猎的典故。作者于去年应宣抚使王炎之招，从军赴四川南郑前线。

[3] 摧颓：颓唐失意。

[4] 脱帽：唐代草书大家张旭嗜酒，每于醉后狂走呼叫，然后落笔成书。杜甫《饮中八仙》："张旭三杯草圣传，脱帽露顶王公前，挥毫落纸如云烟。"

？ 提示与思考

1. 乾道九年(1173)春，陆游代理蜀州(治所在今四川崇庆)通判，因事返成都，这首诗即作于途中驿站，时年四十九岁。有学者认为，前两句是说"绍兴末赴官福建宁德县主簿时泛海事"(见《陆游诗选》人民文学出版社 1986 年版)。但绍兴二十八年(1158)作者任职福建时距本诗之作有近十五年之遥，你同意这种观点吗？同时思考一下诗歌的纪实性与虚拟性之间的关系。

2. 陆游素有"小李白"之称，本诗颇能看出其豪放不羁之风格。本诗开篇连用"脍鲸"、"射虎"和"脱帽"三个典故写自己前年、去年和今年的精神状态。体会本诗韵脚的替换和节奏的变化都有怎样的特点。

3. 辛弃疾《破阵子》：

> 醉里挑灯看剑，梦回吹角连营。八百里分麾下炙，五十弦翻塞外声，沙场秋点兵。　　马作的卢飞快，弓如霹雳弦惊。了却君王天下事，赢得生前身后名，可怜白发生。

最后一句与此前语句形成了极大反差。联系陆游本诗前半部分之豪壮、奔放与最后两句的悲凉和凄怆，学习如何在写作中以大起大落的笔势表现愤懑不平的内心情绪。

拓展阅读

陆游《金错刀行》

黄金错刀白玉装，夜穿窗扉出光芒。
丈夫五十功未立，提刀独立顾八荒。
京华结交尽奇士，意气相期共生死。
千年史策耻无名，一片丹心报天子。
尔来从军天汉滨，南山晓雪玉嶙峋。
呜呼！楚虽三户能亡秦，岂有堂堂中国空无人。

过灵石三峰

奇峰迎马骇衰翁[1]，蜀岭吴山一洗空。
拔地青苍五千仞，劳渠[2]蟠屈小诗中。

【注释】

[1] 衰翁：作者自称。此诗作于淳熙五年（1178），诗人时年已五十三。
[2] 渠：代词，它，指灵石山。灵石山又名江郎山、须郎山，在今浙江江山县南，拔地如笋，上有三峰，峰上各有高千丈巨石。

❓提示与思考

1. 本诗末句最奇。将现实中的风景移入画里是陆游写诗时常用的一种手法，如《湖上晚望》："峰顶夕阳烟际水，分明六幅巨然山"，即以北宋初年著名画家巨然的山水画比湖上美景。又如《雨中山行至松一风亭忽澄霁》：

烟雨千峰拥髻鬟，忽看青嶂白云间。
卷藏破墨营丘笔，却展将军著色山。

所谓"营丘笔"即指五代末画家李营丘（名成）的作品。又唐代杰出画家李思训善长青绿山水，曾任左武卫大将军，世称"大李将军"。这首《过灵石三峰》最后一句的表现手法与上述写法一样吗？

2. 苏轼《书摩诘蓝田烟雨图》："味摩诘之诗，诗中有画；观摩诘之画，画中有诗。"而他自己写的《溪光亭》诗却说："决去湖波尚有情，却随初日动檐楹。溪光自古无人画，凭仗新诗与写成。"流逝的湖水泛着粼粼波光照射到亭前楹柱上，苏轼认为这种灵动和变化是绘画无法表现出来的，只有依靠诗性语言才能表达。你如何看待这个问题？进一步思考诗歌与绘画的关系。

📖拓展阅读

陆游《秋思》

乌桕微丹菊渐开，天高风送雁声哀。
诗情也似并刀快，剪得秋光入卷来。

辛弃疾词(两首)

辛弃疾(1140～1207年),字幼安,号稼轩,历城(今山东济南)人。自幼立志报国,恢复中原。青年时投身抗金义军,不久即渡江南归。历任湖北、江西、湖南、福建、浙东安抚使等职。辛弃疾在文学上与苏轼齐名,号称"苏辛",与李清照并称"济南二安"。

辛弃疾的词主要抒写力图恢复国家统一的爱国热情,倾诉壮志难酬的悲愤;也有不少吟咏祖国河山的作品。风格沉雄豪迈又不乏细腻柔媚之处。

鹧鸪天(有客慨然谈功名,因追念少年时事,戏作)

壮岁旌旗拥万夫,锦襜[1]突骑渡江初。燕兵夜娖银胡簶[2],汉箭朝飞金仆姑[3]。　　追往事,叹今吾,春风不染白髭须。却将万字平戎策[4],换得东家[5]种树书。

【注释】

[1] 锦襜(chān):指骑兵所着锦绣战袍。襜,长仅蔽膝的短衣。

[2] 娖(chuò):通"捉",整理。胡簶[lù]:用革制成的箭袋。枕之夜卧于地,有测听之用。唐杜佑《通典·守拒法》:"令人枕空胡禄卧,有人马行三十里外,东西南北皆响见于胡禄中,名曰地听。"胡禄同"胡簶"。

[3] 金仆姑:箭名。《左传·庄公十一年》:"公以金仆姑射南宫长万。"

[4] 平戎策:作者曾向朝廷提出北伐抗金、收复中原的战略和计划,如《美芹十论》、《九议》等。

[5] 东家:此处谓东邻、邻居。

？提示与思考

1. 这是辛弃疾晚年的作品,当时他正闲置在家隐居,来客不知底细,在他面前激昂慷慨地谈起功名事业,不禁触动了这位老英雄满腹心事。宋高宗绍兴三十一年(1161),二十二岁的辛弃疾在山东投奔耿京的抗金义军,任掌书记。明年春,辛弃疾奉表归宋,北还时,听说叛徒张安国暗杀耿京后率部降金,辛弃疾遂带五十余骑,夜袭金营,生擒张安国,日夜兼程南奔,将张安国押送到江南正法,一时声名大振。上片追述的就是这段时期的事情。请注意本词上下片的色泽对比：上片用"锦襜"和"银胡䩮""金仆姑"营造出色彩鲜亮、对比分明的色调，而下片却仅一个"白髭须"。联系作者词牌后所题"追念少年时事"一句，谈谈这种"欲抑先扬"的对比起到了怎样的作用。

2."却将万字平戎策，换得东家种树书。"这两句表达的是什么意思？

3.《鹧鸪天》的词牌规定类似仄起式七律，只是将第五句改为三三句式（因此也就不再要求其与下句对仗）。如辛弃疾《鹧鸪天·送人》：

唱彻阳关泪未干，功名馀事且加餐。浮天水送无穷树，带雨云埋一半山。

今古恨，几千般，只应离合是悲欢。江头未是风波恶，别有人间行路难！

尝试以离别为题材，写一首《鹧鸪天》词。

拓展阅读

辛弃疾《鹧鸪天·鹅湖归病起作》

枕簟溪堂冷欲秋，断云依水晚来收。红莲相倚浑如醉，白鸟无言定自愁。

书咄咄，且休休，一丘一壑也风流。不知筋力衰多少，但觉新来懒上楼。

玉楼春

三三两两谁家女？听取鸣禽枝上语。提壶沽酒已多时[1]，婆饼焦时须早去[2]。醉中忘却来时路，借问行人家住处。只寻古庙那边行，更过溪南乌桕树[3]。

【注释】

[1]"提壶"二句：双关语。除字面所显示的意思之外，提壶音同"鹈鹕"，下所言婆饼焦也是一种春禽的俗名。梅尧臣《四禽言》诗："提壶芦，沽美酒。风为宾，树为友……婆饼焦，儿不食，尔父向何之？尔母山头化为石。山头化石可奈何，遂作微禽啼不息。"

[2]王质《林泉结契》卷一："婆饼焦，身褐，声焦急，微清，无调。作三语：初如云婆饼焦；次云不与吃；末云归家无消息。后两声若微于初声。"楼钥《泉口净明院昼寝》诗："林间婆饼焦，悠悠时一鸣。"此两句上承"听取鸣禽枝上语"，下接"醉中忘却来时路"。谓酒足饭饱，归家途中一路春鸟欢鸣。

[3]乌桕树：落叶乔木，春秋二季叶色红艳，不下江枫。

❓提示与思考

1. "借问行人家住处",此句大有深意。韩愈《左迁至蓝关示侄孙湘》诗云:

> 一封朝奏九重天,夕贬潮阳路八千。
>
> 欲为圣明除弊事,肯将衰朽惜残年。
>
> 云横秦岭家何在?雪拥蓝关马不前。
>
> 知汝远来应有意,好收吾骨瘴江边。

比较"云横秦岭家何在"一句,都是找不到家,两者之间有何不同?

2. 辛弃疾本词最后两句以古庙、溪水、乌桕树写自己的住处。电影《上甘岭》主题歌:"一条大河波浪宽,风吹稻花香两岸。我家就在岸边住,听惯了船工的号子,看惯了船上的白帆。"乔羽用大河之波、稻花香、船帆等写自己美好的家园。君家住何处?请用三行十五个字(尽量押韵)描述一下你的家。

3. 辛弃疾《玉楼春》词:

> 风前欲劝春光住,春在城南芳草路。未随流落水边花,且作飘零泥上絮。
>
> 镜中已觉星星误,人不负春春自负。梦回人远许多愁,只在梨花风雨处。

表面上看,这一词牌与近体七律诗都是八行五十七字,每行七字。那么两者之间有何区别?

📖拓展阅读

辛弃疾《玉楼春·戏赋云山》

何人半夜推山去?四面浮云猜是汝。常时相对两三峰,走遍溪头无觅处。

西风瞥起云横渡,忽见东南天一柱。老僧拍手笑相夸,且喜青山依旧住。

吴文英《唐多令》

吴文英(约1200～约1260年),字君特,号梦窗,四明(今浙江宁波)人。一生未第,游幕终身,于苏、杭、越三地居留最久,曾先后为浙东安抚使吴潜及嗣荣王赵于芮门下客。其词多酬答、伤时与忆悼之作,用笔幽邃、措意深婉。艺术上守律精严,风格雅致,有"词中李商隐"之誉。

《唐多令》为客中送别之作,构思新颖别致。与作者其它词作风格不同,本词写得疏朗自然,语言浅近,颇有民歌风味。

　　何处合成愁?离人心上秋[1]。纵芭蕉不雨也飕飕。都道晚凉天气好,有明月、怕登楼。　　年事梦中休。花空烟水流。燕辞归、客[2]尚淹留。垂柳不萦裙带[3]住,漫长是、系行舟[4]。

【注释】

　　[1] 心上秋:"心"上加"秋"字,即合成"愁"字。

　　[2] 客:系作者自称。

　　[3] 裙带:谓所送别之女子。

　　[4] 行舟:漂泊在外的客船,代指自己。

提示与思考

　　1. 自《诗经·小雅·采薇》"昔我往矣,杨柳依依"以来,人们便将柳树与留别联系在了一起。至汉代已有折柳送别的民俗,而隋唐以来诗中多有借柳以抒写离别之情的。如王之涣《送别》:"杨柳东风树,青青夹御河。近来攀折苦,应为别离多。"刘禹锡《杨柳枝词》:"城外春风吹酒旗,行人挥袂日西时。长安陌上无穷树,唯有垂杨管别离。"裴说《柳》:"高拂危楼低拂尘,灞桥攀折一何频。思量却是无情树,不解迎人只送人。"上网查找古人有关咏柳送别的诗词作品,梳理其中各自不同的表现特点。

　　2. 将本来无情的柳树拟人化是诗人常用的手法。例如唐彦谦《垂柳》:"绊惹春风别有情,世间谁敢斗轻盈?楚王江畔无端种,饿损纤腰学不成。"本词最后两句意为柳条系不住离我而去的女子,却缭乱地长期将我羁绊在这里。同为拟人,这与唐彦谦《垂柳》第一句有何区别?

拓展阅读

吴文英《风入松》

　　听风听雨过清明,愁草《瘗花铭》。楼前绿暗分携路,一丝柳,一寸柔情。料峭春寒中酒,交加晓梦啼莺。　　西园日日扫林亭,依旧赏新晴。黄蜂频扑秋千索,有当时、纤手香凝。惆怅双鸳不到,幽阶一夜苔生。

文天祥《正气歌》

文天祥(1236～1283年),字宋瑞,号文山,吉州庐陵(今江西吉安)人,南宋民族英雄。宋理宗宝佑时进士,历任湖南提刑,知赣州。元兵入侵时,他招募义军,坚决抵抗,次年被任为右丞相兼枢密使。后兵败被俘,被押送元大都(今北京),囚禁三年,始终不屈,四十八岁从容就义于北京菜市口。

文天祥在关押三年期间,创作了大量的诗文以抒发爱国之情。1281年夏,在暑热、潮湿、污秽交集的牢狱中,文天祥慷慨挥毫,在写下了这首与《过零丁洋》一样名垂千古的五言古体长诗《正气歌》。

天地有正气,杂然赋流形[1]。下则为河岳,上则为日星。
于人曰浩然[2],沛乎塞苍冥。皇路[3]当清夷,含和吐明庭。
时穷[4]节乃见,一一垂丹青。在齐太史简[5],在晋董狐[6]笔。
在秦张良椎[7],在汉苏武节。为严将军[8]头,为嵇侍中[9]血。
为张睢阳[10]齿,为颜常山[11]舌。或为辽东帽[12],清操厉冰雪。
或为出师表[13],鬼神泣壮烈。或为渡江楫[14],慷慨吞胡羯。
或为击贼笏[15],逆竖头破裂。是气所磅礴,凛烈万古存。
当其贯日月,生死安足论。地维赖以立,天柱赖以尊。
三纲[16]实系命,道义为之根。嗟予遘阳九[17],隶[18]也实不力。
楚囚缨其冠,传车[19]送穷北。鼎镬[20]甘如饴,求之不可得。
阴房阗鬼火[21],春院闶[22]天黑。牛骥同一皂[23],鸡栖凤凰食。
一朝蒙雾露,分[24]作沟中瘠。如此再寒暑,百沴自辟易[25]。
嗟哉沮洳[26]场,为我安乐国。岂有他缪巧[27],阴阳不能贼。
顾此耿耿[28]在,仰视浮云白。悠悠我心悲,苍天曷有极。
哲人日已远,典刑[29]在夙昔。风檐[30]展书读,古道照颜色!

【注释】

[1] 流形:谓万物林林总总,皆各成其形列。

[2] 浩然:语出《孟子》:"我善养吾浩然之气……其为气也,至大至刚,以直养而无害,则塞于天地之间。"

[3] 皇路:犹言大路。此句谓世道清明太平。

[4] 时穷：谓衰乱动荡之际。

[5] 太史简：春秋时齐国大夫崔杼弑君，太史直书："崔杼弑其君"，崔杼杀之；其弟又书，又被杀；其次弟又书，崔杼复又杀之；其三弟仍书，崔杼恐，不敢杀。

[6] 董狐：春秋时晋国太史，以敢于秉笔直书闻名。晋大夫赵盾从子赵穿杀灵公，赵盾闻之不讨赵穿弑君之罪，董狐言曰："赵盾弑其君"以示于朝。

[7] 张良椎：秦始皇兼并天下三年后，韩国遗臣张良等曾于博浪沙以铁椎行刺始皇。

[8] 严将军：东汉末年刘备入蜀，欲取代蜀地太守刘璋，刘璋部下将领严颜曰："蜀中有断头将军，无降将军也。"

[9] 嵇侍中：嵇康之子。西晋"八王之乱"时，成都王司马颖兵犯惠帝乘舆，杀侍中嵇绍，血溅帝衣，惠帝曰："此嵇侍中血，勿浣也。"

[10] 张睢阳：唐"安史之乱"，张巡坚守睢阳城，使乱军不得下江淮。被俘后叛军问："君每战必眦裂齿碎，究为何意？"巡愤然道："我志吞逆贼！"叛军以刀抉视巡齿，只剩三四颗。

[11] 为颜常山：安禄山反叛朝廷，河北诸城望风而降，常山太守颜杲卿起兵讨贼，兵败被执，斥骂不屈，竟被割舌而死。

[12] 辽东帽：东汉末年，管宁避乱辽东，以清操自励，好戴红冠巾，为世人所仿效。

[13] 出师表：系诸葛亮所作，文中多有"臣鞠躬尽瘁，死而后已"等语。

[14] 渡江楫：东晋"五胡之乱"时，晋元帝偏安江左，祖逖渡江北伐，至中流击楫而誓曰："不能清中原而复济者，有如大江！"

[15] 击贼笏：朱泚将叛唐称帝，段秀实以笏击泚头，遂被害。

[16] 三纲：指传统的君臣、父子、夫妇之道。

[17] 遘阳九：指遭遇到灾难年头，道家称天厄为阳九。

[18] 隶：指手下的人。

[19] 传车：此谓囚车。

[20] 鼎镬：大锅。古代一种酷刑，把犯人置于其中，蒸煮而死。

[21] 阴房：指作者所居牢房。阒：幽暗、寂静。此句语本杜甫《玉华宫》诗："阴房鬼火青，坏道哀湍泻。"

[22] 阒(bì)：掩门躲避，语本杜甫《大云寺赞公房》诗。

[23] 皂：食槽。

[24] 分(fèn)：料定，估量。这句意思是料到自己会成为沟沟壑中的枯骨。

[25] 百沴(lì)：旧谓天地四时之气不和而生出的各种灾害。辟易：退避。

[26] 沮洳(jù rù)：指低下阴湿。左思《魏都赋》："隰壤瀯漏而沮洳，林薮石留

141

而芜秽。"

[27] 缪(miù)巧：诈术与机巧。

[28] 耿耿：光明貌，形容正气磊落的样子。

[29] 典刑：同"典型"，谓过去的榜样。

[30] 风檐：临风的廊檐。

提示与思考

1. 文天祥代表宋廷与元兵议和时被扣押，途经镇江时，与同伴夜间设计逃脱，历尽艰险乘船回归南宋。在船上文天祥写下了《扬子江》绝句："几日随风北海游，回从扬子大江头。臣心一片磁针石，不指南方不肯休。"第二次被俘后，文天祥服毒自尽未遂，被押往厓山，元军首领张弘范劝他写信招降宋军。文天祥遂将《过零丁洋》一诗抄录下来做答。文天祥在元大都（今北京）慷慨就义前，于刑场上写下两首《绝笔》诗，其一云：

衣冠七载混毡裘，憔悴形容似楚囚。

龙驭两宫崖岭月，鲸鲵万灶海门秋。

天荒地老英雄丧，国破家亡事业休。

惟有一腔忠烈气，碧空常共暮云愁。

就义后在他的衣带上发现还有一首《绝命词》："孔曰成仁，孟曰取义，唯其义尽，所以仁至。读圣贤书，所学何事？而今而后，庶几无愧。"这一腔爱国热忱真如其《正气歌》中所言："是气所磅礴，凛烈万古存。"而在当今和平年代，我们应该如何学习文天祥的爱国精神？

2. 在元军的猛烈攻势下，南宋流亡朝廷逃到广东秀山（今东莞虎门）。祥兴二年二月，宋、元双方在海上开战，宋军战败，陆秀夫背负八岁的小皇帝在崖山蹈海殉难。崖山战役后，元军首领张弘范对文天祥说："宋朝灭亡，忠孝之事已尽……文丞相如能效力大元，定会受到重用。"被文天祥严词拒绝。到大都后，元世祖忽必烈又让已归降的宋恭帝来劝降，文天祥北跪于地，泣曰："圣驾请回！"以上两事为例，分析文天祥的爱国思想与忠君观念之间的关系。

3. 大声朗读本诗，体验其中的凛然正气。

拓展阅读

文天祥《正气歌·序》

余囚北庭，坐一土室。室广八尺，深可四寻。单扉低小，白间短窄，污下而幽暗。当此夏日，诸气萃然：雨潦四集，浮动床几，时则为水气；涂泥半朝，蒸沤历澜，时则为土气;乍晴暴热,风道四塞,时则为日气;檐阴薪爨,助长炎虐,时则为火气;仓腐寄顿,陈陈逼人,时则为米气;骈肩杂沓,腥臊污垢,时则为人气;或圊溷、或毁尸、或腐鼠,恶气杂出,时则为秽气。叠是数气,当之者鲜不为厉。而予以孱弱,俯仰其间,于兹二年矣,无恙,是殆有养致然。然尔亦安知所养何哉? 孟子曰:"吾善养吾浩然之气。"彼气有七,吾气有一,以一敌七,吾何患焉! 况浩然者,乃天地之正气也,作《正气歌》一首。

林景熙《蜃说》

　　林景熙(1242～1310 年),字德阳,号霁山。温州平阳(今属浙江)人。南宋咸淳间进士,历任泉州教授、进阶从政郎等职。宋亡不仕,隐居于平阳白石巷。元人发绍兴宋陵及大臣墓,弃其遗骨。时林景熙在绍兴王英孙家作客,与乡人等以采药为名,拾得高宗、孝宗骸骨,葬于兰亭山。一生教授生徒,从事著作。

　　林景熙为南宋著名遗民作家,本文作于元世祖至元二十七年(1290),其时南宋亡十余年。

　　尝读汉《天文志》,载"海旁蜃气[1]象楼台",初未之信。

　　庚寅[2]季春,予避寇海滨。一日饭午,家僮走报怪事,曰:"海中忽涌数山,皆昔未尝有。父老观以为甚异。"予骇而出,会颍川主人[3]走使邀予。既至,相携登聚远楼东望。第见[4]沧溟浩渺中,蠹如奇峰,联如叠巘[5],列如崒岫[6],隐见[7]不常。移时,城郭台榭,骤变歘[8]起,如众大之区,数十万家,鱼鳞相比[9],中有浮图、老子之宫[10],三门嵯峨[11],钟鼓楼翼其左右[12],檐牙历历[13],极公输[14]巧不能过。又移时,或立如人,或散若兽,或列若旌旗之饰,瓮盎之器,诡异万千。日近晡[15],冉冉漫灭。向之有者安在? 而海自若也。《笔谈》[16]纪"登州海市"事,往往类此,予因是始信。

　　噫嘻! 秦之阿房[17],楚之章华,魏之铜雀,陈之临春、结绮,突兀凌云者何限,远去代迁,荡为焦土,化为浮埃,是亦一蜃也。何暇蜃之异哉[18]!

【注释】

　　[1] 蜃气:即今所谓海市蜃楼,班固《汉书·天文志》曾记。

[2] 庚寅:元世祖至元二十七年。

[3] 颍川主人:陈姓,作者友人,具体未详。

[4] 第见:只见。

[5] 叠巘(yǎn):层叠的山岭。

[6] 崒岫(zú xiù):指险峻的峰峦。

[7] 隐见(xiàn):同"隐现"。

[8] 欻(xū):快速、迅捷。

[9] 鱼鳞相比:像鱼鳞那样整齐密集地排列。

[10] 浮图:即佛塔。老子之宫:即道观。

[11] 三门:同"山门",谓庙宇、道观之门。嵯峨(cuó é):巍峨起伏,形容山势高峻。

[12] 翼其左右:如鸟翼一般分立两侧。

[13] 檐牙历历:谓房檐沿际清晰。

[14] 公输:公输班,即鲁班。

[15] 近晡:接近黄昏时分。

[16] 笔谈:沈括《梦溪笔谈》,其书卷二十一曾记蓬莱(古称登州)海市一事。

[17] 阿房:与以下"章华"、"铜雀"、"临春"、"结琦"均是古代著名的宫观、楼台名。

[18] "何暇"句:为"何暇异蜃"的倒装,哪里还顾得上对海市蜃楼这种自然景观感到惊讶啊。

❓ 提示与思考

1. 这篇文章的关键之处在最后一段,其所例举皆历史陈迹,早已是过眼烟云。作者是在单纯地感慨朝代兴废、往事缥缈吗? 结合作者生平及本文所写时代背景,谈谈其中内在的现实意蕴。

2. 沈括《梦溪笔谈》卷二十一《登州海市》载:

登州海中,时有云气,如宫室、台观、城堞、人物、车马、冠盖,历历可见,谓之"海市"。或曰:"蛟蜃之气所为",疑不然也。欧阳文忠曾出使河朔,过高唐县,驿舍中夜有鬼神自空中过,车马人畜之声,一一可辨。其说甚详,此不具纪。问本处父老,云:"二十年前尝昼过县,亦历历见人物。"土人亦谓之"海市",与登州所见大略相类也。

比照此段文字与《蜃说》写法上的区别,进而思考文学与科学之关系。

拓展阅读

蒲松龄《聊斋志异·山市》

奂山山市,邑八景之一也,然数年恒不一见。

孙公子禹年,与同人饮楼上。忽见山头有孤塔耸起,高插青冥。相顾惊疑,念近中无此禅院。无何,见宫殿数十所,碧瓦飞甍。始悟为山市。未几,高垣睥睨,连亘六七里,居然城郭矣。中有楼若者,堂若者,坊若者,历历在目,以亿万计。忽大风起,尘气莽然,城市依稀而已。既而风定天清,一切乌有,惟危楼一座,直接霄汉。楼五架,窗扉皆洞开,一行有五点明处,楼外天也。层层指数,楼愈高,则明渐少。数至八层,裁如星点。又其上,则黯然缥缈,不可计其层次矣。而楼上人往来屑屑,或凭或立,不一状。逾时,楼渐低,可见其顶。又渐如常楼,又渐如高舍。倏然如拳如豆,遂不可见。

又闻有早行者,见山上人烟市肆,与世无别,故又名"鬼市"云。

第三编

元明清部分

关汉卿《四块玉·闲适》

关汉卿(约1220～约1300年),号已斋,解州(今山西运城)人。著名元杂剧作家,与马致远、郑光祖、白朴并称"元曲四大家",在戏剧史上被誉为"东方的莎士比亚"。他一生主要在元大都(今北京)一带度过,也曾到过汴梁、临安(今杭州)等地,代表剧作有《窦娥冤》、《单刀会》、《西蜀梦》等。

关汉卿也长于散曲创作。下面所选《四块玉·闲适》就充分体现了关汉卿本色自然的创作风格。按,元散曲有小令与套数之别,本首为小令,《四块玉》是其曲牌名,属南吕调。

旧酒投[1],新醅[2]泼,老瓦盆[3]边笑呵呵。共山僧野叟闲吟和。他出一对鸡,我出一个鹅,闲快活。

南亩耕[4],东山卧[5],世态人情经历多。闲将往事思量过。贤的是他,愚的是我,争什么。

【注释】

[1] 投:扔掉,与下句"泼"字均为倾倒之意,谓豪饮。

[2] 醅(pēi):未过滤的酒。

[3] 老瓦盆:指农家所用粗陋的饮具。

[4] 南亩耕:谓归田隐居。陶渊明《癸卯岁始春怀古田舍》:"在昔闻南亩,当年竟未践。"

[5] 东山卧:用东晋谢安的典故。《晋书·谢安传》:"卿累违朝旨,高卧东山。"

提示与思考

1. 你能感受到生活的压力吗? 这些压力是来自学习还是日常生活? 是有感于父母、家庭的厚望还是迫于社会环境的整体氛围? 你是如何应对这种压力的?

2. 当代社会竞争激烈,生活和工作节奏越来越快,今天的青年似乎已经不可能再去过那种归隐田园的生活了。但我们仍然可以通过其它途径达到内心的平和安详。学会欣赏生活,不要被外在的东西蒙住你的眼睛,美的东西就在身边,只要你有一颗平静的心和审美的态度。

拓展阅读

关汉卿《一枝花·不伏老》

攀出墙朵朵花,折临路枝枝柳。花攀红蕊嫩,柳折翠条柔,浪子风流。凭着我折柳攀花手,直煞得花残柳败休。半生来折柳攀花,一世里眠花卧柳。

[梁州]我是个普天下郎君领袖,盖世界浪子班头。愿朱颜不改常依旧,花中消遣,酒内忘忧。分茶攧竹,打马藏阄;通五音六律滑熟,甚闲愁到我心头!伴的是银筝女银台前理银筝笑倚银屏,伴的是玉天仙携玉手并玉肩同登玉楼,伴的是金钗客歌《金缕》捧金樽满泛金瓯。你道我老也,暂休。占排场风月功名首,更玲珑又别透。我是个锦阵花营都帅头,曾玩府游州。

[隔尾]子弟每是个茅草冈、沙土窝初生的兔羔儿乍向围场上走,我是个经笼罩、受索网苍翎毛老野鸡蹅踏的阵马儿熟。经了些窝弓冷箭镘枪头,不曾落人后。恰不道人到中年万事休,我怎肯虚度了春秋。

[尾]我是个蒸不烂、煮不熟、捶不匾、炒不爆响当当一粒铜豌豆,恁子弟每谁教你钻入他锄不断、斫不下、解不开、顿不脱慢腾腾千层锦套头。我玩的是梁园月,饮的是东京酒,赏的是洛阳花,攀的是章台柳。我也会围棋、会蹴踘、会打围、会插科、会歌舞、会吹弹、会咽作、会吟诗、会双陆。你便是落了我牙、歪了我嘴、瘸了我腿、折了我手,天赐与我这几般儿歹症候,尚兀自不肯休。则除是阎王亲自唤,神鬼自来勾,三魂归地府,七魄丧冥幽,天那,那其间才不向烟花路儿上走!

王和卿《醉中天·咏大蝴蝶》

王和卿(约1220~约1278年),大名(今属河北省)人,金末元初散曲家。曾居大都(今北京),与关汉卿相友善。为人滑稽佻达,名播四方。

下面所选小令生动活泼、轻松幽默,是王和卿散曲的典型风格。按,《醉中天》属仙侣调。

弹破庄周梦[1],两翅驾东风。三百座名园一采个空,谁道[2]风流种?唬杀[3]寻芳的蜜蜂。轻轻的飞动,把卖花人扇过桥东。

【注释】

[1] 庄周梦：此处用庄周梦蝶的典故，见《庄子·齐物论》。

[2] 谁道：一作"难道"。

[3] 唬杀：即今所谓吓死。

提示与思考

1. 元陶宗仪《辍耕录》卷二十三："大名王和卿，滑稽率真，传播四方。中统初，燕市有一蝴蝶，其大异常。王赋《醉中天》小令云云，由是其名益著。"这就是说现实中确实曾出现过一个大蝴蝶，由此引发了王和卿的创作欲望，才有了这首小令。也有学者认为"大蝴蝶"是暗指当时"花花太岁"、"衙内浪子"，以此讥讽他们仗势欺人、糟蹋民女。还有人认为本作乃是作者自况风流的游戏之作，你是如何看待这个作品的？

2. 王和卿《拨不断·大鱼》：

胜神鳌，夯风涛，脊梁上轻负着蓬莱岛。万里夕阳锦背高，翻身犹恨东洋小。太公怎钓？

这和《醉中天·咏大蝴蝶》一样，是通过语言将现实世界转化成为怪诞而有趣的想象世界。他在这两篇小令中所运用的主要表现手法是什么？

拓展阅读

无名氏《梧叶儿·嘲谎人》

东村里鸡生凤，南庄上马变牛，六月里裹皮裘。瓦垄上宜栽树，阳沟里好驾舟。瓮来大肉馒头，俺家的茄子大如斗。

马致远散曲（两首）

马致远(约1250～1324年)，字千里，号东篱，大都(今河北东光县)人。青年时功名不甚得意，后曾任浙江行省务官。晚年隐居田园，衔杯自娱，卒后葬于祖茔。马致远在当时是一位"姓名香贯满梨园"的著名作家，还是"元贞书会"的重要人物，被尊称为"曲状元"，代表剧作有《汉宫秋》、《陈抟高卧》等。

马致远同时也是我国元代著名的散曲家，下面所选两首均题为《秋思》，但一为小令,一为套曲。所谓套曲又称"散套"、"套数",与小令不同,它由同一宫调的若干支不同的曲牌(少则数首,多则十几首)构成。这些连缀的曲牌可根据需要进行选择,但需要按一定的顺序排列,且不能换韵。

夜行船·秋思

百岁光阴一梦蝶,重回首往事堪嗟。今日春来,明朝花谢,急罚盏夜阑[1]灯灭。

[乔木查] 想秦宫汉阙,都做了衰草牛羊野。不恁么[2]渔樵没话说。纵荒坟横断碑,不辩龙蛇[3]。

[庆宣和] 投至[4]狐踪与兔穴,多少豪杰! 鼎足虽坚半腰里折,魏耶? 晋耶[5]?

[落梅风] 天教你富,莫太奢。没多时好天良夜。富家儿更做道你心似铁,争辜负了锦堂风月[6]。

[风入松] 眼前红日又西斜,疾似下坡车。不争镜里添白雪,上床与鞋履相别[7]。休笑巢鸠计拙[8],葫芦提[9]一向装呆。

[拨不断] 利名竭,是非绝。红尘不向门前惹,绿树偏宜屋角遮,青山正补墙头缺。更那堪竹篱茅舍。

[离亭宴煞] 蛩吟罢一觉才宁贴[10],鸡鸣时万事无休歇。何年是彻? 看密匝匝蚁排兵,乱纷纷蜂酿蜜,急攘攘蝇争血。裴公绿野堂[11],陶令[12]白莲社,爱秋来时那些——和露摘黄花,带霜分紫蟹,煮酒烧红叶。想人生有限杯,浑[13]几个重阳节? 人问我顽童记者[14]:"便北海[15]探吾来,道东篱[16]醉了也。"

【注释】

[1] 夜阑:夜深、夜残。

[2] 不恁(ning)么:不如此,不这般。

[3] 龙蛇:古人常以龙蛇喻灵动的笔势,此处指碑上的文字。

[4] 投至:及至,等到。

[5] "鼎足"句:谓表面上看,魏结束了三国鼎立的局面,但很快还是被晋所取代。

[6] 争:同"怎"。锦堂风月:富贵人家的美好景色。按,北宋宰相韩琦在故乡建有昼锦堂。

[7] "上床"句:谓卧病不起。

[8] 鸠巢计拙:指不善经营。《诗·召南·鹊巢》:"维鹊有巢,维鸠居之。"朱熹注:"鸠性拙不能为巢,或有居鹊之成巢者。"

［9］葫芦提：糊里糊涂地。

［10］蛩（qióng）吟：秋虫鸣叫。宁贴：舒适安逸。

［11］裴公：唐代著名的宰相裴度。他历事德宗、宪宗、穆宗、敬宗、文宗五朝，后见国事日非，便退隐洛阳，修建别墅，名"绿野堂"。

［12］陶令：即陶渊明，曾为彭泽县令，故称。相传陶渊明曾参加庐山慧远法师在虎溪东林寺组织的白莲社。

［13］浑：总共、全部。

［14］记者：同"记着"。

［15］北海：指东汉末北海太守孔融，曾说："座上客常满，樽中酒不空，吾无忧矣。"

［16］东篱：马致远晚年追慕陶渊明"采菊东篱下，悠然见南山"的隐逸生活，乃自号为"东篱"。

提示与思考

1. 马致远的这一套曲表现出对功名利禄的厌恶与否定和对现实社会的不满与抗争，抒写了自己向往的志趣情怀和人生态度。这与那些"富儿家"的纨绔子弟穷奢极欲的醉生梦死之间有什么不同？

2. 元末周德清《中原音韵》评《秋思》套曲时说："此方是乐府。不重韵，无衬字，韵险语俊。谚曰百中无一，余曰万中无一。"明王世贞在《曲藻》中称此曲："放逸宏丽，而不离本色。押韵尤妙……元人称为第一，真不虚也。"反复熟读此曲，体味其中妙处。

3. "想秦宫汉阙，都做了衰草牛羊野，不恁么渔樵没话说。"这类诗句历代创作中经常可见。如宋张升《离亭燕》："多少六朝兴废事，尽入渔樵闲话。"陈与义《临江仙》："古今多少事，渔唱起三更。"元白朴［双调·庆东原］："千古是非心，一夕渔樵话。"周德清《朝天子》："叹浮生，数落花。楚家，汉家，做了渔樵话。"明杨慎《临江仙》："白发渔樵江渚上……古今多少事，都付笑谈中。"请分析上述作品中渔樵形象的意蕴。

拓展阅读

马致远《行香子》

无也闲愁，有也闲愁，有无间愁得白头。花能助喜，酒解忘忧。对东篱，思北海，忆南楼。

［庆宣和］过了重阳九月九，叶落归秋，残菊胡蝶强风流。劝酒，劝酒。

［锦上花］莫莫休休，浮生参透。能得朱颜，几回白昼。野鹤孤云，倒大自由。去雁来鸿，催人皓首。位至八府中，谁说百年后？则落得庄周，叹打骷髅。爱然当年，鲁连乘舟。那个如今，陶潜种柳。

［清江引］青云兴尽王子猷，半路里干生受。马踏街头月，耳听宫前漏，知他凭美甚么关内侯。

［碧玉箫］莺也似歌喉，佳节若为酬，傀儡棚头，题甚么抱官囚，自也羞，则不如一笔勾。锦瑟左右，红妆前后，朦胧醉眸，觑枝头黄花瘦。

［离亭宴带歇指煞］花开但愿人长久，人闲难得花依旧，夕阳暂留。酒中仙，尘外客，林间友。黄橙带露时，紫蟹迎霜候，香醪美篘，酒和花，人共我，无何有。细杖藜，宽袍袖，断送了西风罢手。常待做快活头，永休开是非口。

天净沙·秋思

枯藤老树昏鸦[1]，小桥流水人家，古道西风[2]瘦马。夕阳西下，断肠人[3]在天涯。

【注释】

　　[1]昏鸦：暮色中的乌鹊。
　　[2]西风：即秋风。
　　[3]断肠人：指游子。

提示与思考

　　1. 本首小令被周德清《中原音韵·小令定格》评为"秋思之祖"。其实它本身也是其来有自。隋炀帝《野望》："寒鸦飞数点，流水绕孤村。斜阳欲落处，一望黯销魂。"秦观的《满庭芳》："斜阳外，寒鸦万点，流水绕孤村。销魂当此际……高城望断，灯火已黄昏。"王仲元《普天乐·旅况》："树杈丫，藤缠挂，冲烟塞雁，接翅昏鸦。展江乡水墨图，列湖口潇湘画。过浦穿溪沿江汉，问孤航夜泊谁家。无聊倦客，伤心逆旅，恨满天涯。"以此为例，我们应该如何理解文学传统的继承和创新问题。

　　2. 白朴《天净沙·秋》："孤村落日残霞，清烟老树昏鸦。一点飞鸿影下。青山绿水，白草红叶黄花。"所用意象与马致远上面的小令多有相同之处，表现手法也基本一致，你能体验出两者意境上的差异吗？分析一下这种差异产生的原因是什么。

　　3. "断肠人在天涯"一句的"断肠人"，既是此前一系列景色所引发出的情绪的主体，又是这种情绪的感受者、体验者——秋日黄昏特定的场景与背井离乡的游子内心的哀愁产生了共鸣。其实，这位断肠人的形象本身也在不知不觉中融入了作者呈现给我们的那个固定画面中,成为整个意象系列里具有"点睛"之效的重要组成部分,实际上也就成为了读者体验、感受的客体。就像元代的张养浩[中吕·朝天曲]所写:"看鸥鹭闲游戏。农父渔翁,贪营活计,不知他在图画里。"现代诗人卞之琳《断章》:

> 你站在桥上看风景,
>
> 看风景的人在楼上看你。
>
> 明月装饰了你的窗子,
>
> 你装饰了别人的梦。

早在东汉末年的《古诗十九首》中就已有类似的表现手法了,如:"青青河畔草,郁郁园中柳。盈盈楼上女,皎皎当窗牖。娥娥红粉妆,纤纤出素手。昔为倡家女,今为荡子妇,荡子行不归,空床难独守。"诗歌是写一个独守空房的少妇的孤独和寂寞,但这女子本身的样子——"盈盈"、"皎皎"、"娥娥"、"纤纤"等,却成为供人欣赏的意象。换句话说,她被塑造成了孤独寂寞的承受者,同时,她实际也是这种情绪的主要制造者。请在你所熟悉的诗歌中再找出几个类似的例子。

拓展阅读

马致远《寿阳曲》(四首)

远浦帆归

夕阳下,酒旆闲,两三航未曾着岸。落花水香茅舍晚,断桥头卖鱼人散。

潇湘夜雨

渔灯暗,客梦回,一声声滴人心碎。孤舟五更家万里,是离人几行情泪。

烟寺晚钟

寒烟细,古寺清,近黄昏礼佛人静。顺西风晚钟三四声,怎生教老僧禅定?

渔村夕照

鸣榔罢,闪暮光,绿杨堤数声渔唱。挂柴门几家闲晒网,都撮在捕鱼图上。

张养浩散曲(两首)

张养浩(1269～1329年),字希孟,号云庄,济南人。少年知名,历任堂邑县尹、监察御史、翰林学士、礼部尚书、参议中书省事。晚年辞官归隐,屡召不赴。文宗天历二年

(1329年),关中大旱,特拜陕西行台中丞,到任不足半年,劳瘁而卒。

张养浩诗、文兼擅,而尤以散曲著称,代表作有《山坡羊·潼关怀古》。以下所选两首散曲都是作者晚年归隐济南时所作。

十二月兼尧民歌

从跳出[1]功名火坑,来到这花月蓬瀛[2]。守着这良田数顷,看一会雨种烟耕。倒大来[3]心头不惊,每日家[4]直睡到天明。　　见斜川鸡犬乐升平,绕屋桑麻翠烟生。杖藜无处不堪行,满目云山画难成。泉声,响时仔细听,转觉[5]柴门静。

【注释】

[1] 从跳出:即纵身跳出。从,同"纵"。

[2] 蓬瀛:蓬莱和瀛洲,道家传说中的海上仙境。

[3] 倒大来:即俗语所说"到头来"、"到底是"。

[4] 每日家:也作"每日价",即每日里、每天。

[5] 转觉:反而觉得。

提示与思考

1.《十二月兼尧民歌》这种形制为散曲中的"带过曲"。带过曲有别于小令和套数,是用两个同宫调的小令联缀在一起以表达一个共同的内容。往往有着习惯性的兼带关系,即某一曲牌所带另一曲牌相对固定,并押同一个韵部。

2. 南朝诗人王籍《入若耶溪》:"蝉噪林愈静,鸟鸣山更幽。"这和张养浩本篇"泉声,响时仔细听,转觉柴门静"的表现手法有何相通之处?

拓展阅读

张养浩《十二月兼尧民歌·寒食道中》

清明禁烟,雨过郊原。三四株溪边杏桃,一两处墙里秋千。隐隐的如闻管弦,却原来是流水溅溅。　　人家浑似武陵源,烟霭濛濛淡春天。游人马上袅金鞭,野老天间话丰年。山川,都来杖履边,早子称了闲居愿。

庆东原

鹤立花边玉,莺啼树杪弦。喜沙鸥也解[1]相留恋。一个冲开锦川,一个啼残翠烟[2],一个飞上青天。诗句欲成时,满地云撩乱。

【注释】

[1] 解:知道、懂得。

[2] 翠烟:指柳绿。

提示与思考

1. 与唐诗宋词相比,元散曲作品带有一种特有的轻松、清澈的风格。虽然欠缺一点深沉、执着,却也显得活泼、生动。形成这种特定风格的社会环境因素是什么呢?

2. 张养浩另一首《庆东原》中有"因此上向鹊华庄把白云种"的句子,而他的《朝天曲》也写道:"醉归,月黑,尽踏得云烟碎。"结合上述诗句,谈谈本篇结尾"诗句欲成时,满地云撩乱"一句好在哪里?

拓展阅读

张养浩《普天乐·大明湖泛舟》

画船开,红尘外,人从天上,载得春来。烟水闲,乾坤大,四面云山无遮碍,影摇动城郭楼台。杯斟的金波滟滟,诗吟的青霄惨惨,人惊的白鸟喈喈。

睢景臣《哨遍·高祖还乡》

睢景臣(生卒年不详),字景贤,扬州人,元后期曲家。自幼聪颖,读书刻苦,尤好音律。曾至杭州,著有《屈原投江》等杂剧三种,词一卷,均不传世,唯存散曲三套。

《哨遍·高祖还乡》是元散曲套数中的名篇,当时便获得很高的声誉。元钟嗣成《录鬼簿》说:"维扬诸公,俱作《高祖还乡》套数,惟公《哨遍》制作新奇,诸公皆出其下。"

社长排门告示[1]，但有的差使无推故[2]。这差使不寻俗，一壁厢纳草除根[3]，一壁厢又要差夫[4]，索应付[5]。又言是车驾，都说是銮舆[6]，今日还乡故。王乡老执定瓦台盘[7]，赵忙郎[8]抱着酒葫芦。新刷来的头巾，恰糨[9]来的绸衫，畅好是妆幺大户[10]。

〔耍孩儿〕瞎王留引定火乔男女[11]，胡踢蹬吹笛擂鼓。见一彪人马到庄门，匹头[12]里几面旗舒：一面旗白胡阑套住个迎霜兔[13]，一面旗红曲连打着个毕月乌[14]，一面旗鸡学舞[15]，一面旗狗生双翅，一面旗蛇缠葫芦[16]。

〔五煞〕红漆了叉，银铮了斧[17]，甜瓜苦瓜黄金镀[18]。明晃晃马镫枪尖上挑[19]，白雪雪鹅毛扇上铺[20]。这几个乔人物，拿着些个不曾见的器仗，穿着些大作怪衣服。

〔四煞〕辕条上都是马，套顶上不见驴。黄罗伞柄天生曲[21]。车前八个天曹判[22]，车后若干递送夫[23]。更几个多娇女，一般穿着，一样妆梳。

〔三煞〕那大汉下的车，众人施礼数。那大汉觑得人如无物。众乡老展脚舒腰拜，那大汉那身[24]着手扶。猛可里[25]抬头觑。觑多时认得，险气破我胸脯。

〔二煞〕你须身姓刘，您妻须姓吕[26]！把你两家根脚从头数。你本身做亭长[27]耽几盏酒，你丈人教村学读几卷书。曾在俺庄东住。也曾与我喂牛切草，拽坝扶锄[28]。

〔一煞〕春采了桑，冬借了俺粟。零支了米麦无重数。换田契强秤了麻三秤[29]，还酒债偷量了豆几斛[30]。有甚胡突[31]处？明标着册历，见放着文书[32]。

〔尾〕少我的钱，差发内旋拨还[33]；欠我的粟，税粮中私准除。只道刘三[34]，谁肯把你揪捽[35]住，白甚么[36]改了姓，更了名，唤做汉高祖！

【注释】

[1] 社长：据《元典章·户部》，元代凡五十家立一社，择年长德高者为社长，汉代并无此职，这里属于以今说古。排门：挨家挨户。

[2] 无推故：不得推辞。

[3] 一壁厢：一边。纳草除根：交纳的草料要去掉草根。

[4] 差夫：类今之派人、出工。

[5] 索应付：必须应对照办。索，须。

[6] 銮舆：与上句"车驾"均指皇帝的车马。銮，用于装饰的铎铃。

[7] 乡老：村中年长有地位的人。瓦台盘：陶质托盘。

[8] 忙郎：泛指那种乱忙伙、瞎起劲的年轻人，即今所谓"无事忙"。

[9] 糨：浆洗，衣服洗净后刷上米汁熨平，使之整洁笔挺。

[10] 畅好是：真正是。妆幺大户：妆扮成有钱的大户财主。

[11] 瞎王留:瞎蹿乱闯的王留。王留,虚构人名,元曲中常用以指愣头青年。火,同"伙"、"夥"。乔男女,乔装打扮的人。

[12] 匹头:即劈头、当头。

[13] 白胡阑:即白圆环儿。胡阑,"环"的合音。下句"红曲连"即红圈圈儿。这一句是说一面旗上画的是白环里套着玉兔,当即指月旗。

[14] 毕月乌:古代传说日中有三足乌。后来的星历家又以七曜(日、月、火、水、木、金、土)及各种鸟兽配二十八宿,因有"昴日鸡""毕月乌"等说法。这一句是说一面旗上画的是红圈子里有只黑乌鸦,当指日旗。

[15] 鸡学舞:指舞凤旗。下句"狗生双翅"指飞虎旗。

[16] 蛇缠葫芦:指蟠龙戏珠。上述旗帜均为乡下人所少见,于是根据自己的生活经验而随意曲解而成。

[17] 银铮了斧:谓斧子像涂过银子一样。斧与上句所说叉都是帝王仪仗用具。

[18] 甜瓜苦瓜黄金镀:指金瓜锤,仪仗用具之一,杖头为瓜形,故名。

[19] "明晃晃"句:指仪仗中的朝天镫。

[20] "白雪雪"句:指仪仗中的雉扇、宫扇。

[21] 黄罗伞:指皇帝乘舆所用的车盖,形如曲柄大伞。

[22] 天曹判:本指天廷中的判官,这里借以形容威风凛凛、表情呆板的扈从之士。

[23] 递送夫:指奔前跑后的侍从、太监等。

[24] 那(nuó)身:挪动身体。那,同"挪"。

[25] 猛可里:猛然间。

[26] 姓吕:刘邦妻姓吕名雉,即后来的吕后。

[27] 亭长:秦汉时十里为一亭,设亭长。刘邦起事前曾为泗水亭长。

[28] 拽坝扶锄:指干农活儿。坝,通"耙",碎土的农具。

[29] 麻三秤(chèng):这句是说用粮麻等实物换地时,硬是多要了些东西。

[30] 斛:容积单位,古以十斗为一斛。

[31] 胡突:同"糊涂"。

[32] 见:同"现"。文书:契约、借据。

[33] 差发:在官差之内下拨。旋:马上,随即。

[34] 刘三:刘邦字季,排行第三。

[35] 揪捽(zuó):揪住不放。

[36] 白甚么:平白无故地。

❓ 提示与思考

1. 元曲中不乏重新审视历史的作品，如张鸣善《水仙子·讥时》就把历来为人所颂扬的周文王、诸葛亮、姜子牙的丰功伟绩着实嘲弄了一番：

> 铺眉苫眼早三公，裸袖揎拳享万钟，胡言乱语成时用。大纲来都是哄。说英雄谁是英雄？五眼鸡岐山鸣凤，两头蛇南阳卧龙，三脚猫渭水飞熊。

而贯云石《殿前欢·吊屈原》甚至连赴水而死的诗人也不放过：

> 楚怀王，忠臣跳入汨罗江。《离骚》读罢空惆怅，日月同光。伤心来笑一场，笑你个三闾强，为甚不身心放？沧浪污你，你污沧浪。

能如此嘲弄神圣，这说明元代文人具有怎样的精神状态？

2. 据司马迁《史记·高祖本纪》载：

> 十二年十月，高祖已击布军会甀，布走，令别将追之。高祖还归，过沛，留。置酒沛宫，悉召故人父老子弟纵酒，发沛中儿得百二十人，教之歌。酒酣，高祖击筑，自为歌诗曰："大风起兮云飞扬，威加海内兮归故乡，安得猛士兮守四方！"令儿皆和习之。高祖乃起舞，慷慨伤怀，泣数行下。谓沛父兄曰："游子悲故乡。吾虽都关中，万岁後吾魂魄犹乐思沛。且朕自沛公以诛暴逆，遂有天下，其以沛为朕汤沐邑，复其民，世世无有所与。"沛父兄诸母故人日乐饮极驩，道旧故为笑乐。十餘日，高祖欲去，沛父兄固请留高祖。高祖曰："吾人众多，父兄不能给。"乃去。

对比以上叙事，分析睢景臣《哨遍·高祖还乡》的艺术特点及其写作手法。

📖 拓展阅读

杜仁杰《耍孩儿·庄家不识构阑》

风调雨顺民安乐，都不似俺庄家快活。桑蚕五谷十分收，官司无甚差科。当村许下还心愿，来到城中买些纸火。正打街头过，见吊个花碌碌纸榜，不似那答儿闹穰穰人多。

［六煞］见一个人手撑着椽做的门，高声的叫"请请"，道"迟来的满了无处停坐"。说道"前截儿院本《调风月》，背後幺末敷演《刘耍和》"。高声叫："赶散易得。难得的妆合。"

［五煞］要了二百钱放过咱，入得门上个木坡，见层层叠叠团圞坐。抬头觑是个钟楼模样，往下觑却是人旋窝。见几个妇女向台儿上坐。又不是迎神赛社，不住的擂鼓筛锣。

［四煞］一个女孩儿转了几遭，不多时引出一伙。中间里一个央人货，裹着枚

皂头巾,顶门上插一管笔,满脸石灰更着些黑道儿抹。知他待是如何过?浑身上下,则穿领花布直裰。

[三煞]念了会诗共词,说了会赋与歌,无差错。唇天口地无高下,巧语花言记许多。临绝末,道了低头撮脚,囊罢将幺拨。

[二煞]一个妆做张太公,他改做小二哥,行行行说向城中过。见个年少的妇女向帘儿下立,那老子用意铺谋待取做老婆。教小二哥相说合,但要的豆谷米麦,问甚布绢纱罗。

[一煞]教太公往前挪不敢往后挪,抬左脚不敢抬右脚,翻来覆去由他一个。太公心下实焦燥,把一个皮棒槌则一下打做两半个。我则道脑袋天灵破,则道兴词告状,划地大笑呵呵。

[尾]则被一胞尿,爆的我没奈何。刚挨刚忍更待看些儿个,枉被这驴颓笑杀我。

刘基《卖柑者言》

刘基(1311～1375年),字伯温,青田(今属浙江省)人。初佐朱元璋平天下,太祖比之为张良。洪武三年(1370)授弘文馆学士,授为资善大夫、上护军,封为诚意伯。后归隐乡居,以忧愤疾作而卒。

刘基也是明初知名作家。他博通经史,长于天文、兵法、数理等,亦擅诗文。下文选自刘基所著《郁离子》一书。

杭有卖果者,善藏柑,涉寒暑不溃,出之烨然[1],玉质而金色。置于市,贾[2]十倍,人争鬻[3]之。予贸得其一,剖之,如有烟扑口鼻。视其中,则干若败絮。予怪而问之曰:"若所市[4]于人者,将以实笾豆[5],奉祭祀、供宾客乎?将炫外以惑愚瞽也。甚矣哉,为欺也!"

卖者笑曰:"吾业是有年矣[6],吾赖是以食吾躯[7]。吾售之,人取之,未尝有言,而独不足于子所乎!世之为欺者不寡矣,而独我也乎?吾子未之思也!今夫佩虎符、坐皋比者[8],洸洸乎干城之具也[9],果能授孙吴之略[10]耶?峨大冠、拖长绅者[11],昂昂乎庙堂之器也,果能建伊皋[12]之业耶?盗起而不知御,民困而不知救,吏奸而不知禁,法斁[13]而不知理,坐糜廪粟而不知耻。观其坐高堂、骑大马、醉醇醴而饫肥鲜者[14],孰不巍巍乎可畏,赫赫乎可象[15]也!又何往而不金玉其外、败絮其中也哉!今子是之不察,而以察吾柑!"

予默然无应。退而思其言,类东方生[16]滑稽之流。岂其愤世疾邪者耶? 而托于柑以讽耶?

【注释】

[1] 烨(yè)然:色泽光亮的样子。

[2] 贾:同"价"。

[3] 鬻(yù):买。下句所谓"贸"也是买的意思。

[4] 市:卖。

[5] 笾豆:古代祭祀时用来盛果脯之类的器皿。笾(biān),竹制容器。豆,高足木盘。

[6] 业是有年矣:意思是以此为业很长时间了。

[7] 食(sì)吾躯:养活我的身体。食,同"饲"。

[8] 皋比:虎皮。佩虎符、坐虎皮,指武将。

[9] 洸(guāng)洸乎:形容威武的样子。洸,孔武有力。干(gān)城之具:守城的器具。干,盾牌。

[10] 孙吴之略:泛指兵法。孙武和吴起均为春秋战国时期著名的军事将领。

[11] 峨大冠、拖长绅者:泛指文官。

[12] 伊皋:指伊尹和皋陶。伊尹为商汤的大臣,皋陶为虞舜的大臣。

[13] 斁(dù):败坏。

[14] 醇醴:美酒。饫(yù),饱餐。

[15] 可象:可效法。

[16] 东方生:即东方朔,汉武帝时名臣,善于用滑稽诙谐的语言寄托讽谏。

❓ 提示与思考

1. 若按常理,一个如此不诚信的水果商贩早就该破产了。奇怪的是卖柑者却"业是有年矣",赖此谋生很长一段时间了,而且"人取之,未尝有言"。不但没有人出来指责他,甚至还能"置于市,贾十倍,人争鬻之"。如此伪劣的商品以高出十倍的价格出售,竟然会长年有人竞相购买,生意出奇地兴旺,这其中有何奥妙?

2. 请注意下面的句子:"将以实笾豆,奉祭祀、供宾客乎? 将炫外以惑愚瞽也。"前面是疑问句,后面接的却是判断句,这判断正是根据前面的句子做出的。也就是说那些被竞相高价买回去的柑橘,原本就不是真吃的,只是用于观赏摆设罢了,是用来供死人、哄白痴和蒙瞎子的。那些昂昂乎朝堂之上的官员大臣们也一样,他们的作用就是摆给大家看的,是用来吓唬我们这些俗人的。大家对此都习以为常了,其实我们都在装聋作哑,闭起眼来假装自己瞎了——"今子是之不察,而以察吾柑!"唉,只看出我的柑橘是摆设,没看出朝廷的官位也是摆设吗?

3. 既然是个寓言故事,就有可能藏有普遍深刻的寓意。作者借水果商贩说出了"世之为欺者不寡矣"的事实:我们被欺骗,我们也因习惯而默认、怂恿这种欺骗,我们甚至在被欺骗的同时也在欺骗别人。不然卖伪劣柑橘的人为什么能长年都有这么好的行市?大家彼此心照不宣罢了。偏偏有个不识趣的,竟然对那个卖柑橘的说:"甚矣哉,为欺也!"这简直就是安徒生笔下那个看到皇帝没穿衣服便脱口而出的小男孩,太天真了。如此一来,水果商那义正词严的议论就不单纯是针对那些没有真才实学的个别官员了——其实这是一篇关于欺骗与被欺骗的寓言,所谓微言大义、以小讽大,正在此处。

拓展阅读

刘基《郁离子·良桐》

工之侨得良桐焉,斫而为琴,弦而鼓之,金声而玉应,自以为天下之美也,献之太常。使国工视之,曰:"弗古。"还之。工之侨以归,谋诸漆工,作断纹焉;又谋诸篆工,作古窾焉;匣而埋诸土,期年出之,抱以适市。贵人过而见之,易之以百金。献诸朝,乐官传视,皆曰:"希世之珍也。"工之侨闻之,叹曰:"悲哉,世也!岂独一琴哉?莫不然矣。而不早图之,其与亡矣!"遂去,入于宕冥之山,不知其所终。

唐寅《桃花庵歌》

唐寅(1470~1523年),字伯虎,号六如居士、桃花庵主、逃禅仙吏等,吴县(今江苏苏州)人。出身商人家庭,自幼聪明伶俐,青年时家境衰落,后潜心读书,二十九岁参加应天府试,得中"解元"。赴京会试,却因故遭斥,遂绝意仕途,以卖画为生。晚年生活困顿,年五十四即病卒。唐寅长于诗文,与祝允明、文征明、徐祯卿并称"江南四才子",画名尤盛,与沈周、文征明、仇英并称"吴门四家"。

正德初年,唐寅因与家人失和,遂在苏州城金阊门外建成桃花庵别业,自号"桃花庵主",并于此宴饮高朋,诗酒流连。《桃花庵歌》即是其自遣且兼以警世之作。

桃花坞里桃花庵[1],桃花庵下桃花仙。

桃花仙人种桃树,又摘桃花换酒钱。

酒醒只在花前坐,酒醉还来花下眠。

半醉半醒日复日,花落花开年复年。

但愿老死花酒间,不愿鞠躬车马[2]前。

车尘马足显者事[3],酒盏花枝隐士缘。

若将显者比隐士,一在平地一在天。

若将花酒比车马,彼何碌碌我何闲。

别人笑我忒[4]疯癫,我笑他人看不穿。

不见五陵[5]豪杰墓,无花无酒锄作田。

【注释】

[1] 桃花坞(wù):位于苏州金阊门外。北宋时章粢父子在此建成别墅,后渐废为蔬圃。唐寅于此筑室,故名桃花庵。

[2] 车马:此处代指高官权贵。

[3] “车尘”二句:别有版本或作“车尘马足富者趣,酒盏花枝贫者缘”,下同。

[4] 忒:太、很。

[5] 五陵:五陵原,因西汉时在此设立五个陵邑而得名。即高帝长陵、惠帝安陵、景帝阳陵、武帝茂陵和昭帝平陵,皇陵附近又多外戚豪族墓地。

? 提示与思考

1. 这是一首歌行体诗作。在艺术表现方面,首四句运用回环语句和顶针格手法,使得诗歌劈头就显示出流畅明快的格调。随后几乎每联都是对偶句式,且一韵到底,不像一般歌行体诗歌那样中间换韵,因此读来流利上口,有一气呵成的感染力。用词基本口语化,落花流水,一派天然,这正与作者才高自负、放浪不羁的个性相符合。作者才情横溢,故嬉笑怒骂,皆成文章。

2. 唐寅有七律《感怀》诗云:

不炼金丹不坐禅,饥来吃饭倦来眠。生涯画笔兼诗笔,踪迹花边与柳边。

镜里形骸春共老,灯前夫妇月同圆。万场快乐千场醉,世上闲人地上仙。

此诗所吟咏与《桃花庵歌》有异曲同工之妙。然而他晚年所作的《夜读》诗却说:

夜来欹枕细思量,独对残灯漏转长。深虑鬓毛随世白,不知腰带几时黄。

人言死后还三跳,我要生前做一场。名不显时心不朽,再挑灯火看文章!

把此诗所咏和《桃花庵歌》做一对比,你觉得唐寅内心真是那么逍遥自在、潇洒快活吗?

拓展阅读

唐寅《把酒对月歌》

李白前时原有月,惟有李白诗能说。李白如今已仙去,月在青天几圆缺?
今人犹歌李白诗,明月还如李白时。我学李白对明月,白与明月安能知!
李白能诗复能酒,我今百杯复千首。我愧虽无李白才,料应月不嫌我丑。
我也不登天子船,我也不上长安眠。姑苏城外一茅屋,万树桃花月满天。

李开先《宝剑记·夜奔》

李开先(1502~1568年),字伯华,号中麓子,山东章丘人。嘉靖年间进士,历任户部主事、吏部考功主事、员外郎、太常寺少卿等,后因抨击执政者被罢官。壮年归隐章丘老家,闲居终老,卒后葬于章丘埠村镇鹅庄东。

李开先是明代中期著名的戏曲作家,代表作即传奇剧《宝剑记》。全剧敷演《水浒传》中林冲的故事。以下所选《夜奔》是其中的第三十七出,描写林冲被逼上梁山的悲愤情怀。

生上(唱):[点绛唇]数尽更筹[1],听残银漏。逃秦寇[2],好教我有国难投。那搭儿相求救[3]?

生(白):"欲送登高千里目,愁云低锁衡阳[4]路。鱼书不至雁无凭,几番欲作悲秋赋[5]。回首西山日又斜,天涯孤客真难度。丈夫有泪不轻弹,只因未到伤心处。"念我一时忿怒,杀死奸细,幸得深夜无人知觉,密投柴大官人庄上隐藏。昨闻故人公孙胜使人报知,今遣指挥徐宁领兵沧州地界捉拿,亏承柴大官人怜我孤穷,写书荐达,径往梁山逃命。日里不敢前行,今夜路经济州地界,恰才天明月朗,霎时雾暗云迷,况山路崎岖,高低不辨,教我怎生行蓦[6],那前边黑洞洞的,想是村店,只得紧行几步。呀!原来是一座禅林[7]。夜深无人,我向伽蓝殿[8]前,暂息片时。(生作睡介)

(净扮神上,白):生前能护国,没世号伽蓝。眼观千万里,日赴九千坛。吾乃本庙护法之神,今有上界武曲星受难,官兵追急,恐伤他性命。兀那林冲,休推睡梦,今有官兵,过了黄河,咫尺赶上,急急起来逃命去罢。吾神去也。"凡人心不昧,处处有灵神。但愿人行早,神天不负人。"(生醒白):唬死我也,刚才合眼,忽见神像指着道,林冲急急起来,官兵到了。想是伽蓝神圣指引迷途。我林冲若得一步之地,重修宝殿,再塑金身! 撒开脚步去也。(唱):

〔新水令〕按龙泉血泪洒征袍,恨天涯一身流落。专心投水浒,回首望天朝。急走忙逃,顾不得忠和孝。

〔驻马听〕良夜迢迢[9],投宿休将门户敲。遥瞻残月,暗度重关,急步荒郊。身轻不惮路迢遥,心忙只恐人惊觉,魄散魂消,红尘误了武陵年少[10]。

〔水仙子〕一朝谏诤触权豪,百战勋名做草茅,半生勤苦无功效,名不将青史标,为家国总是徒劳。再不得倒金樽杯盘欢笑,再不得歌金缕筝琶络索[11],再不得谒金门[12]环佩逍遥。

〔折桂令〕封侯万里班超[13],生逼做叛国的红巾[14],背主的黄巢。恰便似脱扣苍鹰,离笼狡兔,摘网腾蛟。救急难谁诛正卯[15]? 掌刑罚难得皋陶[16]? 鬓发萧骚[17],行李萧条[18],这一去得个斗转天回,须教他海沸山摇!

〔雁儿落〕望家乡去路遥,想妻母将谁靠? 我这里吉凶未可知,他那里生死应难料。

〔得胜令〕呀! 唬的我汗浸浸身上似汤浇,急煎煎心内类油调[19],幼妻室今何在? 老尊堂恐丧了。劬劳,父母恩难报。悲嚎,英雄气怎消。

〔沽美酒〕怀揣着雪刃刀,行一步哭号咷,拽长裾急急蓦羊肠路绕。且喜这灿灿明星下照,忽然间昏惨惨云迷雾罩,疏喇喇[20]风吹叶落,振山林声声虎啸,绕溪涧哀哀猿叫,吓的我魂飘胆消,百忙里走不出山前古庙。

〔收江南〕呀! 又只见乌鸦阵阵起松梢,数声残角断渔樵。忙投村店伴寂寥,想亲帏梦杳,空随风雨度良宵。

故国徒劳梦,思归未得归,此身无所托,空有泪沾衣。

【注释】

[1]更筹:古时打更者报时用的筹码,下句所谓"银漏"均为古代计时器。

[2]逃秦寇:战国时期,秦国常侵扰六国,因此被称为"寇",此处暗用当年孟尝君夜出秦关一事。

[3]那搭儿:哪里、何处。

[4]衡阳:地名,在衡山之南。按,衡山七十二峰,中有回雁峰,相传大雁南飞,至此而回。故下句接"雁无凭",暗喻书信不到。

[5]悲秋赋:战国末楚国宋玉所写《九辩》首句云:"悲哉! 秋之为气也。"

[6]行蓦:行走。

[7]禅林:寺庙。

[8] 伽蓝殿：即佛殿。语出梵语僧加蓝摩,意众僧的园林。

[9] 良夜迢迢：谓漫长的晴夜。

[10] 武陵年少：同"五陵年少",泛指京城中的王孙公子。白居易《琵琶行》："五陵年少争缠头,一曲红绡不知数。"林冲以此暗指自己"八十万禁军教头"的身份。

[11] 络索：弦索,弹拨的弦乐器。

[12] 谒金门：指上朝。

[13] 班超：东汉出使西域的功臣,封"定远侯"。

[14] 红巾：元末义军以红布裹头,称"红巾军"。林冲本宋代人,但此剧作于明代,故有此称。

[15] 正卯：即少正卯,春秋鲁国人,为鲁司寇孔子所诛杀。

[16] 皋陶(gāo yáo)：亦作"皋繇",传说为虞舜时名臣,主掌刑罚。

[17] 鬓发萧骚：谓头发稀疏,比喻愁苦潦倒。

[18] 萧条：此处谓少、简单。

[19] 油调：像油烹一样。

[20] 疏喇喇：形容风声,同今"呼啦啦"。

提示与思考

1. 在众多的水浒戏中,像《野猪林》、《林冲发配》等至今仍在京剧舞台上搬演不衰。而把林冲的故事改编成为长篇传奇剧,且写得有声有色,李开先当有首创之功。作者于剧中无情地指斥黑暗的社会现实,突出塑造了主人公林冲爱国忧民的形象。李开先本人深受官场迫害而罢职闲居,于是借林冲之口以宣泄胸中积郁的不平之气。如下场诗最后两句："此身无所托,空有泪沾衣。"显然叠加有李开先的人生体验。剧中还有类似的曲词,请找出来。

2. 李开先主张"诗必唐,词必元"。(钱谦益《列朝诗集小传·吕时臣》)其曲词创作语言风格与当时诗坛所倡复古、典雅之风大异其趣。以《夜奔》为例,说说本出戏文的语言特点。

拓展阅读

李开先《南仙吕·傍妆台》(选自《中麓小令》)

傻哥哥,识人多处是非多。怎禁对面丢圈套,平地起干戈。片石要打千斤磨,尺水翻成一丈波。南无菩萨,阿弥陀佛——得高歌处且高歌。

碧粼粼,风行水上总生纹。登高聊作怀湘赋,不效送穷文。算来咏月嘲风客,岂是经邦济世人！休夸口，学养身——得温存处且温存。

雨潇潇，新凉顿觉满西郊。秋成遍地皆行乐，惟我最无聊。薄田只可糊三口，破镜忽惊见二毛。叨叨令，步步娇——得歌谣处且歌谣。

徐渭《叶子肃诗·序》

徐渭(1521~1593年)，字文长，号天池山人、青藤道士，山阴(今浙江绍兴)人，明代杰出书画家、文学家。官僚世家出身，屡次科举不中，至四十岁方中举人。后一度精神迷狂，曾多次自杀未遂。因罪下狱，从此潦倒一生，晚年以卖画为生。徐渭多才多艺，在书画、诗文、戏曲等领域均有很深造诣，其独树一帜的绘画风格影响尤为深远。

这篇短文是徐渭为朋友叶子肃诗集所写的序言。文中并没有对诗人及其作品进行具体的评论和品题，基本上是在借题发挥以阐释自己的诗论歌主张。

人有学为鸟言者，其音则鸟也，而性[1]则人也；鸟有学为人言者，其音则人也，而性则鸟也。此可以定人与鸟之衡[2]哉。今之为诗者，何以异于是？不出于己之所自得，而徒窃于人之所尝言[3]，曰某篇是某体，某篇则否；某句似某人，某句则否。此虽极工逼肖[4]，而已不免于鸟之为人言矣。

若吾友子肃之诗则不然。其情坦以直，故语无晦；其情散以博[5]，故语无拘；其情多喜而少忧，故语虽苦而能遣[6]；其情好高而耻下，故语虽俭而实丰。盖所谓出于己之所自得，而不窃于人之所尝言者也。就其所自得，以论其所自鸣，规其微疵[7]，而约于至纯，此则渭之所献于子肃者也[8]。若曰某篇不似某体，某句不似某人，是乌知[9]子肃者哉！

【注释】

[1] 性：本性。

[2] 衡：度量标准。此处代指以此衡量人与鸟的区别。

[3] 尝言：曾说，这里指古人已有的诗句。

[4] 逼肖：非常逼真相似。肖，相像。

[5] 散以博：自由而博大。

[6] 能遣：指不凝滞沉重。遣，排遣。

[7] 规其微疵：改掉细小的缺点。规，规范、约束。

[8]"此则"句:意为这是我徐渭所能奉献给你叶子肃的(建议)啊。

[9]乌知:不知、不理解。

？提示与思考

1. 凡是看过徐渭画的人都会对他绘画中的不拘一格留下深刻的印象。他中年后始学画,擅花鸟,兼能山水、人物,其画气势纵横奔放,情意所至,给人以笔墨淋漓、赏心悦目之感。所绘泼墨大写意,笔势狂纵,无复依傍。而明代文坛当时拟古、复古的风气很重。所谓"文必秦汉,诗必盛唐",大家都在学古人的样子吟诗作文,千人一腔。对此,个性狂放的徐渭很不以为然。所以借本文讥之为八哥学人说话,实在让人觉得生动形象。全文聊聊数语,匆匆做结。诗序能写成这个样子,本身就是不按套路出牌。但其中的境界,非一般人所能至。

2. 徐渭以画擅名,虽也写诗,但影响不太大。他的这个名叫叶子肃的朋友诗名也不高。从文章中看,徐渭也不回避叶子肃的诗作有"微疵",尚未达到"至纯"的境界。那么,徐渭认为好诗的标准是什么?

3. 徐渭《答张太史》:"仆领赐至矣。晨雪,酒与裘,对证药也。酒无破肚脏,罄当归瓮;羔半臂,非褐夫常服,寒退拟晒以归。西兴脚子云:风在戴老爷家过夏,我家过冬。一笑。"你认为这篇短文有何特点?

拓展阅读

袁宏道《徐文长传》

徐渭,字文长,为山阴诸生,声名籍甚。薛公蕙校越时,奇其才,有国士之目;然数奇,屡试辄蹶。中丞胡公宗宪闻之,客诸幕。文长每见,则葛衣乌巾,纵谈天下事;胡公大喜。是时公督数边兵,威镇东南;介胄之士,膝语蛇行,不敢举头,而文长以部下一诸生傲之;议者方之刘真长、杜少陵云。会得白鹿,属文长作表。表上,永陵喜。公以是益奇之,一切疏记,皆出其手。文长自负才略,好奇计,谈兵多中。视一世事无可当意者;然竟不偶。

文长既已不得志于有司,遂乃放浪曲蘖,恣情山水,走齐、鲁、燕、赵之地,穷览朔漠。其所见山奔海立,沙起雷行,雨鸣树偃,幽谷大都,人物鱼鸟,一切可惊可愕之状,一一皆达之于诗。其胸中又有勃然不可磨灭之气,英雄失路、托足无门之悲,故其为诗如嗔如笑,如水鸣峡,如种出土,如寡妇之夜哭、羁人之寒起。虽其体格时有卑者,然匠心独出,有王者气,非彼巾帼而事人者所敢望也。文有卓识,气沉而法严,不以模拟损才,不以议论伤格,韩、曾之流亚也。文长既雅不与时调合,当时所谓骚坛主盟者,文长皆叱而奴之,故其名不出于越。悲夫!

喜作书,笔意奔放如其诗,苍劲中姿媚跃出,欧阳公所谓"妖韶女老自有余态"者也。间以其余,旁溢为花鸟,皆超逸有致。卒以疑杀其继室,下狱论死。张太史元汴力解,乃得出。

晚年愤益深,佯狂益甚。显者至门,或拒不纳。时携钱至酒肆,呼下隶与饮。或自持斧,击破其头,血流被面,头骨皆折,揉之有声。或以利锥锥其两耳,深入寸余,竟不得死。周望言:"晚岁诗文益奇,无刻本,集藏于家。"余同年有官越者,托以钞录,今未至。余所见者,《徐文长集》《阙编》二种而已。然文长竟以不得志于时,抱愤而卒。

石公曰:"先生数奇不已,遂为狂疾;狂疾不已,遂为圄圄。古今文人,牢骚困苦,未有若先生者也!"虽然,胡公间世豪杰,永陵英主。幕中礼数异等,是胡公知有先生矣;表上,人主悦,是人主知有先生矣。独身未贵耳。先生诗文崛起,一扫近代芜秽之习;百世而下,自有定论,胡为不遇哉?梅客生尝寄予书曰:"文长吾老友,病奇于人,人奇于诗。"余谓文长无之而不奇者也;无之而不奇,斯无之而不奇也。悲夫!

李贽《题孔子像于芝佛院》

李贽(1527～1602年),字宏甫,号卓吾,又号温陵居士,福建泉州人,回族商人出身。嘉靖年间中举,不应会试,曾任共城知县、国子监博士、姚安知府等职。弃官后,寄寓黄安、麻城讲学。李贽为明代著名思想家,反对独尊孔孟,抨击道学,倡导独立思考,其思想被视为"异端"、"邪说"。后入狱,并于狱中自刎而死。

本文是讽刺短文的上乘之作。作者抨击的目标是儒学道统——主要集中在盲目从众,他一针见血地指出,千百年来大家都在人云亦云,从而丧失了判断力,迷失了自我。芝佛院:佛教寺院,在湖北麻城龙湖北,李贽辞官后,曾在此著书。

人皆以孔子为大圣[1],吾亦以为大圣;皆以老、佛为异端[2],吾亦以为异端。人人非真知大圣与异端也,以所闻于父师[3]之教者熟也;父师非真知大圣与异端也,以所闻于儒先[4]之教者熟也;儒先亦非真知大圣与异端也,以孔子有是言也。其曰"圣则吾不能"[5],是居谦也。其曰"攻乎异端"[6],是必为老与佛也。

儒先亿度[7]而言之,父师沿袭而诵之,小子矇聋而听之[8]。万口一词,不可破也;千年一律,不自知也。不曰"徒诵其言"[9],而曰"已知其人";不曰"强不知以为知"[10],而曰"知之为知之"[11]。至今日,虽有目,无所用矣。

余何人也,敢谓有目? 亦从众^[12]耳。既从众而圣之,亦从众而事之^[13],是故吾从众事孔子于芝佛之院。

【注释】

[1] 大圣:即至圣。孔子在明代的封号为"至圣先师"。

[2] 老、佛:指道家与佛家。老,老聃,即春秋时期道家学说的创始人老子。异端:邪说,非正统的思想学说。

[3] 父师:指父辈与师长。

[4] 儒先:儒家的先辈。

[5] 圣则吾不能:语出《孟子·公孙丑上》:"昔者子贡问于孔子曰:'夫子圣矣乎?'孔子曰:'圣则吾不能,我学不厌而教不倦也。'"

[6] 攻乎异端:语出《论语·为政》:"攻乎异端,斯害也已。"

[7] 亿度(duó):同"臆度",猜测。

[8] 小子:后生、晚辈。曚聋:同"朦胧",即懵懂、糊涂。

[9] "不曰"二句:语本《孟子·万章下》:"凡论古人得失……诵其诗,读其书,不知其人可乎?"

[10] 强不知以为知:不懂硬以为懂。《论语·为政》:"由,诲女知之乎。"朱熹集注:"子路好勇,盖有强其所不知以为知者。"

[11] 知之为知之:语出《论语·为政》:"知之为知之,不知为不知,是知也。"

[12] 从众:跟大家一样。语见《论语·子罕》:"俭,吾从众。"

[13] 事之:这里是礼敬、膜拜的意思。

? 提示与思考

1. 李贽在创作中主张"童心说",反对矫情和伪饰。但这并不意味着他在写作中只是直来直去,不讲技巧。本文开篇表面上看是顺着说的好话:"人皆以孔子为大圣,吾亦以为大圣;皆以老、佛为异端,吾亦以为异端。"并没有针锋相对地批驳或义正词严地攻击。接着很和顺地沿着这个思路写下去:大家这样认为是因为老师这样教的,老师这样教是因为前辈们这样说的,前辈这样说是因为《论语》上这样写的。你能否感受到这其中已经开始显露出挖苦的口吻了?

2. 阅读下面的短文,比较其与《题孔子像于芝佛院》有何异同。

有一道学,高屐大履,长袖阔带,纲常之冠,人伦之衣,拾纸墨之一二,窃唇吻之三四,自谓真仲尼之徒焉。时遇刘谐。刘谐者,聪明士,见而哂曰:"是未知我仲尼兄也。"其人勃然作色而起曰:"'天不生仲尼,万古如长夜'。子何人者,敢呼仲尼而兄之?"刘谐曰:"怪得羲皇以上圣人尽日燃纸烛而行也!"其人默然自止。然安知其言之至哉!

李生闻而善曰:斯言也,简而当,约而有余,可以破疑网而昭中天矣。其言如此,其人可知也。盖虽出于一时调笑之语,然其至者百世不能易。(李贽《焚书·赞刘谐》)

3. 文章从确认孔子为圣人、佛学是异端邪教开头,到"吾从众事孔子于芝佛之院"一句结尾,在毫不违反逻辑的情况下,竟将两个本来是水火不相容的对立面放到了一起——儒家的圣人像却被摆到了作为异端的佛教寺庙中被人供奉,而自己还是"从众"才这样做的。联系文章标题,我们能充分感受到作者的不屑和轻慢。如此辛辣刻薄反讽,却表面上还能不露声色,真是天衣无缝。不妨学习模仿一下这种"反话正说"的写作手法。

拓展阅读

李贽《焚书·李白诗题辞》

升庵曰:"白慕谢东山,故自号东山李白。杜子美云'汝与东山李白好'是也。刘昫修《唐书》,乃以白为山东人,遂致纷纷耳。"因引曾子固称白蜀郡人,而取《成都志》谓白生彰明县之青莲乡以实之。卓吾曰:蜀人则以白为蜀产,陇西人则以白为陇西产,山东人又借此以为山东产,而修入《一统志》,盖自唐至今然矣。今王元美断以范传正《墓志》为是,曰:"白父客西域,逃居绵之巴西,而白生焉。是谓实录。"呜呼!一个李白,生时无所容入,死而百余年,慕而争者无时而已。余谓李白无时不是其生之年,无处不是其生之地。亦是天上星,亦是地上英。亦是巴西人,亦是陇西人,亦是山东人,亦是会稽人,亦是浔阳人,亦是夜郎人。死之处亦荣,生之处亦荣,流之处亦荣,囚之处亦荣,不游不囚不流不到之处,读其书,见其人,亦荣亦荣!莫争莫争!

汤显祖《牡丹亭记·题词》

汤显祖(1550~1616年),字义仍,号若士,别号玉茗堂主人,江西临川人,明朝伟大的戏剧家。万历年间进士,曾任太常寺博士、礼部主事,后降为徐闻典史,调任浙江遂昌知县,因不诌附权贵,遂弃官归家,潜心创作。一生代表剧作为"临川四梦":即《还魂记》、《紫钗记》、《南柯记》和《邯郸记》。

　　《牡丹亭》一剧写杜丽娘春游,梦遇秀才柳梦梅,遂相思成疾,抑郁而亡,葬于花园内梅树下。三年后,柳梦梅进京赴考路经此地,于假山石下拾得丽娘生前自画像,倾心膜拜,感动了丽娘魂魄,终于使之起死回生。这个美丽的故事在盛行"存天理、灭人欲"的明代,却招致一些非议。为此,作者在剧本刊出时写了这篇短文。

　　天下女子有情宁有如杜丽娘者乎!梦其人即病,病即弥连[1],至于画形容[2]传于世而后死。死三年矣,复能溟溟[3]中求得其所梦者而生,如丽娘者,乃可谓之有情人耳。情不知所起,一往而深,生者可以死,死可以生。生而不可与死、死而不可复生者,皆非情之至也。梦中之情,何必非真,天下岂少梦中之人耶?必因荐枕[4]而成亲,待挂冠[5]而为密者,皆形骸之论[6]也。

　　传杜太守[7]事者,仿佛晋武都守李仲文[8]、广州守冯孝将[9]儿女事,予稍为更而演之。至于杜守收拷柳生[10],亦如汉睢阳王收拷谈生[11]也。

　　嗟夫!人世之事,非人世所可尽。自非通人,恒以理相格[12]耳。第云理之所必无,安知情之所必有邪!

　　万历戊戌秋清远道人题[13]。

【注释】

　　[1]弥连:即"弥留",谓久病将死。

　　[2]画形容:剧中杜丽娘自感不久于人世,曾手作自画像,事见《牡丹亭·写真》。

　　[3]溟溟:指阴间。溟,同"冥"。

　　[4]荐枕:即同枕席,谓成夫妻之礼。

　　[5]挂冠:谓辞官。

　　[6]形骸之论:相对精神而言,意同皮毛、肤浅之论。

　　[7]杜太守:指剧中杜丽娘的父亲,其身份为宋时南安太守。

　　[8]李仲文:据《搜神后记》卷四载,晋武帝时武都太守李仲文丧女,葬郡城北。其后任张世之之子,梦女来就枕席。后发棺视之,女尸已生肉,颜姿如故。但因被发棺,未能复生。

　　[9]冯孝将:冯孝将为广州太守时,其子梦一人自称是前太守北海之女,"不幸早亡,亡来今已四年……应为君妻。"后掘墓发棺,女遂复生,两人结为夫妻。事见《异苑》及《幽明录》等书。

　　[10]收拷柳生:剧中杜太守曾因女儿墓被掘而拷问柳梦梅。

　　[11]谈生:据《列异传》等书,汉时人谈生,无妇,每至夜半,有女子来自愿为妻,然约以三年内不得用火相照。后生子二岁,谈某违约以烛照之,但见妇腰下唯

有枯骨，腰上已生肉。妇以珠袍赠谈生而去。后谈生将珠袍卖于睢阳王家，王辨得为女儿随葬物品，以谈生为盗墓贼，乃收拷谈生。

[13] 以理相格：以常理来衡量判断。格，推究。

[14] 万历戊戌：即明神宗万历二十六年(1598)。清远道人：汤显祖的别号。

提示与思考

1. 爱情的力量有多大？此前金人元好问《摸鱼儿》词云："问世间情是何物？直教人生死相许。"此后明末剧作家吴炳在其《画中人·示幻》中借剧中人之口说："天下只有一个情字，情若果真，离者可以复合，死者可以再生。"用今天的话来说就是爱得死去活来，就像信乐团所唱的《死了都要爱》："许多奇迹只有相信才会存在……发会雪白，土会掩埋，思念不腐坏。"你是如何看待爱情的？

2. 文学的力量有多大？娄江俞二娘酷爱《牡丹亭》，"蝇头细字，批注其侧"，十七岁怨愤而终。有人把她批注的《牡丹亭》送给作者，汤显祖感慨万端，题诗云："画烛摇金阁，真珠泣绣窗。如何伤此曲，偏只在娄江！"明焦循《剧说》卷六引《磵房蛾术堂闲笔》记，杭州商小玲擅演《牡丹亭》，唱到"待打并香魂一片，阴雨梅天，守得个梅根相见"时，泣不成声，竟倒地而亡。明代才女冯小青在杭州西湖孤山脚下与孤灯为伴，唯以《牡丹亭》一书自遣，曾作一绝句："冷雨幽窗不可听，挑灯闲看《牡丹亭》。人间亦有痴于我，岂独伤心是小青。"最终十八岁抑郁而死。这三个女子用自己的生命诠释了《牡丹亭》的伟大。

3. 本文的特点就是不纠缠于枝蔓末节，手起刀落，直取心肝。围绕《牡丹亭》一剧的中心主旨之所在，用短短不足三百个字，咬定一个"情"字做文章，毫不掩饰地阐明了自己的观点。表面看似乎无意与某人或某种看法争辩，也不屑与之斤斤计较，但内里却皆有针对性，而且绝不给对方留下丝毫反驳的空间，力透纸背。

拓展阅读

汤显祖《牡丹亭·游园》

[绕池游](旦上)梦回莺啭，乱煞年光遍。人立小庭深院。(贴)炷尽沉烟，抛残绣线，恁今春关情似去年？

[乌夜啼](旦)晓来望断梅关，宿妆残。(贴)你侧着宜春髻子恰凭阑。(旦)翦不断，理还乱，闷无端。(贴)已分付催花莺燕借春看。(旦)春香，可曾叫人扫除花径？(贴)分付了。(旦)取镜台、衣服来。(贴取镜台、衣服上)云髻罢梳还对镜，罗衣欲换更添香。镜台、衣服在此。

[步步娇](旦)袅晴丝吹来闲庭院，摇漾春如线。停半晌、整花钿。没揣菱花，

偷人半面,迤逗的彩云偏。(行介)步香闺怎便把全身现!(贴)今日穿插的好。

[醉扶归](旦)你道翠生生出落的裙衫儿茜,艳晶晶花簪八宝填,可知我常一生儿爱好是天然。恰三春好处无人见。不堤防沉鱼落雁鸟惊喧,则怕的羞花闭月花愁颤。

(贴)早茶时了,请行。(行介)你看:"画廊金粉半零星,池馆苍苔一片青。踏草怕泥新绣袜,惜花疼煞小金铃。"(旦)不到园林,怎知春色如许!

[皂罗袍]原来姹紫嫣红开遍,似这般都付与断井颓垣。良辰美景奈何天,赏心乐事谁家院!恁般景致,我老爷和奶奶再不提起。(合)朝飞暮卷,云霞翠轩;雨丝风片,烟波画船——锦屏人忒看的这韶光贱!(贴)是花都放了,那牡丹还早。

[好姐姐](旦)遍青山啼红了杜鹃,荼蘼外烟丝醉软。春香啊,牡丹虽好,他春归怎占的先!(贴)成对儿莺燕啊。(合)闲凝眄,生生燕语明如翦,呖呖莺歌溜的圆。(旦)去罢。(贴)这园子委是观之不足也。(旦)提他怎的!(行介)

[隔尾]观之不足由他缱,便赏遍了十二亭台是枉然。到不如兴尽回家闲过遣。(作到介)(贴)"开我西阁门,展我东阁床。瓶插映山紫,炉添沉水香。"小姐,你歇息片时,俺瞧老夫人去也。(下)

袁宏道《与丘长孺书》

　　袁宏道(1568~1610年),字中郎,号石公,公安(今湖北荆州市)人。万历年间进士,任吴县县令,但厌恶官场,多次上书辞职。获准离任后,遍游东南山水。后入京任京兆校官、礼部仪制司主事等。袁宏道为明代著名文学家,尤擅长散文写作,为"公安派"主帅,与兄宗道、弟中道并称"三袁"。

　　本文作于袁宏道初次为官时。作者二十七岁任吴县(治所在今江苏苏州)县令,到任不久便心灰意冷,写下了这篇抨击官场陋习的书信。丘长孺系作者之友,麻城(今属湖北省)人,与袁氏三兄弟友善,同属"公安派"作家。

　　闻长孺病甚,念念。若长孺死,东南风雅尽矣,能无念耶?

　　弟作令备极丑态,不可名状。大约遇上官则奴,候过客[1]则妓,治钱谷则仓老人[2],谕百姓则保山婆[3]。一日之间,百暖百寒,乍阴乍阳,人间恶趣,令一身尝尽矣。苦哉!毒[4]哉!

　　家弟秋间欲过吴[5],虽过吴,亦只好冷坐衙斋,看诗读书,不得如往时携猘狮登虎丘山故事也[6]。

近日游兴发不[7]？茂苑主人虽无钱可赠客子[8]，然尚有酒可醉、茶可饮，太湖一勺水可游、洞庭一块石可登[9]，不大[10]落寞也。如何？

【注释】

[1] 候过客：此指侍候接待过路的官员要人。

[2] 仓老人：管理官仓的老吏。

[3] 谕：晓谕，特指旧时上告下，官府对百姓的告诫。保山婆：即撮合男女婚姻的媒人。

[4] 毒：祸害。

[5] 家弟：作者之弟袁中道，字小修。

[6] 携猰㹴登虎丘山：不祥。或以为猰㹴代指孩童或戏称友人。虎丘山为苏州名胜，吴王阖闾葬于此。

[7] 不(fǒu)：同"否"。

[8] 茂苑主人：作者自称。茂苑本为长洲县别称，语出左思《吴都赋》："佩长洲之茂苑"。长洲与吴县治所同在苏州，故作者借用自称。客子：此指丘长孺。

[9] 洞庭一块石：指太湖中的东西洞庭山。太湖别称洞庭，湖中有东洞庭山(胥母山)和西洞庭山(包山)。

[10] 大：同"太"。

提示与思考

1. 袁宏道主张文学创作应"独抒性灵，不拘格套"，强调要表现个性和真情。听说朋友生病了，便写信问候。信中劈头就口无遮拦地说出"若长孺死，东南风雅尽矣"的话来，表现出他心直口快的个性。当然这样写是要有前提的：首先朋友的病肯定不是什么重症，所以可以开这种玩笑；其次两人一定是知心的好友，不然也不得如此肆无忌惮地调侃对方。

2. 本文的主体部分是向生了病的朋友抱怨自己为官的苦楚。朋友只是身体得病，而他自己却是心里有病，这病更难医治。除了官场龃龉，事繁务冗外，更重要的是不得不说违心的话，办违心的事。他在给好友沈凤翔的信中写道：

人生作吏甚苦，而作令尤苦。若作吴令，则苦万万倍，直牛马不如矣。何也？上官如云，过客如雨，簿书如山，钱谷如海。朝夕趋承检点，尚恐不及。苦哉，苦哉！然上官直消一副贱皮骨，过客直消一副笑嘴脸，簿书直消一副强精神，钱谷直消一副狠心肠，苦则苦也，而不难。惟有一段没证见的是非，无形影的风波，青岑可浪，碧海可尘，往往令人趋避不及，逃遁无地，难矣，难矣！

在本文中，作者也毫不掩饰地描写了自己为官的丑态。如此大胆坦率、尖刻辛辣地将做官的感受淋漓尽致地写出来，没有一定的语言功力，恐怕很难做到。在平时的写作中，我们也应该尽量用个性化的语言把自己的切身体会详尽地表现出来。

拓展阅读

袁宏道《西湖》

西湖最盛，为春为月；一日之盛，为朝烟，为夕岚。

今岁春雪甚盛，梅花为寒所勒，与杏桃相次开发，尤为奇观。周望数为余言："傅金吾园中梅，张功甫家故物也，急往观之。"余时为桃花所恋，竟不忍去。

湖上由断桥至苏公堤一带，绿烟红雾，弥漫二十余里，歌吹为风，粉汗为雨，罗纨之盛，多于堤畔之草，艳冶极矣。然杭人游湖，止午、未、申三时，其实湖光染翠之工，山岚设色之妙，皆在朝日始出，夕春未下，始极其浓媚。月景尤为清绝，花态柳情，山容水意，别是一种趣味。此乐留与山僧游客受用，安可为俗士道哉！

张岱《夜航船·序》

张岱(1597～1679年)，字宗子，又字石公，号陶庵，山阴(今属浙江省)人。他出身仕宦家庭，万历年间进士，官至广西参议。一生落拓不羁，淡泊功名，喜游山水、园林，精通音乐，尤以小品文著称。明末避居山中不出，著书以终。

《夜航船》系作者著作之一，涉及天文地理、经史百家、政治人事以及典章沿革等，共计二十卷。本文为其书前序言。

天下学问，惟夜航船中最难对付[1]。盖村夫俗子，其学问皆预先备办，如瀛洲十八学士[2]、云台二十八将[3]之类，稍差其姓名，辄掩口笑之。彼盖不知十八学士、二十八将，虽失记其姓名，实无害于学问文理，而反谓错落[4]一人，则可耻孰甚。故道听途说，只辨口头数十个名氏，便为博学才子矣。

余因想吾八越[5]，惟余姚风俗，后生小子，无不读书。及至二十无成，然后习为手艺。故凡百工贱业，其《性理》《纲鉴》[6]，皆全部烂熟，偶问及一事，则人名、官爵、年号、地方枚举之，未尝少错。学问之富，真是两脚书厨，而其无益于文理考校[7]，与彼目不识丁之人无以异也。

或曰："信如此言，则古人姓名总不必记忆矣。"余曰："不然。姓名有不关于文理，不记不妨，如八元八恺[8]、厨俊顾及[9]之类是也。有关于文理者，不可不记，如四岳三老[10]、臧穀[11]、徐夫人[12]之类是也。"

昔有一僧人，与一士子同宿夜航船。士子高谈阔论，僧畏慑，拳足而寝。僧人听其语有破绽，乃曰："请问相公，澹台灭明[13]是一个人、两个人？"士子曰："是两个人。"僧曰："这等尧舜是一个人、两个人？"士子曰："自然是一个人！"僧乃笑曰："这等说起来，且待小僧伸伸脚。"

余所记载，皆眼前极肤浅之事，吾辈聊且记取，但勿使僧人伸脚则亦已矣。故即命其名曰《夜航船》。古剑陶庵[14]老人张岱书。

【注释】

[1]夜航船：旧时江南地区用于长途运输的客船。在漫长的航程中，坐着无聊，各色乘客闲谈消遣，其所谈内容也包罗万象，故称"最难对付"。

[2]瀛洲十八学士：唐初秦王李世民建文学馆，以杜如晦、房玄龄、姚思廉、薛收、陆德明、孔颖达、虞世南等十八人并为学士。命阎立本画像，褚亮作赞，题十八人名号、籍贯，藏之书府，时人谓之"登瀛洲"。

[3]云台二十八将：东汉明帝永平三年，因追念父皇打汉江山的功臣宿将，图画邓禹、吴汉等二十八将于洛阳南宫之云台，故称。

[4]错落：指弄错或遗漏。

[5]八越：古时绍兴领辖八县：山阴、会稽、萧山、诸暨、余姚、上虞、嵊县、新昌，故称。

[6]《性理》《纲鉴》：两部明代较流行的著述，即《性理大全》和《纲鉴》。前者为明初时刊刻的一部宋人理学汇编。后者系承袭朱熹《通鉴纲目》体例编写的史书，取纲目、通鉴各一字而得名。

[7]考校(jiào)：考辨、订讹。

[8]八元八恺(kǎi)：传说上古高辛氏时有伯奋、仲堪等八位才德之士，称"八元"；高阳氏有才子八人，世谓之"八恺"。见《左传·文公十八年》。

[9]厨俊顾及：即八厨、八俊、八顾、八及，均为东汉时人，见《后汉书·党锢传序》。八厨指度尚、张邈等八人，"厨者，言能以财救人也"。八俊指李膺、荀昱等敢于反对宦官专权的八个人。八顾指郭林宗、宗慈等八个士大夫。顾，谓能以德行引领他人。八及指张俭等八个人。及，导引人追随圣贤。

[10]四岳三老：传说尧舜时四方的部落首领称"四岳"；《礼记·礼运》载，古代地方掌教化之官有"三老"。

[11]臧穀：即臧与穀，庄子寓言中两个虚拟的人名。《庄子·外篇·骈拇》：

"臧与榖二人相与牧羊,而俱亡其羊。问臧奚事,则挟策读书;问榖奚事,则博塞以游。二人者,事业不同,其于亡羊均也。"

[12] 徐夫人:上古著名铸剑师,姓徐名夫人。据传荆轲刺秦王时所用之剑即出其手。

[13] 澹台灭明:春秋时人,为孔子弟子。澹台为复姓。

[14] 古剑:张岱祖籍剑州,因此常自称为"古剑"。陶庵:即张岱之号。

提示与思考

1. 张岱在本文中把那些只会死记硬背书本知识的人称之为"两脚书橱",并讥讽他们与"目不识丁之人无以异也"。你是如何看待这个问题的?

2. 作者认为,有些知识性的东西"不关于文理,不记不妨……有关于文理者,不可不记"。在当今时代,电脑信息储存及网络搜索引擎使得人们可以比较容易获取所需知识。在此种背景下,我们应该如何有选择性地进行学习?

3. 张岱认为知识要区分是有用的还是无用的。他还有《自题小像》一文,是对自己的一生进行了反思。全文如下:

> 功名耶,落空;富贵耶,如梦;忠臣耶,怕痛;锄头耶,怕重;著书二十年耶,仅堪覆瓮。之人耶,有用没用?

毕生致力于著述,却不知是究竟有用还是无用。文中有一种挥不去的失落感——在那样一个动荡的社会环境中,他始终没能给自己的心灵找到归宿。你能从这自嘲自谑的笔调下读出一种沉痛和悲哀吗?请你思考一下,自己生命存在的意义究竟是什么?

拓展阅读

张岱《西湖七月半》

西湖七月半,一无可看,只可看看七月半之人。

看七月半之人,以五类看之。其一,楼船箫鼓,峨冠盛筵,灯火优傒,声光相乱,名为看月而实不见月者,看之;其一,亦船亦楼,名娃闺秀,携及童娈,笑啼杂之,还坐露台,左右盼望,身在月下而实不看月者,看之;其一,亦船亦声歌,名妓闲僧,浅斟低唱,弱管轻丝,竹肉相发,亦在月下,亦看月而欲人看其看月者,看之;其一,不舟不车,不衫不帻,酒醉饭饱,呼群三五,跻入人丛,昭庆断桥,嚣呼嘈杂,装假醉,唱无腔曲,月亦看,看月者亦看,不看月者亦看,而实无一看者,看之;其一,小船轻幌,净几暖炉,茶铛旋煮,素瓷静递,好友佳人,邀月同坐,或匿影树下,或逃嚣里湖,看月而人不见其看月之态,亦不作意看月者,看之。

杭人游湖,巳出酉归,避月如仇。是夕好名,逐队争出,多犒门军酒钱,轿夫擎燎,列俟岸上。一入舟,速舟子急放断桥,赶入胜会。以故二鼓以前,人声鼓吹,如沸如撼,如魇如呓,如聋如哑。大船小船,一齐凑岸,一无所见,止见篙击篙,舟触舟,肩摩肩,面看面而已。少刻兴尽,官府席散,皂隶喝道去。轿夫叫船上人,怖以关门,灯笼火把如列星,一一簇拥而去。岸上人亦逐队赶门,渐稀渐薄,顷刻散尽矣。

吾辈始舣舟近岸,断桥石磴始凉,席其上,呼客纵饮。此时月如镜新磨,山复整妆,湖复颒面,向之浅斟低唱者出,匿影树下者亦出,吾辈往通声气,拉与同坐。韵友来,名妓至,杯箸安,竹肉发。月色苍凉,东方将白,客方散去。吾辈纵舟,酣睡于十里荷花之中,香气拍人,清梦甚惬。

汪琬《送王进士之任扬州序》

汪琬(1624～1691年),字苕文,号钝庵,世称尧峰先生,长洲(今属江苏省)人。顺治年间进士,曾任户部主事、刑部郎中等,后因病辞官归家。他与侯方域、魏禧合称清初散文"三大家"。

本文是一篇送别的赠序。王进士,即王士禛,与汪琬同为顺治十五年(1658)进士,汪大士禛十岁,留任户部主事,而二十一岁的王士禛则出任扬州推官,在王士禛赴任时,汪琬写了这篇文章。

诸曹[1]失之,一郡[2]得之,此十数州县之庆也;国家得之,交游失之,此又二三士大夫之憾也。

吾友王子贻上[3],年少而才,既举进士于甲第[4],当任部主事[5],而用新令[6],出为推官[7]扬州,将与吾党别。吾见憾者方在燕市,而庆者已翘足企首,相望江淮之间矣。

王子勉旃[8]:事上宜敬,接下宜诚,莅事[9]宜慎,用刑宜宽。反是,罪也。吾告王子止此矣。

朔风初劲,雨雪载途,摇策而行,努力自爱。

【注释】

　[1]诸曹:指朝廷六部所属官署。

[2] 一郡：指扬州府，所辖三州七县，故下句有云"十数州县"。

[3] 王子贻上：即王士祯，字贻上，号渔洋山人，新城（今山东桓台）人。博学好古，尤以诗歌创作为一代宗匠。

[4] 甲第：清代科举进士分三等，即一甲赐进士及第，二甲赐进士出身，三甲赐同进士出身。王士祯考中二甲，故云。

[5] 部主事：朝廷各部所属官署的职位，正六品，当时进士初入仕途多任此职。

[6] 新令：新规定。

[7] 推官：府下所设官职，掌理刑狱。

[8] 勉旃（zhān）：努力啊。旃，语气词，"之焉"的合音。

[9] 莅事：临事，指处理事务。

？提示与思考

1. 汪琬在创作中主张才气要归于节制，故其文风如宋人，颇有意趣。这篇短文不过廖廖百余字，却写得曲回婉转，耐人咀嚼。谋篇布局，匠心独到，不愧为赠别文中的上乘之作。而最后一段："朔风初劲，风雨载途，摇策而行，努力自爱。"勾画出充满离情别意的风雪送行场景，韵味悠然，用的是诗歌的表现手法。

2. 王士祯中了进士，本该做京官的，却去了扬州，似有所失。但作者头一句就跳出了这个角度，就朝廷而言，王进士的任命对各部官署是个损失，但对扬州百姓却是值得庆幸的事。对得与失的判定和人的心胸境界有很大的关系。以此宽慰朋友，则合情合理。

3. 作者长王进士十岁，对这个即将赴任的同榜后生，他应该有很多要嘱咐的话，这些话凝练成四句有针对性的告诫："事上宜敬，接下宜诚，莅事宜慎，用刑宜宽。"做官就要面临上下级关系，故以"敬""诚"告之。做官要办事，故以"慎"戒之。而他所做的推官执掌刑狱，所以最后说"用刑宜宽"。四个"宜"字，朴实简洁，却语重心长，颇有分量。

拓展阅读

韩愈《送李愿归盘谷序》

太行之阳有盘谷。盘谷之间，泉甘而土肥，草木丛茂，居民鲜少。或曰："谓其环两山之间，故曰盘。"或曰："是谷也，宅幽而势阻，隐者之所盘旋。"友人李愿居之。

愿之言曰：人之称大丈夫者，我知之矣。利泽施于人，名声昭于时，坐于庙朝，进退百官，而佐天子出令。其在外，则树旗旄，罗弓矢，武夫前呵，从者塞途，供给之人,各执其物,夹道而疾驰。喜有赏,怒有刑。才畯满前,道古今而誉盛德,入耳而不烦。曲眉丰颊,清声而便体,秀外而惠中。飘轻裾,翳长袖,粉白黛绿者,列屋而闲居,妒宠而负恃,争妍而取怜。大丈夫之遇知于天子,用力于当世者之所为也。吾非恶此而逃之,是有命焉,不可幸而致也。

穷居而野处,升高而望远,坐茂树以终日,濯清泉以自洁。采于山,美可茹;钓于水,鲜可食。起居无时,惟适之安。与其有誉于前,孰若无毁于其后;与其有乐于身,孰若无忧于其心。车服不维,刀锯不加,理乱不知,黜陟不闻。大丈夫不遇于时者之所为也,我则行之。

伺候于公卿之门,奔走于形势之途,足将进而趑趄,口将言而嗫嚅,处污秽而不羞,触刑辟而诛戮,侥幸于万一,老死而后止者,其于为人贤不肖何如也?

昌黎韩愈,闻其言而壮之,与之酒而为之歌曰:"盘之中,维子之宫。盘之土,可以稼。盘之泉,可濯可沿。盘之阻,谁争子所?窈而深,廓其有容。缭而曲,如往而复。嗟盘之乐兮,乐且无央。虎豹远迹兮,蛟龙遁藏。鬼神守护兮,呵禁不祥。饮且食兮寿而康,无不足兮奚所望?膏吾车兮秣吾马,从子于盘兮,终吾生以徜徉。"

吴嘉纪《一钱行赠林茂之》

吴嘉纪(1618~1684年),字宾贤,号野人,泰州安丰(今江苏东台)人。少年多病,为明末诸生,入清不仕,居于家乡盐场,住草屋一楹,名曰"陋轩",靠教书和友人接济度日,不与显贵往还。工诗,诗学唐人孟郊、贾岛,语言简朴,多写盐民百姓贫苦生活。晚年得周亮工、王士祯赏识,诗名大振,然不久辞世。

吴嘉纪是清初重要的遗民诗人之一。以下所选《一钱行》作于康熙三年(1664),是作者给明末遗民林茂之的赠诗。林茂之,名古度,福建福清人。一生历明万历、天启、崇祯三朝和清顺治、康熙二朝,终身不仕,以布衣终老。

先生春秋八十五,芒鞋重踏扬州土。
故交但有丘茔[1]存,白杨吹尽留根枯。
昔游倏过五十秋,江山宛然人代改。
满地干戈杜老[2]贫,囊底徒馀一钱在。
桃花李花三月天,同君扶杖上渔船。
谁家酒垆可赊饮?一钱先与人传看。
酒人睇视皆垂泪,乃是先朝万历钱!

【注释】

　　[1] 丘茔：坟墓。按，在明末遗民中，林茂先年辈最高，此时年八十五，入清也已二十年，其友人多有故去者。

　　[2] 杜老：杜甫在安史之乱中流落漂泊一生，此处用于比称经历明清易代之乱的老诗人林茂先。

？提示与思考

　　1. 明清易代之际反映社会动荡的诗作比比皆是。吴嘉纪曾到扬州城外梅花岭凭吊明末抗清英雄史可法墓冢，并写了一首七言律诗《过史公墓》：

　　　　才闻战马渡滹沱，南北纷纷尽倒戈。

　　　　诸将无心留社稷，一抔遗恨对山河。

　　　　秋风暮岭松篁暗，夕照荒城鼓角多。

　　　　寂寞夜台谁吊问，蓬蒿满地牧童歌。

而《一钱行》却是通过一枚小小的万历铜钱来表现人们的故国之思，构思奇特。请比较这两首诗在写法上的不同。

　　2. 吴嘉纪有一首写灶户煮盐的小诗，题为《绝句》："白头灶户低草房，六月煎盐烈火旁。走出门前炎日里，偷闲一刻是乘凉。"这首诗好在哪里？

　　3. 文学写作要有细节，唯细节能动人。当时许多遗民都精心保存有前朝旧物，以示不忘故国。林茂之终身佩带一枚万历钱，而著名诗人屈大均也怀揣一枚永历钱，并曾感慨说："侯官林茂之先生有一万历钱，系臂五十余载，泰州吴野人为赋《一钱行》以赠之。予亦有一钱，文曰永历通宝，其铜红，其字小篆，钱式特大，怀之三十有一年矣。"（见王应奎《柳南续笔》）所谓物是人非，感人尤深。类似的诗作如黄宗羲《周公瑾砚》（其二）："剩水残山字句饶，剡源仁近共推敲。砚中斑驳遗民泪，井底千年恨未消。"

拓展阅读

汪楫《一钱行赠林茂之》

　　甲辰春，林茂之先生来广陵，余赠以诗，有"沽酒都非万历钱"之句。先生瞠目大呼曰："异哉！子知我有一万历钱在乎？"舒左臂相视，肉好温润，含光慑人。盖先生之感深矣！更为赋《一钱行》。

前朝万历之八载，茂之林叟生闽海。

三十名高走京洛，六十国亡遭冻馁。

钟山踽踽几春秋？那有酒钱悬杖头。

屈指今年八十五，春风重醉扬州醑。

读我诗篇忽失声，老泪纵横不成雨。

为言昔曾买藜藿，手持一钱人错愕。

方嗟旧物不逢时，又遇孙儿索买梨。

市上孩童都不顾，老夫心苦傍人嗤。

一片青铜何地置，廿载殷勤系左臂。

陆离仿佛五铢光，笔划分明万历字。

座客传看尽黯然，还将一缕为君穿。

且共开颜倾浊酿，不须滴泪忆当年。

王士禛诗（两首）

王士禛(1634～1711年)，字贻上，号阮亭，又号渔洋山人。济南新城(今山东桓台县)人，少有才名，应童子试，连得县、府、道第一，顺治年间进士。二十三岁在济南大明湖即景赋《秋柳》诗四首，风靡大江南北，一时和者甚多，文名大盛。历任扬州推官、礼部主事，刑部尚书。

王士禛继钱谦益之后而主盟诗坛，尤工七绝。论诗创神韵说，强调淡远的意境和含蓄的语言。下面所选两首小诗颇能体现其诗歌风格。

初春济南作

山郡[1]逢春复乍晴，陂塘[2]分出几泉清？

郭边[3]万户皆临水，雪后千峰半入城。

【注释】

[1] 山郡：指济南府。其城南多山，故称。

[2] 陂(bēi)塘：池塘，此处特指济南城中的大明湖。

[3] 郭边：即城下。词句谓城下人家临泉而居。

❓提示与思考

1. 本首七绝仅二十八字，却能将济南的群山、湖泊、泉水、人家一并纳入其中，并无浮泛游离之笔，这是我们写作中最值得学习的地方。

2. 从哪个地方能看出这首诗写得是初春景致？

3. 以自己的家乡为题，试着写一首小诗（白话诗不超过十行）。

📖拓展阅读

王士禛《秋柳》（四首选一）

秋来何处最销魂？残照西风白下门。

他日差池春燕影，只今憔悴晚烟痕。

愁生陌上黄骢曲，梦远江南乌夜村。

莫听临风三弄笛，玉关哀怨总难论。

题《秋江独钓图》

一蓑一笠一扁舟，一丈丝纶[1]一寸钩。

一曲高歌一樽酒，一人独钓一江秋。

【注释】

[1] 丝纶：钓鱼用的细丝线。

❓提示与思考

1. 本首诗为题画之作，因此要紧扣画面。从这首诗中我们可以知道这幅《秋江独钓图》大致内容应该是一个头戴竹笠、身披着蓑衣的渔父，乘一叶扁舟，自斟自饮，独钓于秋江之上。逍遥自在之意跃然纸上。

2. 全诗仅二十八个字，却用反复出现的九个"一"字连缀起来，营造出别具一格的节奏感。这种写法应源于民歌，早在唐代王建就曾有一首《古谣》：

一东一西垄头水，一聚一散天边路。

一去一来道上客，一颠一倒池中树。

而自王士禛《题秋江独钓图》后，此种做法便多有效仿者。据称纪晓岚、陈沆以及女诗人何佩玉等均曾有拟作，这些拟作统称为《一字诗》。

3. 虽是连用九个"一"字,但最后那个"一江秋"却不同于其它。作为安置那八个"一"所表现的具体事物的大背景,"一江秋"使整个作品呈现出整体感和层次感,这个"一"实际上应该是"满""大"的意思。对比一下,清代女诗人何佩玉《一字诗》云:

一花一柳一鱼矶,一抹斜阳一鸟飞。

一山一水中一寺,一林黄叶一僧归。

连用十个"一"字,都是具体事物的罗列、铺排,缺少情绪的起伏变化,因此给人以重复单调的感觉,这便已沦落为文字游戏了。

拓展阅读

李煜《渔歌子·题供奉卫贤春江钓叟图》(二首)

浪花有意千重雪,桃李无言一队春。

一壶酒,一竿纶,世上如侬有几人?

一棹春风一叶舟,一纶茧缕一轻钩。

花满渚,酒满瓯,万顷波中得自由。

纳兰成德词(两首)

纳兰成德(1655~1685年),字容若,号楞伽山人,叶赫那拉氏,满洲正黄旗人。为武英殿大学士明珠长子,中进士后被授御前侍卫之职,随康熙帝南巡北狩,游历四方,颇受恩赏。然一生淡泊名利,好读书、善骑射,尤长于作词,是清代最为著名的词人之一。

纳兰词情真意切,写景传神。词风清新隽秀、哀感顽艳,有后主遗风。下面所选二首可见一斑。

木兰花令·拟古决绝词

人生若只如初见,

何事秋风悲画扇[1]?

等闲变却故心人[2],

却道故人心易变。

骊山[3]语罢清宵半，
泪雨霖铃[4]终不怨。
何如薄幸锦衣郎[5]，
比翼连枝当日愿。

【注释】

[1] 悲画扇：此用汉成帝妃班婕妤事。成帝宠幸赵飞燕，班婕妤作《团扇诗》，以秋扇被弃为喻抒写心事。后人遂以秋扇喻女子被弃。

[2] 等闲：轻易地。这两句是说，薄情人随意变了心，却反而指责对方不忠诚。

[3] 骊山：华清池所在地。此用唐明皇与杨玉环七夕在华清宫长生殿盟誓的典故。

[4] 泪雨霖铃：马嵬坡兵变，杨玉环赐死。杨死前云："妾诚负国恩，死无恨矣。"明皇入蜀途中闻夜雨铃声，遂作《雨霖铃》曲以寄哀思。

[5] 薄幸：薄情。锦衣郎，指唐明皇。此句指责负心人堪比唐明皇。按，唐明皇当年曾有"在天愿作比翼鸟，在地愿为连理枝"之誓。

？提示与思考

1. 古乐府歌辞《白头吟》："晴如山上云，皎若云间月。闻君有两意，故来相决绝。"以被弃女子的口吻控诉男子的薄情负心。而纳兰此作一本于词题后标有"柬友"二字，则这首诗还可以做另一种理解：所谓"等闲变却故心人，却道故人心易变"，也表明了人性的反复无常、操守的随意不定。这怨情的背后，似乎有着对人生更深切的感受和无奈。

2. 谢朓的《同王主簿怨情》：

掖庭聘绝国，长门失欢宴。
相逢咏荼蘼，辞宠悲团扇。
花丛乱数蝶，风帘入双燕。
徒使春带赊，坐惜红颜变。
平生一顾重，宿昔千金贱。
故人心尚永，故心人不见。

比较本诗与《拟古决绝词》在语言风格上的不同特点，感受纳兰词独特的艺术魅力。

📖 拓展阅读

纳兰成德《浣溪沙》

谁念西风独自凉，
萧萧黄叶闭疏窗，
沉思往事立残阳。

被酒莫惊春睡重，
赌书消得泼茶香，
当时只道是寻常。

采桑子

谁翻[1]乐府凄凉曲？风也萧萧，雨也萧萧，瘦尽灯花又一宵。　　不知何事萦怀抱，醒也无聊，醉也无聊，梦也何曾到谢桥[2]。

【注释】

[1] 翻：此处意为谱曲、演奏。刘禹锡《杨柳枝词》（其一）："请君莫奏前朝曲，听唱新翻《杨柳枝》。"

[2] 谢桥：又称谢娘桥，诗词中常用来代指当年冶游、欢会之处。晏几道《鹧鸪天》："梦魂惯得无拘检，又踏杨花过谢桥。"本句反用之意，谓自己连梦中也不得与之相会。

❓ 提示与思考

1. 李清照善以"瘦"字形容花草。如写菊花有《点绛唇》："露浓花瘦，薄汗轻衣透。"《醉花阴》："帘卷西风，人比黄花瘦。"写梅花有《美人蕉》："玉瘦香深，檀深雪散，今年恨探梅又晚。"《多丽》："渐秋阑，雪清玉瘦，向人无限依依。"最著名的是写海棠的《如梦令》："知否？知否？应是绿肥红瘦。"而纳兰本词又用"瘦尽"来形容飘摇不定的灯花，翻出新意，值得玩赏。

2. 根据"梦也何曾到谢桥"所透露出的信息，我们是否可以把"不知何事萦怀抱"一句改为"只因相思萦怀抱"？这样以来，意思似乎更显明白了，但其中的感觉是否有细微的变化？

纳兰成德《如梦令》

万帐穹庐人醉,星影摇摇欲坠。归梦隔狼河,又被河声搅碎。还睡,还睡,解道醒来无味。

蒲松龄《叶生》

蒲松龄(1640～1715 年)字留仙,号柳泉居士,世称"聊斋先生",淄川(山东淄博)人。早岁即有文名,年十九应童子试,连取县、府、道三元。然其后屡应省试,皆落第,年逾七十方援例补贡生。其间除在江苏宝应县为人作幕僚一年外,毕生居乡,以塾师终老。

《聊斋志异》为蒲松龄创作的文言短篇小说集。其书内容十分广泛,多谈狐仙、鬼妖,以此来反应当时的社会关系及自己的人生诉求。《叶生》为其中一篇,通过对才华出众而遭遇悲惨的读书人叶生命运的描写,抒写当时社会读书人为科举制度所害的苦痛,表达出作者怀才不遇的悲愤之情。

淮阳[1]叶生者,失其名字。文章词赋,冠绝当时;而所如不偶[2],困于名场。会关东丁乘鹤来令是邑[3],见其文,奇之;召与语,大悦。使即官署[4],受灯火,时赐钱谷恤其家。值科试[5],公游扬于学使[6],遂领冠军,公期望綦切[7]。闱后[8],索文读之,击节称叹。不意时数限人,文章憎命[9],榜既放,依然铩羽[10]。生嗒丧[11]而归,愧负知已,形销骨立,痴若木偶。公闻,召之来而慰之。生零涕不已。公怜之,相期考满[12]入都,携与俱北。生甚感佩。辞而归,杜门不出。无何,寝疾。公遗问[13]不绝;而服药百裹,殊罔所效。公适以忤上官免,将解任去。函致生,其略云:"仆东归有日;所以迟迟者,待足下耳。足下朝至,则仆夕发矣。"传之卧榻。

生持书啜泣,寄语来使:"疾革难遽瘥[14],请先发。"使人返白,公不忍去,徐待之。逾数日,门者忽通叶生至。公喜,逆而问之。生曰:"以犬马病[15],劳夫子久待,万虑不宁。今幸可从杖履[16]。"公乃束装戒旦[17]。抵里,命子师事生,夙夜与俱。公子名再昌,时年十六,尚不能文。然绝慧,凡文艺[18]三两过,辄无遗忘。居之期岁,便能落笔成文。益之公力,遂入邑庠[19]。生以生平所拟举子业,悉录授读。闱中七题[20]，并无脱漏，中亚魁[21]。

公一日谓生曰："君出馀绪[22]，遂使孺子成名。然黄钟长弃[23]，奈何！"生曰："是殆有命。借福泽为文章吐气，使天下人知半生沦落，非战之罪[24]也，愿亦足矣。且士得一人知己，可无憾，何必抛却白纻[25]，乃谓之利市哉。"公以其久客，恐误岁试[26]，劝令归省。生惨然不乐，公不忍强，嘱公子至都，为之纳粟[27]。公子又捷南宫[28]，授部中主政[29]。携生赴监，与共晨夕。

逾岁，生入北闱[30]，竟领乡荐[31]。会公子差南河典务[32]，因谓生曰："此去离贵乡不远，先生奋迹云霄[33]，锦还为快。"生亦喜，择吉就道。抵淮阳界，命仆马送生归。

归见门户萧条，意甚悲恻。逡巡至庭中，妻携簸具以出，见生，掷具骇走。生凄然曰："我今贵矣。三四年不觌[34]，何遂顿不相识？"妻遥谓曰："君死已久，何复言贵？所以久淹君枢者，以家贫子幼耳。今阿大亦已成立，将卜窀穸[35]，勿作怪异吓生人。"生闻之，怃然惆怅。逡巡入室，见灵枢俨然，扑地而灭。妻惊视之，衣冠履舄如脱委焉[36]。大恸，抱衣悲哭。子自塾中归，见结驷于门，审所自来，骇奔告母。母挥涕告诉。又细询从者，始得颠末。

从者返，公子闻之，涕堕垂膺。即命驾哭诸其室；出橐营丧[37]，葬以孝廉礼。又厚遗其子，为延师教读。言于学使，逾年游泮[38]。

异史氏曰：魂从知己，竟忘死耶？闻者疑之，余深信焉。同心倩女，至离枕上之魂[39]；千里良朋，犹识梦中之路[40]。而况茧丝蝇迹[41]，呕学士之心肝[42]；流水高山，通我曹之性命者哉！嗟乎！遇合难期，遭逢不偶。行踪落落，对影长愁；傲骨嶙嶙，搔头自爱。叹面目之酸涩，来鬼物之揶揄[43]。频居康了之中[44]，则须发之条条可丑；一落孙山[45]之外，则文章之处处皆疵。古今痛哭之人，卞和[46]惟尔；颠倒逸群之物，伯乐伊谁？抱刺于怀[47]，三年灭字；侧身以望，四海无家。人生世上，只须合眼放步，以听造物之低昂而已[48]。天下之昂藏[49]沦落如叶生其人者，亦复不少，顾安得令威[50]复来，而生死从之也哉？噫！

【注释】

[1] 淮阳：地名，在河南淮河北岸周口市东。

[2] 所如不偶：所向不遇。不偶，犹言遇合不佳、命运不好，即下句所谓"困于名场"。名场：即考场。

[3] 令是邑：到这里出任县令。

[4] "即官署"二句：谓留住县衙，得到资助学习。灯火：特指夜读所需明费用。

[5] 科试：也称科考、院试。乡试之前，各省学政到所辖府、州，考试生员，称为科试。科试成绩一、二等的生员，册送参加乡试。

[6] 游扬:到处称扬。学使:提督学政,又称提学、学台等,是代理一省学务、科举的长官。

[7] 綦(qí)切:极其迫切。

[8] 闱后:指乡试之后。各省乡试在八月举行,因称秋闱。闱,科举考场。

[9] 文章憎命:语出杜甫《天末怀李白》:"文章憎命达,魑魅喜人过。"意思是文采有碍于好命运。

[10] 铩(shà)羽:鸟羽摧落,比喻落榜。铩,凋残。

[11] 嗒(tā)丧:沮丧;失魂落魄。语出《庄子·齐物论》:"嗒焉似丧其偶。"

[12] 考满:对政府官员政绩的稽考程序,即由吏部考功司主持的"大计",三年一次,谓考满议叙例。

[13] 遗(wèi)问:馈赠慰问。

[14] 疾革(jí):病重。革,同"亟"。难遽瘥(chài):难以速愈。瘥,病愈。

[15] 犬马病,谦称自己所患的病症。

[16] 从杖履:犹言随从左右。古礼晚辈有代为长者捉杖纳履之责。

[17] 戒旦:黎明早起,以备及时出发。

[18] 文艺:亦称"时艺",指供科举士子揣摩研习的八股范文。

[19] 入邑庠:成为县学生员,即俗称所谓秀才。邑庠,县学。

[20] 闱中七题:清代乡试共三场,头场"四书义"三题、"五经义"四题,此七题往往即能决定能否录取。

[21] 亚魁:第二名。乡试第一名称乡魁或解元。

[22] 馀绪:剩余微末部分。

[23] 黄钟长弃:比喻贤才被长期埋没。黄钟,古乐中的正乐,比喻德才兼备之人。语出《楚辞·卜居》:"黄钟长弃,瓦釜雷鸣。"

[24] 非战之罪:谓功名未成乃是命运使然。语出《史记·项羽本纪》:"此天之亡我,非战之罪也。"

[25] 白绠:指士子取得科举功名前所着的素衣。此二句意为不必取得科举功名,才算作发迹走运。

[26] 岁试:各省提学使对院试通过的生员的一种定期考核,以定优劣。在外地的生员须回原籍参加岁试。

[27] 纳粟:京城国子监生员称监生,可不必参加岁试而直接乡试。若生员向朝廷纳粟(实即缴纳一定银两),则可享受监生待遇,称例监。叶生由此被保为例监。

[28] 捷南宫:指会试考中,即中进士。会试由礼部主持,礼部又称南宫,因称会试中式为捷南宫。

[29] 部中主政:清代于六部各设主政若干,职位低于员外郎。据下文"差南河典务",则其职当为工部主事。

[30] 北闱:指参加在北京举行的乡试。

[31] 领乡荐:指考中举人。

[32] 差南河典务:奉派到南河河道办理公务。

[33] 奋迹云霄:谓腾身云路,前程远大,即指中举人一事。

[34] 觌(dí):见、相见。

[35] 卜窀穸(zhūn xī):选择墓地安葬。窀穸,墓穴。

[36] 履舄(xì):鞋子。脱委:蜕落在地。脱,通"蜕"。

[37] 出橐营丧:出资办理丧事。橐,钱袋子。

[38] 游泮:进学,即成为秀才。泮,周代诸侯所设学校前的水池,后以泮官代指府、州所立之官学。

[39] "同心倩女"二句:唐陈玄佑《离魂记》载,张倩娘与王宙相恋,遂病不起。其魂追随王宙出走。五年后回家,离魂才与床上病体合而为一。

[40] "千里良朋"二句:沈约《别范安成诗》:"梦中不识路,何以慰相思。"李善注:"六国时,张敏与高惠二人为友。每相思不能得见,敏便于梦中往寻。"

[41] 茧丝蝇迹:指学八股文,如剥茧抽丝,并之以蝇头小字。

[42] 呕心肝:李商隐《李长吉小传》载,李贺的母亲慨叹其作诗之苦时曾说:"是儿要当呕出心肝乃已尔!"

[43] 徕:同"徕",招致。鬼物揶揄,比喻遭到势利小人的奚落。

[44] 频居康了:多次落榜。宋范正敏《遯斋闲览》载,柳冕应举,忌言落榜之"落"字,至称安乐为安康。榜出,仆人回报称:"秀才康了也!"

[45] 孙山:宋范公偁《过庭录》载,孙山偕乡人子同赴举,榜发,孙山名居榜末,乡人子落榜。归而乡人问之,孙山说:"解名尽处是孙山,贤郎更在孙山外。"后因之称落榜为"名落孙山"。

[46] 卞和:春秋时楚人,得璞,献楚之厉王、武王,皆以为欺,刖其左、右两足。文王立,卞和抱璞哭于楚山下,文王使人理其璞,遂得美玉。事见《韩非子·和氏》。

[47] "抱刺"二句:谓无人赏识提携。《三国志·魏志·荀彧传》注引《平原祢衡传》称祢衡二十四岁时"尝书一刺怀之,字漫灭而无所适。"刺,即后来代的名帖、名片。

[48] 造物:即造物之主、天帝。低昂:抑扬、升沉,意谓摆布。

[49] 昂藏:形容气度轩昂的样子。

[50] 令威:借指淮阳县令丁乘鹤。《搜神后记》载,丁令威本汉辽东人,后学道成仙,化鹤而去。

❓ 提示与思考

1. 人生不得其志，死后魂魄尚能继之，这类故事我们可以举出很多，如电影中的《人鬼情未了》等即是。通过这个故事，结合作者的生平经历，分析一下蒲松龄对科举制度持有怎样的态度。

2. 明清科举，经县、府两试，成为童生；再经院试，成为秀才；然后经三年一次的乡试，成为举人；次年二月经会试，成为贡士，三月经殿试成为进士，其难度可想而知。故本小说最后一段，情绪激越，感慨万端，其中都是作者亲身之感，切肤之痛。结合你从中学到大学的升学经历，模仿"异史氏曰"，重新写自己对这个故事的感受。

📖 拓展阅读

蒲松龄《聊斋志异·自序》

披萝带荔，三闾氏感而为《骚》；牛鬼蛇神，长爪郎吟而成癖。自鸣天籁，不择好音，有由然矣。松落落秋萤之火，魑魅争光；逐逐野马之尘，魍魉见笑。才非干宝，雅爱搜神；情类黄州，喜人谈鬼。闻则命笔，遂以成编。久之，四方同人又以邮筒相寄，因而物以好聚，所积益夥。甚者：人非化外，事或奇于断发之乡；睫在眼前，怪有过于飞头之国。遄飞逸兴，狂固难辞；永托旷怀，痴且不讳。展如之人，得毋向我胡卢耶？然五父衢头，或涉滥听；而三生石上，颇悟前因。放纵之言，有未可概以人废者。

松悬弧时，先大人梦一病瘠瞿昙，偏袒入室，药膏如钱，圆粘乳际。寤而松生，果符墨志。且也：少羸多病，长命不犹。门庭之凄寂，则冷淡如僧；笔墨之耕耘，则萧条似钵。每搔头自念：勿亦面壁人果是吾前身耶？盖有漏根因，未结人天之果；而随风荡堕，竟成藩溷之花。茫茫六道，何可谓无其理哉！独是子夜荧荧，灯昏欲蕊；萧斋瑟瑟，案冷疑冰。集腋为裘，妄续《幽冥》之录；浮白载笔，仅成《孤愤》之书；寄托如此，亦足悲矣！

嗟乎！惊霜寒雀，抱树无温；吊月秋虫，偎阑自热。知我者，其在青林黑塞间乎！康熙己未春日。

孔尚任《桃花扇小识》

　　孔尚任(1648～1718年),字聘之,号东塘,又号云亭山人,曲阜(今属山东济宁)人,孔子六十四代孙。好诗文,通音律。康熙南巡归,至曲阜祭孔,三十七岁的孔尚任御前讲经,颇得赏识,破格授国子监博士,赴京就任。后奉命赴江南治水,历时四载。迁户部主事、广东司员外郎。因事罢官,两年后回乡,隐居而终。

　　孔尚任是清代著名戏剧家,与洪昇并称为"南洪北孔",代表作为传奇剧《桃花扇》。剧中以明末复社文人侯方域与秦淮名妓李香君的爱情故事为线索,借悲欢离合之情,抒写明清易代兴亡之感。本文刊于《桃花扇》剧本正文之前。

　　传奇[1]者,传其事之奇焉者也,事不奇则不传。

　　《桃花扇》何奇乎?妓女[2]之扇也,荡子之题也,游客[3]之画也,皆事之鄙焉者也;为悦己容,甘劈面[4]以誓志,亦事之细焉者也;伊其相谑[5],借血点而染花,亦事之轻焉者也;私物表情,密缄寄信,又事之猥亵而不足道者也。

　　《桃花扇》何奇乎?其不奇而奇者,扇面之桃花也;桃花者,美人之血痕也;血痕者,守贞待字[6],碎首淋漓不肯辱于权奸者也;权奸者,魏阉之余孽也[7];余孽者,进声色,罗货利,结党复仇,隳[8]三百年之帝基者也。帝基不存,权奸安在?惟美人之血痕,扇面之桃花,啧啧在口,历历在目,此则事之不奇而奇,不必传而可传者也。人面耶?桃花耶?虽历千百春,艳红相映。问种桃之道士[9],且不知归何处矣!

　　康熙戊子[10]三月,云亭山人漫书。

【注释】

　　[1]传奇:本指唐代文言小说,以其情节离奇或人物行为异乎寻常,故称。元代以后,也用于称不包括杂剧在内的明清中长篇戏曲。

　　[2]妓女:指李香君。下句"荡子"指侯方域。侯方域题扇赠李香君事见该剧第六出《眠香》。

　　[3]游客:指侯方域的朋友画家杨龙友。阮大铖陷害侯方域,强将李香君许配他人,香君以死抗争,血溅诗扇。杨龙友将就鲜血点染画成桃花,事见二十三出《寄扇》。

　　[4]劈(lí)面:割破脸。谓李香君反抗强娶,倒地撞头出血。

　　[5]伊其相谑:谓相互调笑。语出《诗经·郑风·溱洧》:"维士与女,伊其相

谑,赠之以勺药。"

[7] 待字:待嫁。此指香君等待侯方域的迎娶。

[8] 魏阉:明代宦官魏忠贤。余孽:剧中指马士英、阮大铖等人。

[9] 隳(huī):毁坏。

[10] 种桃道士:作者自喻。典出唐刘禹锡《再游玄都观》诗:"种桃道士归何处,前度刘郎今又来。"

[11] 康熙戊子:即康熙四十七年(1708)。

？提示与思考

1. 孔尚任《桃花扇》剧本前尚有《小引》,全文如下:

传奇虽小道,凡诗赋、词曲、四六、小说家,无体不备。至于摹写须眉,点染景物,乃兼画苑矣。其旨趣实本于三百篇,而义则春秋,用笔行文,又左、国、太史公也。于以警世易俗,赞圣道而辅王化,最近且切。今之乐,犹古之乐,岂不信哉?

《桃花扇》一剧,皆南朝新事,父老犹有存者。场上歌舞,局外指点,知三百年之基业,隳于何人?败于何事?消于何年?歇于何地?不独令观者感慨涕零,亦可惩创人心,为末世之一救矣。盖予未仕时,山居多暇,博采遗闻,入之声律,一句一字,抉心呕成。今携游长安,借读者虽多,竟无一句一字着眼看毕之人,每抚胸浩叹,几欲付之一火。转思天下大矣,后世远矣,特识焦桐者,岂无中郎乎?予姑俟之。

将此文与《小识》互读,更深入地了解作者的创作意图。

2. 请注意本文的语句特点,即大多以判断句式排列而成文,句式也较长。直到结尾部分方有改变,语句变得短促而有力,节奏加快。体会其中随之而来的作者情绪的起伏变化。

拓展阅读

侯方域《李姬传》

李姬者名香,母曰贞丽。贞丽有侠气,尝一夜博,输千金立尽;所交接皆当世豪杰,尤与阳羡陈贞慧善也。姬为其养女,亦侠而慧,略知书,能辨别士大夫贤否,张学士溥、夏吏部允彝亟称之。少,风调皎爽不群。十三岁,从吴人周如松受歌玉茗堂四传奇,皆能尽其音节。尤工《琵琶》词,然不轻发也。

雪苑侯生,己卯来金陵,与相识。姬尝邀侯生为诗,而自歌以偿之。初,皖人阮大铖者,以阿附魏忠贤论城旦,屏居金陵,为清议所斥。阳羡陈贞慧、贵池吴应箕实首其事,持之力。大铖不得已,欲侯生为解之,乃假所善王将军日载酒食与侯生游。姬曰:"王将军贫,非结客者,公子盍叩之?"侯生三问,将军乃屏人述大铖意。姬私语侯生曰:"妾少从假母识阳羡君,其人有高义,闻吴君尤铮铮,今皆与公子善,奈何以阮公负至交乎?且以公子之世望,安事阮公!公子读万卷书,所见岂后于贱妾耶?"侯生大呼称善,醉而卧。王将军者殊怏怏,因辞去,不复通。

未几,侯生下第。姬置酒桃叶渡,歌《琵琶》词以送之,曰:"公子才名文藻,雅不减中郎。中郎学不补行,今《琵琶》所传词固妄,然尝昵董卓,不可掩也。公子豪迈不羁,又失意,此去相见未可期,愿终自爱,无忘妾所歌《琵琶》词也!妾亦不复歌矣!

侯生去后,而故开府田仰者,以金三百锾,邀姬一见,姬固却之。开府惭且怒,且有以中伤姬。姬叹曰:"田公岂异于阮公乎?吾向之所赞于侯公子者谓何?今乃利其金而赴之,是妾卖公子矣!"卒不往。

曹雪芹《红楼梦·甄士隐慧解好了歌》

曹雪芹(约1715~约1763年),名霑,字梦阮,号雪芹,祖籍辽阳,后入满洲正白旗,其家在康熙朝为名门望族。性放达,好金石、诗画、园林、工艺等。雍正初家道中衰,饱经人生苦难及世态炎凉,晚年移居北京西郊,专心致力于《红楼梦》的写作,书未成,贫病而逝。

《红楼梦》是曹雪芹毕其十年心血的长篇小说,今传一百二十回本,除后四十回为他人所续补之外,绝大部分出于他的手笔。以下所选《甄士隐慧解好了歌》为第一回之片段,题目为编者所加。

这东南一隅有处曰姑苏[1],有城曰阊门者,最是红尘中一二等富贵风流之地。这阊门外有个十里街,街内有个仁清巷,巷内有个古庙,因地方窄狭,人皆呼作葫芦庙。庙旁住着一家乡宦,姓甄,名费,字士隐。嫡妻封氏,情性贤淑,深明礼义。家中虽不甚富贵,然本地便也推他为望族了。因这甄士隐禀性恬淡,不以功名为念,每日只以观花修竹、酌酒吟诗为乐,倒是神仙一流人品。只是一件不足:如今年已半百,膝下无儿,只有一女,乳名唤作英莲,年方三岁。

······

真是闲处光阴易过,倏忽又是元宵佳节矣。士隐命家人霍启抱了英莲去看社火花灯,半夜中,霍启因要小解,便将英莲放在一家门槛上坐着。待他小解完了来抱时,那有[2]英莲的踪影?急得霍启直寻了半夜,至天明不见,那霍启也就不敢回来见主人,便逃往他乡去了。那士隐夫妇,见女儿一夜不归,便知有些不妥,再使几人去寻找,回来皆云连音响皆无。夫妻二人,半世只生此女,一旦失落,岂不思想,因此昼夜啼哭,几乎不曾寻死。看看的一月,士隐先就得了一病,当时封氏孺人也因思女构疾[3],日日请医疗治。

不想这日三月十五,葫芦庙中炸供[4],那些和尚不加小心,致使油锅火逸,便烧着窗纸。此方人家多用竹篱木壁者,大抵也因劫数,于是接二连三,牵五挂四,将一条街烧得如火焰山一般。彼时虽有军民来救,那火已成了势,如何救得下?直烧了一夜,方渐渐的熄去,也不知烧了几家。只可怜甄家在隔壁,早已烧成一片瓦砾场了。只有他夫妇并几个家人的性命不曾伤了。急得士隐惟跌足长叹而已。只得与妻子商议,且到田庄上去安身。偏值近年水旱不收,鼠盗蜂起,无非抢田夺地,鼠窃狗偷,民不安生,因此官兵剿捕,难以安身。士隐只得将田庄都折变了,便携了妻子与两个丫鬟,投他岳丈家去。

他岳丈名唤封肃,本贯大如州[5]人氏,虽是务农,家中都还殷实。今见女婿这等狼狈而来,心中便有些不乐。幸而士隐还有折变田地的银子未曾用完,拿出来托他随分就价薄置些须[6]房地,为后日衣食之计。那封肃便半哄半赚,些须与他些薄田朽屋。士隐乃读书之人,不惯生理[7]稼穑等事,勉强支持了一二年,越觉穷了下去。封肃每见面时,便说些现成话,且人前人后又怨他们不善过活,只一味好吃懒作等语。士隐知投人不着[8],心中未免悔恨,再兼上年惊唬,急忿怨痛,已有积伤,暮年之人,贫病交攻,竟渐渐的露出那下世的光景来。

可巧这日拄了拐杖挣挫[9]到街前散散心时,忽见那边来了一个跛足道人,疯癫落脱[10],麻屦鹑衣[11],口内念着几句言词,道是:

世人都晓神仙好,惟有功名忘不了!古今将相在何方?荒冢一堆草没了[12]。世人都晓神仙好,只有金银忘不了!终朝只恨聚无多,及到多时眼闭了。世人都晓神仙好,只有姣妻忘不了!君生日日说恩情,君死又随人去了。

世人都晓神仙好,只有儿孙忘不了!痴心父母古来多,孝顺儿孙谁见了?

士隐听了,便迎上来道:"你满口说些什么?只听见些好了、好了。"那道人笑道:"你若果听见好、了二字,还算你明白。可知世上万般,好便是了,了便是好。若不了,便不好;若要好,须是了。我这歌儿便名《好了歌》。"士隐本是有宿慧[13]的,一闻此言,心中早已彻悟。因笑道:"且住!待我将你这《好了歌》解注出来何如?"道人笑道:"你解,你解。"士隐乃说道:

陋室空堂,当年笏满床[14],衰草枯杨,曾为歌舞场。蛛丝儿结满雕梁,绿纱今又糊在蓬窗上。说什么脂正浓,粉正香,如何两鬓又成霜?昨日黄土陇头送白骨,今宵红灯帐底卧鸳鸯。金满箱,银满箱,展眼乞丐人皆谤。正叹他人命不长,那知自己归来丧!训有方,保不定日后作强梁[15]。择膏粱[16],谁承望流落在烟花巷!因嫌纱帽小,致使锁枷杠;昨怜破袄寒,今嫌紫蟒[17]长。乱烘烘你方唱罢我登场,反认他乡是故乡。甚荒唐,到头来都是为他人作嫁衣裳[18]!

那疯跛道人听了,拍掌笑道:"解得切,解得切!"士隐便说一声"走罢!"将道人肩上褡裢抢了过来背着,竟不回家,同了疯道人飘飘而去。

【注释】

[1] 姑苏:即今江苏省苏州市。下句所称"阊门"为苏州古城之西门。

[2] 那有:同今之"哪有"。

[3] 构疾:患病、生病。

[4] 炸供:用于礼佛的油炸食物。

[5] 大如州:虚拟地名,隐寓世态炎凉之感。脂砚斋在"封肃,本贯大如州人氏"上有眉批云:"托言大概如此之风俗也。"

[6] 些须:同"些许",一点、很少。

[7] 生理:生计。

[8] 投人不着:谓没找对投奔的人。

[9] 挣挫:挣扎,勉强支撑着。

[10] 落脱:同"落拓",即放浪不羁的样子。

[11] 麻屣鹑衣:麻鞋破衣,形容衣着穿戴破烂不堪。鹑鸟尾秃而短,故有称此。荀况《荀子·大略》:"子夏贫,衣若县(悬)鹑。"

[12] 草没(mò)了:草埋了。

[13] 宿慧:先天具备的智慧,又称"慧根"。佛教认为,有此智慧,则一遇机缘便会显发出来。

[14] 笏满床:形容家里做高官的人多。笏,古代君臣朝见时臣子执之以指画或记事的手板。

[15] 强梁:强横凶暴,这里是指为贼盗等。

[16] 择膏粱:指与富贵之门联姻。膏,肥肉;粱,美谷。引申为富贵人家。书中巧姐虽择佳婿,却终流落于烟花巷。

[17] 紫蟒:绣有蟒纹图案的紫色官袍,为高官的礼服。

[18] 为他人作嫁衣裳:语出唐秦韬玉《贫女》诗:"苦恨年年压金线,为他人作嫁衣裳。"

？提示与思考

1. 本段文字集中描写人生的幻灭之感,可以称之为整个《红楼梦》的缩影,直接预示着贾府的浮沉变迁。它不仅仅是对于当时封建末世黑暗的社会现实的描述,对于今天身处名利场中的人们,也有极其深刻的认识价值。它促使我们思考,人生的意义何在,我们究竟应该追求什么?

2. 《好了歌》和甄士隐所注的《好了歌词》,主要手法是用鲜明形象的对比,形成巨大的反差,勾画出人世兴衰、荣辱变幻的历史图景,如兜头浇水一般,令人警醒。其语言风格通俗流畅,歌哭笑骂,极富感染力。

拓展阅读

曹雪芹《诉肺腑心迷活宝玉》(选自《红楼梦》第三十二回)

正说着,有人来回说:"兴隆街的大爷来了,老爷叫二爷出去会。"宝玉听了,便知是贾雨村来了,心中好不自在。袭人忙去拿衣服。宝玉一面蹬着靴子,一面抱怨道:"有老爷和他坐着就罢了,回回定要见我。"史湘云一边摇着扇子,笑道:"自然你能会宾接客,老爷才叫你出去呢。"宝玉道:"那里是老爷,都是他自己要请我去见的。"湘云笑道:"主雅客来勤,自然你有些警他的好处,他才只要会你。"宝玉道:"罢,罢,我也不敢称雅,俗中又俗的一个俗人,并不愿同这些人往来。"湘云笑道:"还是这个情性不改。如今大了,你就不愿读书去考举人进士的,也该常常的会会这些为官做宰的人们,谈谈讲讲些仕途经济的学问,也好将来应酬世务,日后也有个朋友。没见你成年家只在我们队里搅些什么!"宝玉听了道:"姑娘请别的姊妹屋里坐坐,我这里仔细污了你知经济学问的。"袭人道:"云姑娘快别说这话。上回也是宝姑娘也说过一回,他也不管人脸上过的去过不去,他就咳了一声,拿起脚来走了。这里宝姑娘的话也没说完,见他走了,登时羞的脸通红,说又不是,不说又不是。幸而是宝姑娘,那要是林姑娘,不知又闹到怎么样,哭的怎么样呢。提起这个话来,真真的宝姑娘叫人敬重,自己讪了一会子去了。我倒过不去,只当他恼了。谁知过后还是照旧一样,真真有涵养,心地宽大。谁知这一个反倒同他生分了。那林姑娘见你赌气不理他,你得赔多少不是呢。"宝玉道:"林姑娘从来说过这些混帐话不曾? 若他也说过这些混帐话,我早和他生分了。"袭人和湘云都点头笑道:"这原是混帐话。"

原来林黛玉知道史湘云在这里,宝玉又赶来,一定说麒麟的原故。因此心下忖度着,近日宝玉弄来的外传野史,多半才子佳人都因小巧玩物上撮合,或有鸳鸯,或有凤凰,或玉环金珮,或鲛帕鸳绦,皆由小物而遂终身。今忽见宝玉亦有麒麟,便恐借此生隙,同史湘云也做出那些风流佳事来。因而悄悄走来,见机行事,以察二人之意。不想刚走来,正听见史湘云说经济一事,宝玉又说:"林妹妹不说这样混帐话,若说这话,我也和他生分了。"林黛玉听了这话,不觉又喜又惊,又悲又叹。所喜者,果然自己眼力不错,素日认他是个知己,果然是个知己;所惊者,他在人前一片私心称扬于我,其亲热厚密,竟不避嫌疑;所叹者,你既为我之知己,自然我亦可为你之知己矣,既你我为知己,则又何必有金玉之论哉;既有金玉之论,亦该你我有之,则又何必来一宝钗哉!所悲者,父母早逝,虽有铭心刻骨之言,无人为我主张。况近日每觉神思恍惚,病已渐成,医者更云气弱血亏,恐致劳怯之症。你我虽为知己,但恐自不能久待;你纵为我知己,奈我薄命何!想到此间,不禁滚下泪来。待进去相见,自觉无味,便一面拭泪,一面抽身回去了。

这里宝玉忙忙的穿了衣裳出来,忽见林黛玉在前面慢慢的走着,似有拭泪之状,便忙赶上来,笑道:"妹妹往那里去?怎么又哭了?又是谁得罪了你?"林黛玉回头见是宝玉,便勉强笑道:"好好的,我何曾哭了。"宝玉笑道:"你瞧瞧,眼睛上的泪珠儿未干,还撒谎呢。"一面说,一面禁不住抬起手来替他拭泪。林黛玉忙向后退了几步,说道:"你又要死了!作什么这么动手动脚的!"宝玉笑道:"说话忘了情,不觉的动了手,也就顾不的死活。"林黛玉道:"你死了倒不值什么,只是丢下了什么金,又是什么麒麟,可怎么样呢?"一句话又把宝玉说急了,赶上来问道:"你还说这话,到底是咒我还是气我呢?"林黛玉见问,方想起前日的事来,遂自悔自己又说造次了,忙笑道:"你别着急,我原说错了。这有什么的,筋都暴起来,急的一脸汗。"一面说,一面禁不住近前伸手替他拭面上的汗。宝玉瞅了半天,方说道"你放心"三个字。林黛玉听了,怔了半天,方说道:"我有什么不放心的?我不明白这话。你倒说说怎么放心不放心?"宝玉叹了一口气,问道:"你果不明白这话?难道我素日在你身上的心都用错了?连你的意思若体贴不着,就难怪你天天为我生气了。"林黛玉道:"果然我不明白放心不放心的话。"宝玉点头叹道:"好妹妹,你别哄我。果然不明白这话,不但我素日之意白用了,且连你素日待我之意也都辜负了。你皆因总是不放心的原故,才弄了一身病。但凡宽慰些,这病也不得一日重似一日。"林黛玉听了这话,如轰雷掣电,细细思之,竟比自己肺腑中掏出来的还觉恳切,竟有万句言语,满心要说,只是半个字也不能吐,却怔怔的望着他。此时宝玉心中也有万句言语,不知从那一句上说起,却也怔怔的望着黛玉。两个人怔了半天,林黛玉只咳了一声,两眼不觉滚下泪来,回身便要走。宝玉忙上前拉住,说道:"好妹妹,且略站住,我说一句话再走。"林黛玉一面拭泪,一面将手推开,说道:"有什么可说的,你的话我早知道了!"口里说着,却头也不回竟去了。

袁枚《黄生借书说》

袁枚(1716~1797年),字子才,号简斋,晚号仓山居士,钱塘(今属浙江)人。乾隆年间进士,授翰林院庶吉士,外放任溧水、江浦、沭阳、江宁等地任知县。后辞官,专心诗文著述,为清代著名诗人、诗论家。著作有《小仓山房集》《随园诗话》等。

《黄生借书说》系袁枚借书给黄允修时写的一篇议论文。黄允修生平事迹不详,据袁枚《赠黄生序》《再答黄生》等文,知其为青年才子,并颇得作者赏识。

黄生允修借书,随园主人[1]授以书而告之曰:"书非借不能读也。子不闻藏书者乎? 七略四库[2],天子之书,然天子读书者有几? 汗牛塞屋[3],富贵家之书,然富贵人读书者有几? 其他祖父积、子孙弃者无论焉。"

非独书为然,天下物皆然。非夫人之物而强假焉[4],必虑人逼取,而惴惴焉摩玩之不已,曰:"今日存,明日去,吾不得而见之矣。"若业[5]为吾所有,必高束焉,庋藏[6]焉,曰"姑俟[7]异日观"云尔。余幼好书,家贫难致。有张氏藏书甚富。往借不与,归而形诸梦。其切[8]如是。故有所览辄省记[9]。通籍后[10],俸去书来[11],落落[12]大满,素蟫灰丝时蒙卷轴[13]。然后叹借者之用心专,而少时之岁月为可惜也。"

今黄生贫类予,其借书亦类予;惟予之公[14]书与张氏之吝书若不相类。然则予固不幸而遇张乎,生固幸而遇予乎? 知幸与不幸,则其读书也必专,而其归书也必速。

为一说,使与书俱[15]。

【注释】

[1] 随园主人:作者自称。袁枚辞官后定居江宁(即今江苏南京市),筑室小仓山隋氏废园,改名随园,自号随园老人。

[2] 七略:西汉刘向整理校订内府藏书,其子刘歆(xīn)继之,并据此写成《七略》,成为我国最早的文献书目学专著。四库:中国传统图书分为经、史、子、集四类,唐朝京师长安和东都洛阳的藏书,有经、史、子、集四库。

[3] 汗牛塞屋:既汗牛充栋。汗,动词,使之流汗。形容藏书之多,搬运起来累得牛马流汗,放在家里塞满房屋。

[4] 夫人:指去借书的人。强(qiǎng)假:勉强借来。

[5] 业：业已，已经。

[6] 庋（guǐ）藏：搁到架子上保存起来。

[7] 俟（sì）：等待。

[8] 切：指心情迫切、急切。

[9] 省（xǐng）记：记清楚，指记在心里。省，明白。

[10] 通籍：谓记名于册，可以进出朝廷。籍，竹册，汉唐时书姓名、身份等于竹籍，以备门关查验。唐姚合《偶然书怀》："十年通籍入金门，自愧名微枉搢绅。"后用来指出仕做官。

[11] 俸去书来：指用薪水买来书籍。俸：俸禄、薪水。

[12] 落落：堆积的样子。

[13] 素蟫（yín）：一种蠹书虫，又叫白鱼。卷轴：古时无线装书，将文字写于横幅长卷，以轴卷起，后世遂以之代称书册。

[14] 公：动词，同别人共用。

[15] 与书俱：意思是把这篇文章和书一同交给黄生。

？ 提示与思考

1. 熟悉清明文坛的人都知道袁枚的性格，他绝不是一个道学先生。在创作上他提倡"性灵说"，主张表现个人的真实感受，不拘一格，反对一味说教。但面对一个好学的晚辈，他的身份角色使之不由自主地成为一个人生导师。因此本文的风格并非空灵潇洒或情趣盎然，还是比较严谨宽厚的，读后使人放松而不拘谨。但毕竟是本性难移，文章中仍能显现出一些袁枚的独特风采。比如"天子读书者有几"的张狂，"惟予之公书与张氏之吝书若不相类"自夸，"生固幸而遇予"的自负以及"归书也必速"的直率，都是他本性的自然流露，很真实。

2. 古人有"借书一瓻"的说法。瓻（chī），酒罐也。向他人借书要先备下一坛好酒，而借书给别人的话，则变成了"借书一痴"，意思是说傻瓜才做这种事。书但凡借了出去，孤本可能被抄录、善本可能被损坏、珍本可能被丢失，实在得不偿失。因为古书的印制根本无法和今天出版物的快速度、大批量印刷同日而语，有钱也无处去买，因而个人藏书有限。即便有藏书较多的，也不会随意外借。而图书馆之类的面向公众的借阅机构尚未形成。朝廷虽有大规模的藏书，但那性质却是皇家私人秘藏，一般人无从得见，更不用说外借了。因此借书（无论是向人借还是借给别人）是需要勇气的。现在借书尤其是在学校借已非常容易，你是否经常去图书馆借书？

3. 袁枚曾在《随园诗话》卷五中说：

余少贫不能买书，然好之颇切，每过书肆，垂涎阅，苦价贵不能得，夜辄形诸梦寐。曾作诗曰:"塾远愁过市,家贫梦买书。"及作官后,购书万卷,翻不暇读矣。有如少年时牙齿坚强,贫不得食,衰年珍馐满前,而齿脱腹果,不能餍饫,为可叹也。

我们今天更应珍惜青春年华,充分利用现在的有利条件,抓紧时间多读些好书。

拓展阅读

宋濂《送东阳马生序》

余幼时即嗜学。家贫,无从致书以观,每假借于藏书之家,手自笔录,计日以还。天大寒,砚冰坚,手指不可屈伸,弗之怠。录毕,走送之,不敢稍逾约。以是人多以书假余,余因得遍观群书。既加冠,益慕圣贤之道。又患无硕师名人与游,尝趋百里外从乡之先达执经叩问。先达德隆望尊,门人弟子填其室,未尝稍降辞色。余立侍左右,援疑质理,俯身倾耳以请;或遇其叱咄,色愈恭,礼愈至,不敢出一言以复;俟其欣悦,则又请焉。故余虽愚,卒获有所闻。当余之从师也,负箧曳屣,行深山巨谷中,穷冬烈风,大雪深数尺,足肤皲裂而不知。至舍,四支僵劲不能动,媵人持汤沃灌,以衾拥覆,久而乃和。寓逆旅主人,日再食,无鲜肥滋味之享。同舍生皆被绮绣,戴朱缨宝饰之帽,腰白玉之环,左佩刀,右备容臭,烨然若神人;余则缊袍敝衣处其间,略无慕艳意,以中有足乐者,不知口体之奉不若人也。盖余之勤且艰若此。

今诸生学于太学,县官日有廪稍之供,父母岁有裘葛之遗,无冻馁之患矣;坐大厦之下而诵《诗》《书》,无奔走之劳矣;有司业、博士为之师,未有问而不告,求而不得者也;凡所宜有之书皆集于此,不必若余之手录,假诸人而后见也。其业有不精,德有不成者,非天质之卑,则心不若余之专耳,岂他人之过哉?

东阳马生君则在太学已二年,流辈甚称其贤。余朝京师,生以乡人子谒余。撰长书以为贽,辞甚畅达。与之论辨,言和而色夷。自谓少时用心于学甚劳。是可谓善学者矣。其将归见其亲也,余故道为学之难以告之。

黄景仁《杂感》

黄景仁(1749～1783年),字仲则,号鹿菲子,阳湖(今江苏常州)人。四岁而孤,居家清贫。少年即负诗名,然屡次乡试不中,曾四处奔波,为人作幕僚。一生穷困潦倒,终客死他乡,年仅三十五岁。

黄景仁工于诗,尤善七言,多抒写怀才不遇、穷困寂寞之情,风格悲苦。《杂感》是作者十七岁初次参加江宁乡试落榜后所写。

仙佛茫茫两未成[1],只知独夜不平鸣[2]。
风蓬飘尽悲歌气,泥絮沾来薄倖名[3]。
十有九人堪白眼[4],百无一用是书生。
莫因诗卷愁成谶[5],春鸟秋虫[6]自作声。

【注释】

[1]"仙佛"句:谓道家成仙、释家成佛均渺不可及,不能使之摆脱此日之困顿落拓。

[2]不平鸣:语出韩愈《送孟东野序》:"大凡物不得其平则鸣"。

[3]泥絮:已堕地的柳絮。典出宋赵令畤《侯鲭录》卷三所载僧人道潜诗:"寄语东山窈窕娘,好将幽梦恼襄王。禅心已作沾泥絮,不逐春风上下狂。"薄倖名:薄情的名声。语本杜牧《遣怀》诗:"十年一觉扬州梦,赢得青楼薄倖名。"此联谓坎坷生涯消磨尽胸中豪气,又给自己带来不虞之毁。

[4]白眼:用阮籍诗。《晋书·阮籍传》:"籍又能为青白眼,见礼俗之士,以白眼对之。"此句谓十人中九人令人厌恶。

[5]成谶(chèn):成为命运的征兆。诗后自注云:"或戒以吟苦非福,谢之而已。"

[6]春鸟秋虫:韩愈《送孟东野序》:"以鸟鸣春,以雷鸣夏,以虫鸣秋,以风鸣冬,四时之相推夺,其不得其平者乎!"此用其意。

提示与思考

1. 过去人们都说"万般皆下品,唯有读书高",现在也有人说"读书改变命运"。你赞同这种读书观吗? 从黄景仁的这首诗中看,读书似乎只会给他带来无穷无尽的烦恼,给他带来了一个坎坷不平的苦难人生。你又如何理解本诗所说的"百无一用是书生"? 思考一下我们今天应该为什么读书。

2. 现代作家郁达夫曾以黄景仁的故事为原型,创作了著名的历史题材短篇小说《采石矶》,并抒写自己怀才不遇的苦闷。找来这篇小说读一读,相互交流一下自己的感想。

拓展阅读

黄景仁《秋夕》

桂堂寂寂漏声迟，一种秋怀两地知。

羡尔女牛逢隔岁，为谁风露立多时？

心如莲子常含苦，愁似春蚕未断丝。

判逐幽兰共颓化，此生无分了相思。

龚自珍诗（两首）

龚自珍（1792～1841 年），字璱人，号定庵，仁和（今浙江杭州）人。出身于世代官宦学者家庭，嘉庆举人，道光年间进士。曾任内阁中书、国史馆校对、宗人府主事和礼部主事等官职。后辞官南归，暴卒于丹阳。龚自珍是晚清著名思想家，主张革除弊政，抵制外国侵略，为近代改良主义运动的先驱。

龚自珍诗、词、文俱佳，其诗多揭露清廷的腐朽，反映社会矛盾的日益尖锐，洋溢着饱满的爱国热情，被柳亚子誉为"三百年来第一流"。

咏 史

金粉东南十五州[1]，万重恩怨[2]属名流。

牢盆狎客操全算[3]，团扇才人踞上游[4]。

避席[5]畏闻文字狱，著书都为稻粱谋[6]。

田横[7]五百人安在，难道归来尽列侯[8]？

【注释】

[1] 金粉：妇女装饰用的金钿和铅粉，用以形容江南的繁华。十五州：泛指长江下游江南一带，六朝以来被称为"金粉之地"。这一句指斥东南一带骄奢淫逸的生活方式。

　　[2]万重恩怨:形容上流社会在名利场中彼此间的猜忌与争斗。

　　[3]牢盆:本为汉代煮盐的器具,此借指把持盐务的官员。操全算:操纵整个社会的经济大权。

　　[4]团扇:一种圆形素绢扇。据《宋书·乐志》载:"《团扇歌》者,中书令王珉与嫂婢有情……婢素善歌,而珉好捉白团扇,故制此歌。"按,东晋时王珉乃丞相王导之孙,因出身高门,二十多岁就当了中书令。此以"团扇才人"形容那些附庸风雅而又不学无术的纨绔子弟。

　　[5]避席:离席,这里指因畏惧而借机逃离。

　　[6]稻粱谋:本指禽鸟寻觅食物。语出杜甫《同诸公登慈恩寺塔》:"君看随阳雁,各有稻粱谋。"此处用以比喻人生追逐衣食和钱财。

　　[7]田横:秦末汉初人,自立为齐王,闻道刘邦称帝后,带五百人逃到东海岛上。刘邦派人招降,田横与门客两人前往,至洛阳外,因耻于事刘,自刎而死,两门客及岛上余众五百余人,皆自杀以殉。事见《史记·田儋列传》。

　　[8]列侯:汉朝时,王室子弟封侯称诸侯,异姓封侯为列侯。

❓提示与思考

　　1. 清道光五年(1825),龚自珍为母服丧才满,客居江苏昆山,耳闻目睹整个社会完全陷入争名逐利的丑恶状态,写下了这首《咏史》诗。与一般的咏史诗作不同,龚自珍此诗不是就历史上的某人、某事引发某种具体的联想和感慨,而是从六朝金粉地入手,就地理环境、历史沿革、社会文化、世俗风气等大处着眼,剖析了他所处的整个时代的种种致命弊端,对清王朝政治的腐败作了全面而深刻的揭露与批判,抒发出心中的郁结愤懑之情。今天看来这其实也是对即将到来的大清帝国动荡局势乃至整个封建社会的消亡发出的预警。

　　2. 龚自珍曾在《明良论》一文中说过:"士不知耻,为国之大耻。"认为文人德行直与国运攸关。颈联"牢盆狎客操全算,团扇才人踞上游"两句中,一个"操"字、一个"踞"字,准确传神地勾勒出了当时士人浑浑噩噩却自以为得意的丑恶嘴脸。诗人用汉初田横五百壮士和现实中"著书都为稻粱谋"的文人做了比照,在迫切呼唤读书人灵魂回归的同时,也毫不留情地戳穿了朝廷以高压威逼和以名利相诱的文化政策。末句"难道归来尽列侯"的质问可谓单刀直入,直取心肝。思考一下,我们的人生如果没有精神追求、没有理想和信念,该会是什么样子?

拓展阅读

龚自珍《秋心》（其一）

秋心如海复如潮，但有秋魂不可招。

漠漠郁金香在臂，亭亭古玉佩当腰。

气寒西北何人剑，声满东南几处箫。

斗大明星烂无数，长天一月坠林梢。

梦中作四截句（之二）

黄金华发两飘萧[1]，六九[2]童心尚未消。

叱起海红[3]帘底月，四厢花影怒于潮。

【注释】

[1]"黄金"句：谓黄金散尽，鬓发稀疏，却事业未成。

[2]六九：八卦以六为阴爻之数，以九为阳爻之数，因以六九代指阴阳自然。一说六九即六至九岁，亦通。

[3]海红：植物名，或谓即海棠、或谓蔷薇，其色红，故称。

提示与思考

1. 截句，同"绝句"。以其似截取律诗而来，故名。此诗为记梦之作，故多有奇幻之处。如"叱起海红帘底月"一句，月似由帘底被"叱"而起，且其"海红"之色既可形容帘色，也连带到月色上，则如同一轮红色的月亮照临夜空，连同下句"四厢花影怒于潮"一起，构成一幅现实生活中不可能出现的色泽浓烈、场景阔大的雄丽画面。

2. 我们今天还会用"怒放"来形容花开。乾嘉时常州女诗人王采薇曾有"一院露光团作雨，四山花影下如潮"的诗句（见袁枚《随园诗话》卷五）。但把"怒"与"潮"联系起来写花，却更加出神入化，非同凡响。就像王峰唱的那首《怒放的生命》：

> 我想要怒放的生命，
>
> 就像飞翔在辽阔天空，
>
> 就像穿行在无边的旷野，
>
> 拥有挣脱一切的力量。

我想要怒放的生命，

就像矗立在彩虹之颠，

就像穿行在璀璨的星河，

拥有超越平凡的力量。

再听一遍这首摇滚歌曲，看看是否能把歌中的境界与龚自珍的梦境联系起来。

3. 龚自珍的诗歌语言非常有张力，如下面的《投宋于庭》：

游山五岳东道主，拥书百城南面王。

万人丛中一握手，使我衣袖三年香。

又如《己亥杂诗·别黄蓉石》：

不是逢人苦誉君，亦狂亦侠亦温文。

照人胆似秦时月，送我情如岭上云。

请问，你更喜欢哪几句？为什么？

拓展阅读

龚自珍《西郊落花歌》

西郊落花天下奇，古人但赋伤春诗。

西郊车马一朝尽，定庵先生沽酒来赏之。

先生探春人不觉，先生送春人又嗤。

呼朋亦得三四子，出城失色神皆痴。

如钱塘潮夜澎湃，如昆阳战晨披靡；

如八万四千天女洗脸罢，齐向此地倾胭脂。

奇龙怪凤爱漂泊，琴高之鲤何反欲上天为？

玉皇宫中空若洗，三十六界无一青蛾眉。

又如先生平生之忧患，恍惚怪诞百出无穷期。

先生读书尽三藏，最喜维摩卷里多清词。

又闻净土落花深四寸，瞑目观赏尤神驰。

西方净国未可到，下笔绮语何漓漓！

安得树有不尽之花更雨新好者，三百六十日长是落花时。

刘鹗《老残游记·自叙》

刘鹗(1858～1909年),字铁云,号老残,江苏丹徒(今镇江市)人。出身官僚家庭,早年科场不利,曾行医、经商。先后入河南巡抚吴大澂、山东巡抚张曜幕府,帮办治黄工程,成绩显著,被保荐到总理各国事务衙门,以知府任用。后又成为外商之买办与经纪人。因罪充军新疆,卒于乌鲁木齐。

刘鹗毕生致力于医学、水利、算学等实际学问,其《铁云藏龟》一书,最早将甲骨卜辞公之于世。他同时又是清末著名小说家,章回小说《老残游记》是其代表作。自叙,同"自序"。据传是因苏轼避祖父名讳而改。

婴儿堕地,其泣也呱呱;及其老逝世,家人环绕,其哭也号啕。然则哭泣也者,固人之以成始成终也。其间人品之高下,以其哭泣之多寡为衡。盖哭泣者,灵性之现象也,有一分灵性即有一分哭泣,而际遇之顺逆不与焉。

马与牛,终岁勤苦,食不过刍秣[1],与鞭策相终始,可谓辛苦矣,然不知哭泣,灵性缺也。猿猴之为物,跳掷于深林,厌饱[2]乎梨栗,至逸乐也,而善啼;啼者,猿猴之哭泣也。故博物家云:猿猴,动物中性最近人者,以其有灵性也。古诗云:"巴东三峡巫峡长,猿啼三声断人肠[3]。"其感情为何如矣!

灵性生感情,感情生哭泣。哭泣计有两类:一为有力类,一为无力类。痴儿呆女,失果则啼,遗簪亦泣,此为无力类之哭泣;城崩杞妇[4]之哭,竹染湘妃[5]之泪,此有力类之哭泣也。有力类之哭泣又分两种:以哭泣为哭泣者,其力尚弱;不以哭泣为哭泣者,其力甚劲,其行乃弥远也。《离骚》为屈大夫之哭泣,《庄子》为蒙叟[6]之哭泣,《史记》为太史公之哭泣,《草堂诗集》为杜工部之哭泣;李后主以词哭,八大山人[7]以画哭;王实甫寄哭泣于《西厢》,曹雪芹寄哭泣于《红楼梦》。王之言曰:"别恨离愁,满肺腑难陶泄[8],除纸笔代喉舌,我千种相思向谁说?"曹之言曰:"满纸荒唐言,一把辛酸泪。都云作者痴,谁解其中味?"名其茶曰"千芳[9]一窟",名其酒曰"万艳同杯"者,千芳一哭,万艳同悲也。

吾人生今之时,有身世之感情,有家国之感情,有社会之感情,有种教[10]之感情。其感情愈深者,其哭泣愈痛:此鸿都百炼生[11]所以有《老残游记》之作也。

棋局[12]已残,吾人将老,欲不哭泣也得乎? 吾知海内千芳,人间万艳,必有与吾同哭同悲者焉!

【注释】

　　[1] 刍秣：喂牛马的草料。

　　[2] 厌饱：饱食。厌，满足。

　　[3] 断人肠：《水经注·三峡》原文本作"泪沾裳"。

　　[4] 杞(qǐ)妇：指杞梁之妻。传说杞梁随齐侯伐莒，死于莒城下，其妻前往寻夫，枕尸痛哭，十日而城崩。此事后演为孟姜女的传说。

　　[5] 湘妃：即舜之二妃娥皇、女英。相传舜死苍梧，湘妃啼哭，泪洒竹枝，是为斑竹。

　　[6] 蒙叟：即庄周，庄子本宋之蒙地人，故有此称。

　　[7] 八大山人：明末清初的著名画家朱耷，自号八大山人，取其草书似哭似笑。

　　[8] 陶泄：排遣、宣泄。按，本段唱词出自《西厢记》第四本第四折[鸳鸯煞]。

　　[9] 千芳：与下句"万艳"同出于《红楼梦》第五回，本作"千红"，意同。

　　[10] 种教：不同的宗教。

　　[11] 鸿都百炼生：为作者在本书前自署名号。

　　[12] 棋局：比喻当时残败不堪的社会现实。

提示与思考

　　1. 刘鹗在司马迁"发愤著述"和韩愈的"不平之鸣"的传统文学创作观的基础上，结合明代以来的"性灵说"，提出文学创作实际就是"不以哭泣为哭泣"的观点。认为哭泣是灵性的表现，"有一分灵性即有一分哭泣"。你同意这种看法吗？

　　2. 本文结构章法颇有用心，全篇围绕一个"哭"字写就。以"婴儿堕地，其泣也呱呱"开篇，中间写到人与动物以此为别，再进而到人间之哭的不同表现，最终把文学归纳成更高层次的哭泣。"感情愈深者，其哭泣愈痛"，于是就有了《老残游记》这本书。文章到此本该收尾打住，但刘鹗却又补充了一句："棋局已残，吾人将老，欲不哭泣也得乎？"在交代写作背景的同时，文章又回到了个人的哭泣上来，照应了开篇的婴儿之哭。但与婴儿之哭不同的是，"吾知海内千芳，人间万艳，必有与吾同哭同悲者焉！"换句话说，这个饱经人生苦难、目睹时局动荡变幻的老者的哭泣，实际上是在抒发整个时代的悲痛和苦楚。一篇短文，竟能如此回环往复，看似随手写来，却针脚严密、层次清晰，又能前后照应，收放自如，颇耐人寻味。

拓展阅读

刘鹗《秋游大明湖》（选自《老残游记》第二回）

　　一路秋山红叶，老圃黄花，颇不寂寞。到了济南府，进得城来，家家泉水，户户垂杨,比那江南风景,觉得更为有趣。到了小布政司街,觅了一家客店,名叫高升店,将行李卸下,开发了车价酒钱,胡乱吃点晚饭,也就睡了。

次日清晨起来,吃点儿点心,便摇着串铃满街蜇了一趟,虚应一应故事。午后便步行至鹊华桥边,雇了一只小船,荡起双桨,朝北不远,便到历下亭前。止船进去,入了大门,便是一个亭子,油漆已大半剥蚀。亭子上悬了一副对联,写的是"历下此亭古,济南名士多",上写着"杜工部句",下写着"道州何绍基书"。亭子旁边虽有几间房屋,也没有甚么意思。复行下船,向西荡去,不甚远,又到了铁公祠畔。你道铁公是谁?就是明初与燕王为难的那个铁铉。后人敬他的忠义,所以至今春秋时节,土人尚不断的来此进香。

到了铁公祠前,朝南一望,只见对面千佛山上,梵宇僧楼,与那苍松翠柏,高下相间,红的火红,白的雪白,青的靛青,绿的碧绿,更有那一株半株的丹枫夹在里面,仿佛宋人赵千里的一幅大画,做了一架数十里长的屏风。正在叹赏不绝,忽听一声渔唱,低头看去,谁知那明湖业已澄净的同镜子一般,那千佛山的倒影映在湖里,显得明明白白。那楼台树木,格外光彩,觉得比上头的一个千佛山还要好看,还要清楚。这湖的南岸,上去便是街市,却有一层芦苇,密密遮住。现在正是开花的时候,一片白花映着带水气的斜阳,好似一条粉红绒毯,做了上下两个山的垫子,实在奇绝。

老残心里想道:"如此佳景,为何没有甚么游人?"看了一会儿,回转身来,看那大门里面楹柱上有副对联,写的是"四面荷花三面柳,一城山色半城湖",暗暗点头道:"真正不错!"进了大门,正面便是铁公享堂,朝东便是一个荷池。绕着曲折的回廊,到了荷池东面,就是个圆门。圆门东边有三间旧房,有个破匾,上题"古水仙祠"四个字。祠前一副破旧对联,写的是"一盏寒泉荐秋菊,三更画船穿藕花"。过了水仙祠,仍旧上了船,荡到历下亭的后面。两边荷叶荷花将船夹住,那荷叶初枯,擦的船嗤嗤价响;那水鸟被人惊起,格格价飞;那已老的莲蓬,不断的绷到船窗里面来。老残随手摘了几个莲蓬,一面吃着,一面船已到了鹊华桥畔了。

到了鹊华桥,才觉得人烟稠密,也有挑担子的,也有推小车子的,也有坐二人抬小蓝呢轿子的。轿子后面,一个跟班的戴个红缨帽子,膀子底下夹个护书,拼命价奔,一面用手中擦汗,一面低着头跑。街上五六岁的孩子不知避人,被那轿夫无意踢倒一个,他便哇哇的哭起。他的母亲赶忙跑来问:"谁碰倒你的?谁碰倒你的?"那个孩子只是哇哇的哭,并不说话。问了半天,才带哭说了一句道:"抬轿子的!"他母亲抬头看时,轿子早已跑的有二里多远了。那妇人牵了孩子,嘴里不住咕咕咕咕的骂着,就回去了。

老残从鹊华桥往南,缓缓向小布政司街走去。

梁启超《少年中国说》(节选)

梁启超(1873～1929 年),字卓如,号任公,别署饮冰室主人,广东新会人。清光绪年间举人,赴京会试不中,投康有为门下,与康有为联合各省举人发动"公车上书"运动,并一起领导了著名的"戊戌变法"。变法失败后,流亡日本,思想上渐趋保守。回国后曾出任袁世凯的司法部长和段祺瑞的财政总长。后退出政坛,致力于学术,终病逝于北京。

作为中国近代思想启蒙者和维新派的代表人物,梁启超的文章富有独特的历史视角,议论深刻,令人深思。《少年中国说》即是其代表作之一,以下节选自该文之后半部分。

夫古昔之中国者,虽有国之名,而未成国之形也。或为家族之国,或为酋长之国,或为诸侯封建之国,或为一王专制之国。虽种类不一,要之,其于国家之体质也,有其一部而缺其一部。正如婴儿自胚胎以迄成童,其身体之一二官支[1]先行长成,此外则全体虽粗具,然未能得其用也。故唐虞[2]以前为胚胎时代,殷商[3]之际为乳哺时代,由孔子而来至于今为童子时代,逐渐发达,而今乃始将入成童以上少年之界焉。其长成所以若是之迟者,则历代之民贼有窒其生机者也[4]。譬犹童年多病,转类老态。或且疑其死期之将至焉,而不知皆由未完全未成立也;非过去之谓,而未来之谓也。

且我中国畴昔[5]岂尝有国家哉,不过有朝廷耳。我黄帝子孙,聚族而居,立于此地球之上者既数千年,而问其国之为何名,则无有也。夫所谓唐、虞、夏、商、周、秦、汉、魏、晋、宋、齐、梁、陈、隋、唐、宋、元、明、清者,则皆朝名耳。朝也者,一家之私产;国也者,人民之公产也。朝有朝之老少,国有国之老少。朝与国既异物[6],则不能以朝之老少而指为国之老少明矣。文、武、成、康[7],周朝之少年时代也;幽、厉、桓、赧[8],则其老年时代也。高、文、景、武[9],汉朝之少年时代也;元、平、桓、灵[10],则其老年时代也。自馀历朝,莫不有之。凡此者谓为一朝廷之老也则可,谓为一国之老也则不可。一朝廷之老且死,犹一人之老且死也,于吾所谓中国者何与[11]焉?然则吾中国者,前此尚未出现于世界,而今乃始萌芽云尔。天地大矣,前途辽矣,美哉我少年中国乎!

……

梁启超曰:造成今日之老大中国者,则中国老朽之冤业也;制出将来之少年中国者,则中国少年之责任也。彼老朽者何足道? 彼与此世界作别之日不远矣,而我少年乃新来而与世界为缘。如僦屋[12]者然,彼明日将迁居他方,而我今日始入此室处。将迁居者,不爱护其窗棂[13],不洁治其庭庑[14],俗人恒情,亦何足怪。若我少年者,前程浩浩,后顾茫茫,中国而为牛为马为奴为隶,则烹脔鞭箠之惨酷[15],惟我少年当之;中国如称霸宇内,主盟地球,则指挥顾盼之尊荣,惟我少年享之,于彼气息奄奄与鬼为邻者何与焉! 彼而漠然置之,犹可言也;我而漠然置之,不可言也。使举国之少年而果为少年也,则吾中国为未来之国,其进步未可量也;使举国之少年而亦为老大也,则吾中国为过去之国,其渐亡[16]可翘足而待也。故今日之责任,不在他人,而全在我少年。少年智则国智,少年富则国富,少年强则国强,少年独立则国独立,少年自由则国自由,少年进步则国进步,少年胜于欧洲则国胜于欧洲,少年雄于地球则国雄于地球。

红日初升,其道大光[17];河出伏流[18],一泻汪洋;潜龙[19]腾渊,鳞爪飞扬;乳虎啸谷,百兽震惶;鹰隼试翼,风尘吸张;奇花初胎[20],矞矞皇皇[21];干将发硎[22],有作其芒[23];天戴其苍,地履其黄;纵有千古,横有八荒[24],前途似海,来日方长。美哉我少年中国,与天不老;壮哉我中国少年,与国无疆!

【注释】

[1] 官支:即五官和四肢。支,同"肢"。

[2] 唐虞:指传说中的唐尧、虞舜时代。

[3] 殷商:两朝代名,在夏之后、西周之前,共历十七世三十一王,前后近五百年。

[4] 民贼:独夫民贼,指专制统治者。窒,窒息,这里有扼制、扼杀的意思。

[5] 畴昔:以前、过去。

[6] 异物:指不一样的东西。

[7] 文、武、成、康:周朝初年的几代帝王。文王奠定了灭商的基础,武王灭商建周,成王、康王时史称"成康之治",故下句喻之为周朝的少年时代。

[8] 幽、厉、桓、赧(nǎn):指周幽王、厉王、桓王、赧王。幽王宠褒姒,烽火戏诸侯,后被杀,西周亡。周厉王暴虐,钳制人口,后被流放于彘(今山西霍县)。至桓王时东周王室已衰落,赧王死后不久,东周灭亡。

[9] 高、文、景、武:指汉初四代皇帝。汉高祖刘邦灭秦,建立汉王朝。文帝、景帝时国富民强,史称"文景之治",至武帝国力达到鼎盛时期。

[10] 元、平、桓、灵:指汉元帝、平帝、桓帝、灵帝。元帝时,西汉开始衰落;平帝死后不久,王莽篡国,西汉亡。桓帝、灵帝是东汉末年的两代帝王,期间外戚、宦官专权,政治黑暗,故称其为老年时代。

[11] 何与：有何关系。

[12] 僦(jiù)屋：租赁房屋。

[13] 窗枨：窗棂。枨，木窗格。

[14] 庭庑(wǔ)：庭院长廊。庑，堂下周围的走廊。

[15] 脔(luán)：切成小块的肉，这里用作动词，宰割之意。筈：棍杖，这里用作动词，捶打之意。

[16] 澌亡：消失、灭亡。澌，水尽也。

[17] 其道大光：语出《周易·益》："自上下下，其道大光。"光，发扬光大。

[18] 伏流：地下水流。《水经注·河水》："河出昆仑，伏流地中万三千里。"

[19] 潜龙：藏在深水中将要腾飞的龙，语出《周易·乾》："潜龙勿用。"

[20] 初胎：始开，刚刚绽放。

[21] 翯(yù)翯皇皇：形容光彩艳丽。汉扬雄《太玄经·交》："物登明堂，翯翯皇皇。"司马光集注引陆绩曰："翯皇，休美貌。"

[22] 干将：古剑名，泛指宝剑。发硎(xíng)：发于硎，指刀刃新磨过。硎，磨刀石。

[23] 芒：光芒，这里指宝刀发出的光亮。

[24] 八荒：四面八方极荒远的地方。《说苑·辨物》："八荒之内有四海，四海之内有九州。"

？提示与思考

1. "戊戌变法"失败后两年，即光绪二十六年(1900)，梁启超作《少年中国说》。面对积贫积弱、饱经磨难而备受外人轻视的现实，当时年仅二十七岁的作者高瞻远瞩地指出，中国绝不会像西方列强和日本人所污蔑的那样是个"老大帝国"，而是一个具有美好未来的少年国度。作者在文章中注入了渴望祖国繁荣昌盛的爱国激情和积极乐观的民族自信心。直到今天，文中所描述的美景仍然对我们的国家建设起着激励作用。

2. 本文议论纵横、气势磅礴，极富鼓动性；语言半文半白，以情为驱使，不受拘束。而最后一段，忽一变而为四言句式的韵文，并运用排比句法，层层推进，这些都是古文颂词中的惯用手法，但用在这里不仅没有传统颂词中所追求的那种雍容呆板之气，却充满了现代人的生机和活力，使整个文章显得大气磅礴、文采飞扬、音声响亮。请大声反复朗诵这一部分。

3. 作者于本文后曾附有以下补记文字：

"三十功名尘与土，八千里路云和月。莫等闲白了少年头，空悲切。"此岳武穆《满江红》词句也。作者自六岁时即口受记忆，至今喜诵之不衰。自今以往,弃"哀时客"之名,更自名曰:"少年中国之少年。"作者附识。

也就是说,从本文开始,梁启超不再使用此前"哀时客"的笔名了,而更其名为"少年中国之少年"。这一名号的变换意味着什么?

📖 拓展阅读

梁启超《少年中国说》(节选)

日本人之称我中国也,一则曰老大帝国,再则曰老大帝国。是语也,盖袭译欧西人之言也。呜呼!我中国其果老大矣乎?梁启超曰:恶,是何言!是何言!吾心目中有一少年中国在。

欲言国之老少,请先言人之老少:老年人常思既往,少年人常思将来。惟思既往也,故生留恋心;惟思将来也,故生希望心。惟留恋也,故保守;惟希望也,故进取。惟保守也,故永旧;惟进取也,故日新。惟思既往也,事事皆其所已经者,故惟知照例;惟思将来也,事事皆其所未经者,故常敢破格。老年人常多忧虑,少年人常好行乐。惟多忧也,故灰心,惟行乐也,故盛气。惟灰心也,故怯懦;惟盛气也,故豪壮。惟怯懦也,故苟且;惟豪壮也,故冒险。惟苟且也,故能灭世界;惟冒险也,故能造世界。老年人常厌事,少年人常喜事。惟厌事也,故常觉一切事无可为者;惟好事也,故常觉一切事无不可为者。老年人如夕照,少年人如朝阳;老年人如瘠牛,少年人如乳虎;老年人如僧,少年人如侠;老年人如字典,少年人如戏文;老年人如鸦片烟,少年人如泼兰地酒;老年人如别行星之陨石,少年人如大洋海之珊瑚岛;老年人如埃及沙漠之金字塔,少年人如西伯利亚之铁路;老年人如秋后之柳,少年人如春前之草;老年人如死海之潴为泽,少年人如长江之初发源:此老年与少年性格不同之大略也。梁启超曰:人固有之,国亦宜然。

梁启超曰:伤哉,老大也!浔阳江头琵琶妇,当明月绕船,枫叶瑟瑟,衾寒于铁,似梦非梦之时,追想洛阳尘中春花秋月之佳趣;西宫南内,白发宫娥,一灯如穗,三五对坐,谈开元、天宝间遗事,谱霓裳羽衣曲;青门种瓜人,左对孺人,顾弄孺子,忆侯门似海珠履杂遝之盛事;拿破仑之流于厄蔑,阿刺飞之幽于锡兰,与三两监守吏或过访之好事者,道当年短刀匹马,驰骋中原,席卷欧洲,血战海楼,一声叱咤,万国震恐之丰功伟烈,初而拍案,继而抚髀,终而揽镜。呜呼!面皱齿尽,白发盈把,颓然老矣。若是者舍幽郁之外无心事,舍悲惨之外无天地,舍颓唐之外无日月,舍叹息之外无音声,舍待死之外无事业,美人豪杰且然,而况于寻常碌碌者耶?生平亲友,皆在墟墓,起居饮食,待命于人,今日且过,遑知他日,今年且过,遑恤明年,普天下灰心短气之事,未有甚于老大者。于此人也,而欲望以拿云之手段,回天之事功,挟山超海之意气,能乎不能?

　　呜呼！我中国其果老大矣乎？立乎今日，以指畴昔，唐虞三代，若何之郅治；秦皇汉武，若何之雄杰；汉唐来之文学，若何之隆盛；康乾间之武功，若何之炬赫；历史家所铺叙，词章家所讴歌，何一非我国民少年时代良辰美景、赏心乐事之陈迹哉。而今颓然老矣，昨日割五城，明日割十城，处处雀鼠尽，夜夜鸡犬惊。十八省之土地财产，已为人怀中之肉；四百兆之父兄子弟，已为人注籍之奴，岂所谓"老大嫁作商人妇"者耶？呜呼！"凭君莫话当年事，憔悴韶光不忍看。"楚囚相对，岌岌顾影，人命危浅，朝不虑夕，国为待死之国，一国之民为待死之民，万事付之奈何，一切凭人作弄，亦何足怪。

　　梁启超曰：我中国其果老大矣乎？是今日全地球之一大问题也。如其老大也，则是中国为过去之国，即地球上昔本有此国，而今渐渐灭，他日之命运殆将尽也；如其非老大也，则是中国为未来之国，即地球上昔未现此国，而今渐发达，他日之前程且方长也。欲断今日之中国为老大耶，为少年耶，则不可不先明国字之意义。夫国也者何物也？有土地，有人民，以居于其土地之人民而治其所居之土地之事；自制法律而自守之，有主权，有服从，人人皆主权者，人人皆服从者。夫如是斯谓之完全成立之国。地球上之有完全成立之国也，自百年以来也。完全成立者，壮年之事也；未能完全成立而渐进于完全成立者，少年之事也。故吾得一言以断之曰：欧洲列邦在今日为壮年国，而我中国在今日为少年国。

　　……

第四编　现当代部分

鲁迅《阿 Q 正传》(节选)

鲁迅(1881～1936 年),原名周树人,浙江绍兴人。少年家境殷实,后逐渐衰败。青年时代曾赴日本学医,回国后先后在杭州、绍兴任教,并发表第一篇白话小说《狂人日记》,开始了文学创作生涯。因支持北京学生爱国运动,被北洋军阀政府通缉,遂南下到厦门、广州等大学任教。后移居上海,主要从事文化事业和杂文创作。终因肺结核病逝,葬于上海虹桥万国公墓。

鲁迅是中国现代最著名的思想家、文学家,也是现代中国文化革命的主将,其创作主要以小说、杂文为主。中篇小说《阿 Q 正传》写于 1921～1922 年,共九章,最初连载于北京《晨报副刊》,后收入小说集《呐喊》。本文所选为其第二章《优胜记略》和第三章《优胜记略续》。

阿 Q 不独是姓名籍贯有些渺茫,连他先前的"行状"[1]也渺茫。因为未庄的人们之于阿 Q,只要他帮忙,只拿他玩笑,从来没有留心他的"行状"的。而阿 Q 自己也不说,独有和别人口角的时候,间或瞪着眼睛道:

"我们先前——比你阔的多啦! 你算是什么东西!"

阿 Q 没有家,住在未庄的土谷祠[2]里;也没有固定的职业,只给人家做短工,割麦便割麦,舂米便舂米,撑船便撑船。工作略长久时,他也或住在临时主人的家里,但一完就走了。所以,人们忙碌的时候,也还记起阿 Q 来,然而记起的是做工,并不是"行状";一闲空,连阿 Q 都早忘却,更不必说"行状"了。只是有一回,有一个老头子颂扬说:"阿 Q 真能做!"这时阿 Q 赤着膊,懒洋洋的瘦伶仃的正在他面前,别人也摸不着这话是真心还是讥笑,然而阿 Q 很喜欢。

阿 Q 又很自尊,所有未庄的居民,全不在他眼神里,甚而至于对于两位"文童"[3]也有以为不值一笑的神情。夫文童者,将来恐怕要变秀才者也;赵太爷钱太爷大受居民的尊敬,除有钱之外,就因为都是文童的爹爹,而阿 Q 在精神上独不表格外的崇奉,他想:我的儿子会阔得多啦! 加以进了几回城,阿 Q 自然更自负,然而他又很鄙薄城里人,譬如用三尺三寸宽的木板做成的凳子,未庄人叫"长凳",他也叫"长凳",城里人却叫"条凳",他想:这是错的,可笑! 油煎大头鱼,未庄都加上半寸长的葱叶,城里却加上切细的葱丝,他想:这也是错的,可笑! 然而未庄人真是不见世面的可笑的乡下人呵,他们没有见过城里的煎鱼!

阿 Q"先前阔",见识高,而且"真能做",本来几乎是一个"完人"了,但可惜他体质上还有一些缺点。最恼人的是在他头皮上,颇有几处不知于何时的癞疮疤。这虽然也在他身上,而看阿Q的意思,倒也似乎以为不足贵的,因为他讳说"癞"以及一切近于"赖"的音,后来推而广之,"光"也讳,"亮"也讳,再后来,连"灯""烛"都讳了。一犯讳,不问有心与无心,阿Q便全疤通红的发起怒来,估量了对手,口讷的他便骂,气力小的他便打;然而不知怎么一回事,总还是阿Q吃亏的时候多。于是他渐渐的变换了方针,大抵改为怒目而视了。

谁知道阿Q采用怒目主义之后,未庄的闲人们便愈喜欢玩笑他。一见面,他们便假作吃惊的说:"唏,亮起来了。"

阿Q照例的发了怒,他怒目而视了。

"原来有保险灯在这里!"他们并不怕。

阿Q没有法,只得另外想出报复的话来:

"你还不配……"这时候,又仿佛在他头上的是一种高尚的光容的癞头疮,并非平常的癞头疮了;但上文说过,阿Q是有见识的,他立刻知道和"犯忌"有点抵触,便不再往底下说。

闲人还不完,只撩他,于是终而至于打。阿Q在形式上打败了,被人揪住黄辫子,在壁上碰了四五个响头,闲人这才心满意足的得胜的走了,阿Q站了一刻,心里想,"我总算被儿子打了,现在的世界真不像样……"于是也心满意足的得胜的走了。

阿Q想在心里的,后来每每说出口来,所以凡是和阿Q玩笑的人们,几乎全知道他有这一种精神上的胜利法,此后每逢揪住他黄辫子的时候,人就先一着对他说:

"阿Q,这不是儿子打老子,是人打畜生。自己说:人打畜生!"

阿Q两只手都捏住了自己的辫根,歪着头,说道:

"打虫豸[4],好不好?我是虫豸——还不放么?"

但虽然是虫豸,闲人也并不放,仍旧在就近什么地方给他碰了五六个响头,这才心满意足的得胜的走了,他以为阿Q这回可遭了瘟[5]。然而不到十秒钟,阿Q也心满意足的得胜的走了,他觉得他是第一个能够自轻自贱的人,除了"自轻自贱"不算外,余下的就是"第一个"。状元不也是"第一个"么?"你算是什么东西"呢!?

阿Q以如是等等妙法克服怨敌之后,便愉快的跑到酒店里喝几碗酒,又和别人调笑一通,口角一通,又得了胜,愉快的回到土谷祠,放倒头睡着了。假使有钱,他便去押牌宝[6],一堆人蹲在地面上,阿Q即汗流满面的夹在这中间,声音他最响:

"青龙四百!"

"咳……开……啦!"桩家[7]揭开盒子盖,也是汗流满面的唱。"天门啦……角回啦……！人和穿堂空在那里啦……！阿Q的铜钱拿过来……！"

"穿堂一百——一百五十！"

阿Q的钱便在这样的歌吟之下,渐渐的输入别个汗流满面的人物的腰间。他终于只好挤出堆外,站在后面看,替别人着急,一直到散场,然后恋恋的回到土谷祠,第二天,肿着眼睛去工作。

但真所谓"塞翁失马[8]安知非福"罢,阿Q不幸而赢了一回,他倒几乎失败了。

这是未庄赛神[9]的晚上。这晚上照例有一台戏,戏台左近,也照例有许多的赌摊。做戏的锣鼓,在阿Q耳朵里仿佛在十里之外;他只听得桩家的歌唱了。他赢而又赢,铜钱变成角洋,角洋变成大洋,大洋又成了叠。他兴高采烈得非常:

"天门两块!"

他不知道谁和谁为什么打起架来了。骂声打声脚步声,昏头昏脑的一大阵,他才爬起来,赌摊不见了,人们也不见了,身上有几处很似乎有些痛,似乎也挨了几拳几脚似的,几个人诧异的对他看。他如有所失的走进土谷祠,定一定神,知道他的一堆洋钱不见了。赶赛会的赌摊多不是本村人,还到那里去寻根柢呢?

很白很亮的一堆洋钱!而且是他的——现在不见了!说是算被儿子拿去了罢,总还是忽忽不乐;说自己是虫豸罢,也还是忽忽不乐:他这回才有些感到失败的苦痛了。

但他立刻转败为胜了。他擎起右手,用力的在自己脸上连打了两个嘴巴,热剌剌的有些痛;打完之后,便心平气和起来,似乎打的是自己,被打的是别一个自己,不久也就仿佛是自己打了别个一般,——虽然还有些热剌剌,——心满意足的得胜的躺下了。

他睡着了。

然而阿Q虽然常优胜,却直待蒙赵太爷打他嘴巴之后,这才出了名。

他付过地保二百文酒钱,愤愤的躺下了,后来想:"现在的世界太不成话,儿子打老子……"于是忽而想到赵太爷的威风,而现在是他的儿子了,便自己也渐渐的得意起来,爬起身,唱着《小孤孀上坟》[10]到酒店去。这时候,他又觉得赵太爷高人一等了。

说也奇怪,从此之后,果然大家也仿佛格外尊敬他。这在阿Q,或者以为因为他是赵太爷的父亲,而其实也不然。未庄通例,倘如阿七打阿八,或者李四打张三,向来本不算口碑。一上口碑,则打的既有名,被打的也就托庇有了名。至于错在阿Q,那自然是不必说。所以者何?就因为赵太爷是不会错的。但他既然错,为什么大家又仿佛格外尊敬他呢?这可难解,穿凿起来说,或者因为阿Q说是赵太爷的本家,虽然挨了打,大家也还怕有些真,总不如尊敬一些稳当。否则,也如孔庙里的太牢[11]一般，虽然与猪羊一样，同是畜生，但既经圣人下箸，先儒们便不敢妄动了。

阿 Q 此后倒得意了许多年。

有一年的春天，他醉醺醺的在街上走，在墙根的日光下，看见王胡在那里赤着膊捉虱子，他忽然觉得身上也痒起来了。这王胡，又癞又胡，别人都叫他王癞胡，阿 Q 却删去了一个癞字，然而非常渺视他。阿 Q 的意思，以为癞是不足为奇的，只有这一部络腮胡子，实在太新奇，令人看不上眼。他于是并排坐下去了。倘是别的闲人们，阿 Q 本不敢大意坐下去。但这王胡旁边，他有什么怕呢？老实说：他肯坐下去，简直还是抬举他。

阿 Q 也脱下破夹袄来，翻检了一回，不知道因为新洗呢还是因为粗心，许多工夫，只捉到三四个。他看那王胡，却是一个又一个，两个又三个，只放在嘴里毕毕剥剥的响。

阿 Q 最初是失望，后来却不平了：看不上眼的王胡尚且那么多，自己倒反这样少，这是怎样的大失体统的事呵！他很想寻一两个大的，然而竟没有，好容易才捉到一个中的，恨恨的塞在厚嘴唇里，狠命一咬，劈的一声，又不及王胡的响。

他癞疮疤块块通红了，将衣服摔在地上，吐一口唾沫，说：

"这毛虫！"

"癞皮狗，你骂谁？"王胡轻蔑的抬起眼来说。

阿 Q 近来虽然比较的受人尊敬，自己也更高傲些，但和那些打惯的闲人们见面还胆怯，独有这回却非常武勇了。这样满脸胡子的东西，也敢出言无状么？

"谁认便骂谁！"他站起来，两手叉在腰间说。

"你的骨头痒了么？"王胡也站起来，披上衣服说。

阿 Q 以为他要逃了，抢进去就是一拳。这拳头还未达到身上，已经被他抓住了，只一拉，阿 Q 跄跄踉踉的跌进去，立刻又被王胡扭住了辫子，要拉到墙上照例去碰头。

"君子动口不动手！"阿 Q 歪着头说。

王胡似乎不是君子，并不理会，一连给他碰了五下，又用力的一推，至于阿 Q 跌出六尺多远，这才满足的去了。

在阿 Q 的记忆上，这大约要算是生平第一件的屈辱，因为王胡以络腮胡子的缺点，向来只被他奚落，从没有奚落他，更不必说动手了。而他现在竟动手，很意外，难道真如市上所说，皇帝已经停了考[12]，不要秀才和举人了，因此赵家减了威风，因此他们也便小觑了他么？

阿 Q 无可适从的站着。

远远的走来了一个人，他的对头又到了。这也是阿 Q 最厌恶的一个人，就是钱太爷的大儿子。他先前跑上城里去进洋学堂，不知怎么又跑到东洋去了，半年之后他回到家里来,腿也直了,辫子也不见了,他的母亲大哭了十几场,他的老婆跳了三回井。后来,他的母亲到处说,"这辫子是被坏人灌醉了酒剪去了。本来可以做大官,现在只好等留长再说了。"然而阿Q不肯信,偏称他"假洋鬼子",也叫作"里通外国的人",一见他,一定在肚子里暗暗的咒骂。

阿Q尤其"深恶而痛绝之"的,是他的一条假辫子。辫子而至于假,就是没了做人的资格;他的老婆不跳第四回井,也不是好女人。

这"假洋鬼子"近来了。

"秃儿。驴……"阿Q历来本只在肚子里骂,没有出过声,这回因为正气忿,因为要报仇,便不由的轻轻的说出来了。

不料这秃儿却拿着一支黄漆的棍子——就是阿Q所谓哭丧棒[13]——大踏步走了过来。阿Q在这刹那,便知道大约要打了,赶紧抽紧筋骨,耸了肩膀等候着,果然,拍的一声,似乎确凿打在自己头上了。

"我说他!"阿Q指着近旁的一个孩子,分辩说。

拍！拍拍！

在阿Q的记忆上,这大约要算是生平第二件的屈辱。幸而拍拍的响了之后,于他倒似乎完结了一件事,反而觉得轻松些,而且"忘却"这一件祖传的宝贝也发生了效力,他慢慢的走,将到酒店门口,早已有些高兴了。

但对面走来了静修庵里的小尼姑。阿Q便在平时,看见伊[14]也一定要唾骂,而况在屈辱之后呢？他于是发生了回忆,又发生了敌忾了。

"我不知道我今天为什么这样晦气,原来就因为见了你!"他想。

他迎上去,大声的吐一口唾沫:

"咳,呸！"

小尼姑全不睬,低了头只是走。阿Q走近伊身旁,突然伸出手去摩着伊新剃的头皮,呆笑着,说:

"秃儿！快回去,和尚等着你……"

"你怎么动手动脚……"尼姑满脸通红的说,一面赶快走。

酒店里的人大笑了。阿Q看见自己的勋业得了赏识,便愈加兴高采烈起来:

"和尚动得,我动不得?"他扭住伊的面颊。

酒店里的人大笑了。阿Q更得意,而且为了满足那些赏鉴家起见,再用力的一拧,才放手。

他这一战,早忘却了王胡,也忘却了假洋鬼子,似乎对于今天的一切"晦气"都报了仇;而且奇怪,又仿佛全身比拍拍的响了之后轻松,飘飘然的似乎要飞去了。

"这断子绝孙的阿Q!"远远地听得小尼姑的带哭的声音。

"哈哈哈！"阿Q十分得意的笑。

"哈哈哈!"酒店里的人也九分得意的笑。

【注释】

[1] 行状:原指古代有身份的人死后,常由门生、故吏或亲友撰文叙述其籍贯世系、生平经历等,以供史官立传或用于撰写墓志。

[2] 土谷祠:即土地庙。供奉土地神和五谷神的庙宇。

[3] 文童:也称"童生",指科举时代习举业而尚未考取秀才的人。

[4] 虫豸(zhì):泛指各种爬虫。豸,古书上指没有脚的虫。

[5] 瘟:中医本指急性传染病,这里指泛指灾难。

[6] 押牌宝:一种赌博游戏。下文的"青龙"、"天门"、"穿堂"等是指押赌注的位置;"四百"、"一百五十"是押赌注的钱数。

[7] 桩家:打牌或赌局中设局的主持,也称坐庄。

[8] 塞翁失马:典出《淮南子·人间训》:"近塞上之人有善术者,马无故亡胡中,人皆吊之。其父曰:此何遽不能为福乎? 居数月,其马将胡骏马而归,人皆贺之……故福之为祸,祸之为福,化不可极,深不可测也。"

[9] 赛神:即迎神赛会。以鼓乐仪仗和杂戏等迎神出庙,周游街巷,以酬神祈福。

[10] 小孤孀上坟:当时流行的一出绍兴地方戏,即《小寡妇上坟》,表现乡村小寡妇于清明时怀抱婴儿前往亡夫坟前祭扫的情景,风格轻松滑稽。

[11] 太牢:古代帝王祭祀时,所用牺牲牛、羊、豕全备为"太牢"。诸侯等只用羊、豕,为"少牢"。因祭品在行祭前需先饲养于牢,故有此称。

[12] 停了考:光绪三十一年,清政府下令自丙午科起,废止科举考试。

[13] 哭丧棒:旧时为父母送殡时,儿子须手拄"孝杖",以表示悲痛难支。阿Q因厌恶而把假洋鬼子的手杖称为"哭丧棒"。

[14] 伊:彼,她。

提示与思考

1.《阿Q正传》是鲁迅最著名的小说,也是中国现代文学史上的不朽杰作。作者的创作意图在于思想启蒙,写出中国人苦难、悲惨而又愚昧落后的人生,希望用自己手中的笔唤醒沉睡的大众。通读《阿Q正传》全文,写篇千字左右的读后感。

2.《阿Q正传》展现了辛亥革命时期中国社会中千百年来一直存在的民族劣根性。在阿Q身上,我们可以看出当时民众精神上被戕害到了何种程度以及由此而来的愚昧无知和麻木不仁。分析课文中阿Q的形象,指出其性格和行为中的主要特征是什么?

3. 鲁迅在《呐喊·自序》中说:"凡是愚弱的国民,即使体格如何健全,如何茁壮,也只能做毫无意义的示众的材料和看客,病死多少是不必以为不幸的。所以我们的第一要著,是在改变他们的精神。"他在谈到《阿Q正传》的成因时说要"写出一个现代的我们国人的魂灵来"。本文所选的最后一句是"酒店里的人也九分得意的笑"。小说最后一章《大团圆》中写阿Q临行时有如下的情节:

> 他省悟了,这是绕到法场去的路,这一定是"嚓"的去杀头。他惘惘的向左右看,全跟着马蚁似的人,而在无意中,却在路旁的人丛中发见了一个吴妈。很久违,伊原来在城里做工了。阿Q忽然很羞愧自己没志气:竟没有唱几句戏。他的思想仿佛旋风似的在脑里一回旋:《小孤孀上坟》欠堂皇,《龙虎斗》里的"悔不该……"也太乏,还是"手执钢鞭将你打"罢。他同时想手一扬,才记得这两手原来都捆着,于是"手执钢鞭"也不唱了。
>
> "过了二十年又是一个……"阿Q在百忙中,"无师自通"的说出半句从来不说的话。
>
> "好!!!"从人丛里,便发出豺狼的嗥叫一般的声音来。

酒店里的笑声和刑场上人们的嚎叫声意味着什么?

📖 拓展阅读

鲁迅《阿Q正传·序》

我要给阿Q做正传,已经不止一两年了。但一面要做,一面又往回想,这足见我不是一个"立言"的人,因为从来不朽之笔,须传不朽之人,于是人以文传,文以人传——究竟谁靠谁传,渐渐的不甚了然起来,而终于归接到传阿Q,仿佛思想里有鬼似的。

然而要做这一篇速朽的文章,才下笔,便感到万分的困难了。第一是文章的名目。孔子曰,"名不正则言不顺"。这原是应该极注意的。传的名目很繁多:列传,自传,内传,外传,别传,家传,小传……,而可惜都不合。"列传"么,这一篇并非和许多阔人排在"正史"里;"自传"么,我又并非就是阿Q。说是"外传","内传"在那里呢?倘用"内传",阿Q又决不是神仙。"别传"呢,阿Q实在未曾有大总统上谕宣付国史馆立"本传"——虽说英国正史上并无"博徒列传",而文豪迭更司也做过《博徒别传》这一部书,但文豪则可,在我辈却不可。其次是"家传",则我既不知与阿Q是否同宗,也未曾受他子孙的拜托;或"小传",则阿Q又更无别的"大传"了。总而言之,这一篇也便是"本传",但从我的文章着想,因为文体卑下,是"引车卖浆者流"所用的话,所以不敢僭称,便从不入三教九流的小说家所谓"闲话休题言归正传"这一句套话里,取出"正传"两个字来,作为名目,即使与古人所撰《书法正传》的"正传"字面上很相混,也顾不得了。

第二，立传的通例，开首大抵该是"某，字某，某地人也"，而我并不知道阿Q姓什么。有一回，他似乎是姓赵，但第二日便模糊了。那是赵太爷的儿子进了秀才的时候，锣声镗镗的报到村里来，阿Q正喝了两碗黄酒，便手舞足蹈的说，这于他也很光采，因为他和赵太爷原来是本家，细细的排起来他还比秀才长三辈呢。其时几个旁听人倒也肃然的有些起敬了。那知道第二天，地保便叫阿Q到赵太爷家里去；太爷一见，满脸溅朱，喝道：

"阿Q，你这浑小子！你说我是你的本家么？"

阿Q不开口。

赵太爷愈看愈生气了，抢进几步说："你敢胡说！我怎么会有你这样的本家？你姓赵么？"

阿Q不开口，想往后退了；赵太爷跳过去，给了他一个嘴巴。

"你怎么会姓赵！——你那里配姓赵！"

阿Q并没有抗辩他确凿姓赵，只用手摸着左颊，和地保退出去了；外面又被地保训斥了一番，谢了地保二百文酒钱。知道的人都说阿Q太荒唐，自己去招打；他大约未必姓赵，即使真姓赵，有赵太爷在这里，也不该如此胡说的。此后便再没有人提起他的氏族来，所以我终于不知道阿Q究竟什么姓。

第三，我又不知道阿Q的名字是怎么写的。他活着的时候，人都叫他阿Quei，死了以后，便没有一个人再叫阿Quei了，那里还会有"著之竹帛"的事。若论"著之竹帛"，这篇文章要算第一次，所以先遇着了这第一个难关。我曾仔细想：阿Quei，阿桂还是阿贵呢？倘使他号月亭，或者在八月间做过生日，那一定是阿桂了；而他既没有号——也许有号，只是没有人知道他，——又未尝散过生日征文的帖子：写作阿桂，是武断的。又倘使他有一位老兄或令弟叫阿富，那一定是阿贵了；而他又只是一个人：写作阿贵，也没有佐证的。其余音Quei的偏僻字样，更加凑不上了。先前，我也曾问过赵太爷的儿子茂才先生，谁料博雅如此公，竟也茫然，但据结论说，是因为陈独秀办了《新青年》提倡洋字，所以国粹沦亡，无可查考了。我的最后的手段，只有托一个同乡去查阿Q犯事的案卷，八个月之后才有回信，说案卷里并无与阿Quei的声音相近的人。我虽不知道是真没有，还是没有查，然而也再没有别的方法了。生怕注音字母还未通行，只好用了"洋字"，照英国流行的拼法写他为阿Quei，略作阿Q。这近于盲从《新青年》，自己也很抱歉，但茂才公尚且不知，我还有什么好办法呢。

第四，是阿Q的籍贯了。倘他姓赵，则据现在好称郡望的老例，可以照《郡名百家姓》上的注解，说是"陇西天水人也"，但可惜这姓是不甚可靠的，因此籍贯也就有些决不定。他虽然多住未庄，然而也常常宿在别处，不能说是未庄人，即使说是"未庄人也"，也仍然有乖史法的。

我所聊以自慰的,是还有一个"阿"字非常正确,绝无附会假借的缺点,颇可以就正于通人。至于其余,却都非浅学所能穿凿,只希望有"历史癖与考据癖"的胡适之先生的门人们,将来或者能够寻出许多新端绪来,但是我这《阿Q正传》到那时却又怕早经消灭了。

以上可以算是序。

郭沫若《凤凰涅槃》

郭沫若(1892~1978年),原名郭开贞,字鼎堂,四川省乐山县人。早年赴日本学医,后弃医从文。在上海与郁达夫、成仿吾等组织"创造社",是新文化运动的重要旗手之一。因加入共产党而遭通缉,流亡日本,并开始从事历史、考古以及古文字等方面的学术研究工作。抗日战争爆发,回国组织了声势浩大的抗战文化运动。新中国成立后,先后担任过多种国家行政及科学、文化方面的领导工作,病逝于北京。

郭沫若是我国新诗的奠基人和开拓者。《凤凰涅槃》最初发表于1920年1月上海《时事新报·学灯》上,后收入诗集《女神》中。涅槃,古梵语的音译,即圆寂、灭度之意,特指佛教徒长期修炼达到功德圆满、返本归真的境界。本处借以指代凤凰的浴火重生。

天方国古有神鸟名"菲尼克司"(Phoenix)[1],满五百岁后,集香木自焚,复从死灰中更生,鲜美异常,不再死。

按此鸟殆即[2]中国所谓凤凰;雄为凤,雌为凰。《孔演图》[3]云:"凤凰火精,生丹穴。"《广雅》[4]云:"凤凰……雄鸣曰即即,雌鸣曰足足。"

序曲

除夕将近的空中,
飞来飞去的一对凤凰,
唱着哀哀的歌声飞去,
衔着枝枝的香木飞来,
飞来在丹穴[5]山上。

山右有枯槁了的梧桐[6]，
山左有消歇了的醴泉[7]，
山前有浩茫茫的大海，
山后有阴莽莽的平原，
山上是寒风凛冽的冰天。

天色昏黄了，
香木集高了，
凤已飞倦了，
凰已飞倦了，
他们的死期将近了。

凤啄香木，
一星星的火点迸飞。
凰扇火星，
一缕缕的香烟上腾。

凤又啄，
凰又扇，
山上的香烟弥散，
山上的火光弥满。

夜色已深了，
香木已燃了，
凤已啄倦了，
凰已扇倦了，
他们的死期已近了。

啊啊！
哀哀的凤凰！
凤起舞，低昂！
凰唱歌，悲壮！
凤又舞，

凰又唱，
一群的凡鸟，
自天外飞来观葬[8]。

凤歌

即即！即即！即即！
即即！即即！即即！
茫茫的宇宙，冷酷如铁！
茫茫的宇宙，黑暗如漆！
茫茫的宇宙，腥秽如血！

宇宙呀，宇宙，
你为什么存在？
你自从哪里来？
你坐在哪里在？
你是个有限大的空球？
你是个无限大的整块？
你若是有限大的空球，
那拥抱着你的空间
他从哪里来？
你的当中为什么又有生命存在？
你到底还是个有生命的交流？
你到底还是个无生命的机械？

昂头我问天，
天徒矜高，莫有点儿知识。
低头我问地，
地已死了，莫有点儿呼吸。
伸头我问海，
海正扬声而呜唈[8]。

啊啊！
生在这样个阴秽的世界当中，

便是把金刚石的宝刀也会生锈！
宇宙呀，宇宙，
我要努力地把你诅咒：
你脓血污秽着的屠场呀！
莫悲哀充塞着的囚牢呀！
你群鬼叫号着的坟墓呀！
你群魔跳梁着的地狱呀！
你到底为什么存在？
我们飞向西方，
西方同是一座屠场。
我们飞向东方，
东方同是一座囚牢。
我们飞向南方，
南方同是一座坟墓。
我们飞向北方，
北方同是一座地狱。
我们生在这样个世界当中，
只好学着海洋哀哭。

凰歌
足足！足足！足足！
足足！足足！足足！
五百年来的眼泪倾泻如瀑。
五百年来的眼泪淋漓如烛。
流不尽的眼泪，
洗不净的污浊，
浇不熄的情炎，
荡不去的羞辱，
我们这飘渺的浮生，
到底要向哪儿安宿？

啊啊！
我们这飘渺的浮生，

好像那大海里的孤舟，
左也是潓漫[9]，
右也是潓漫，
前不见灯台[10]，
后不见海岸，
帆已破，
樯已断，
楫已漂流，
柁已腐烂，
倦了的舟子只是在舟中呻唤，
怒了的海涛还是在海中泛滥，

啊啊！
我们这飘渺的浮生，
好像这黑夜里的酣梦，
前也是睡眠，
后也是睡眠，
来得如飘风，
去得如轻烟，
来如风，
去如烟，
眠在后，
睡在前，
我们只是这睡眠当中的
一刹那的风烟。

啊啊！
有什么意思？
有什么意思？
痴！痴！痴！
只剩些悲哀，烦恼，寂寥，衰败，
环绕着我们活动着的死尸，
贯串着我们活动着的死尸。

啊啊!

我们年轻时候的新鲜哪儿去了?

我们年轻时候的甘美哪儿去了?

我们年轻时候的光华哪儿去了?

我们年轻时候的欢爱哪儿去了?

去了!去了!去了!

一切都已去了,

一切都要去了。

我们也要去了,

你们也要去了。

悲哀呀!烦恼呀!寂寥呀!衰败呀!

凤凰同歌

啊啊!

火光熊熊了。

香气蓬蓬了。

时期已到了。

死期已到了。

身外的一切!

身内的一切!

一切的一切!

请了!请了!

群鸟歌

岩鹰:

哈哈,凤凰!凤凰!

你们枉为这禽中的灵长!

你们死了吗?你们死了吗?

从今后该我为空界的霸王!

孔雀:

哈哈,凤凰!凤凰!

你们枉为这禽中的灵长!

你们死了吗？你们死了吗？
从今后请看我花翎上的威光！

鸱枭[11]：
哈哈，凤凰！凤凰！
你们枉为这禽中的灵长！
你们死了吗？你们死了吗？
哦！是哪儿来的鼠肉的馨香[12]？

家鸽：
哈哈，凤凰！凤凰！
你们枉为这禽中的灵长！
你们死了吗？你们死了吗？
从今后请看我们驯良百姓的安康！

鹦鹉：
哈哈，凤凰！凤凰！
你们枉为这禽中的灵长！
你们死了吗？你们死了吗？
从今后请听我们雄辩家的主张！

白鹤：
哈哈，凤凰！凤凰！
你们枉为这禽中的灵长！
你们死了吗？你们死了吗？
从今后请看我们高蹈派的徜徉[13]！

凤凰更生歌
鸡鸣
听潮涨了，
听潮涨了，
死了的光明更生了。

春潮涨了，
春潮涨了，
死了的宇宙更生了。

生潮涨了，
生潮涨了，
死了的凤凰更生了。

凤凰和鸣
我们更生了，
我们更生了。
一切的一，更生了。
一的一切，更生了。
我们便是他，他们便是我，
我中也有你，你中也有我。
我便是你，
你便是我。
火便是凰。
凤便是火。
翱翔！翱翔！
欢唱！欢唱！

我们新鲜，我们净朗，
我们华美，我们芬芳，
一切的一，芬芳。
一的一切，芬芳。
芬芳便是你，芬芳便是我。
芬芳便是他，芬芳便是火。
火便是你。
火便是我。
火便是他。
火便是火。
翱翔！翱翔！

欢唱！欢唱！

我们热诚，我们挚爱。
我们欢乐，我们和谐。
一切的一，和谐。
一的一切，和谐。
和谐便是你，和谐便是我。
和谐便是他，和谐便是火。
火便是你。
火便是我。
火便是他。
火便是火。
翱翔！翱翔！
欢唱！欢唱！

我们生动，我们自由。
我们雄浑，我们悠久。
一切的一，悠久。
一的一切，悠久。
悠久便是你，悠久便是我。
悠久便是他，悠久便是火。
火便是你。
火便是我。
火便是他。
火便是火。
翱翔！翱翔！
欢唱！欢唱！

我们欢唱，我们翱翔。
我们翱翔，我们欢唱。
一切的一，常在欢唱。
一的一切，常在欢唱。
是你在欢唱？是我在欢唱？

是他在欢唱？是火在欢唱？

欢唱在欢唱！

欢唱在欢唱！

只有欢唱！

只有欢唱！

欢唱！

欢唱！

欢唱！

【注释】

[1] 天方国：沙特阿拉伯麦加城建有祭祀真主安拉的方形神庙，即麦加克尔白圣殿。克尔白意即方形石屋，汉语译为"天房"。以此阿拉伯地区也被称为"天房国"，后人讹作"天方国"。菲尼克司：古埃及和古希腊传说的不死鸟、长生鸟。

[2] 殆即：大概是、几乎就是。

[3]《孔演图》：即《春秋孔演图》，古代纬书，附会孔子感天而生的神异过程，并叙述孔子受命制作"五经"的神话故事。书已佚，今有清代辑佚本。

[4]《广雅》：三国时魏张揖撰词书，因其书承袭《尔雅》而又有增广，故名。

[5] 丹穴：传说中的山名。《山海经·南山经》："丹穴之山……有鸟焉，其状如鸡，五采而文，名曰凤皇。"

[6] 梧桐：典出《庄子·秋水》："鹓雏发于南海而飞于北海，非梧桐不止，非练实不食，非醴泉不饮。"鹓雏，凤凰之别名。

[7] 醴(lǐ)泉：即甘泉。《尔雅·释天》："甘雨时降，万物以嘉，谓之醴泉。"醴，甜酒。

[8] 呜唈：也作"呜邑"，形容低沉、凄切的哭声。袁枚《随园诗话》卷十引孙云凤《李香君媚香楼》诗云："可怜一片清溪水，犹向门前呜邑流。"

[9] 澷漫：迷茫模糊，无边无际。

[10] 灯台：这里指登塔。

[11] 鸱枭：恶鸟名，俗称猫头鹰。诗中常用以比喻贪恶之人。曹植《赠白马王彪》："鸱枭鸣衡扼，豺狼当路衢。"

[12] 鼠肉的馨香：典出《庄子·秋水篇》："惠子相梁，庄子往见之，或谓惠子曰：庄子来，欲代子相。于是惠子恐，搜于国中三日三夜。庄子往见之，曰：南方有鸟，其名为鹓雏，子知之乎？夫鹓雏发于南海，而飞于北海，非梧桐不止，非练实不食，非醴泉不饮。于是鸱得腐鼠，鹓雏过之，仰而视之曰吓！今子欲以梁国而吓我

耶?"李商隐《安定城楼》:"不知腐鼠成滋味,猜意鹓雏竟未休。"

[13]高蹈派:又称"帕尔那斯派",本为19世纪下半叶法国诗坛上出现的自然主义创作流派,主张"为艺术而艺术"。这里借以讽刺不关心时局国事的文人。徜徉:徘徊,此指闲游、自在地踱步。

❓提示与思考

1. 郭沫若曾在《我的作诗的经过》中提到这首诗是一天写成的:"上半天在学校的课堂里听讲的时候,突然有诗意袭来,便在抄本上东鳞西爪地写出那首诗的前半。在晚上行将就寝的时候,诗的后半的意趣又袭来了,伏在枕上用铅笔只是火速地写,全身都有点作寒作冷,连牙关都在作战。"后来作者曾于1928年对原作进行了删改,本文所选即删改过的定本。诗人以凤凰从烈焰中重获新生的传说为素材,借鉴西方诗剧的表现形式,淋漓尽致地抒发了彻底埋葬旧社会、争取祖国自由解放的理想,体现了"五四"运动中那种狂飙突进的时代精神,风格激越奔放,具有强烈的浪漫主义特色,是现代文学史上不可多得的优秀的诗作。现在流行的微博写作比较热衷于"穿越"故事,在对时间的超越上,"穿越"与凤凰的"涅槃"有何区别吗?

2. 作者所塑造的凤凰形象具有鲜明而突出的叛逆精神,对现实社会深恶痛绝、势不两立,要冲出陈旧腐朽的牢笼。与此相适应,在诗歌的表现形式上,诗人也主张打破一切旧的约束,既有情节剧的故事性,又有强烈的抒情性。诗歌长达二百多行,气氛随着故事和发展而大起大伏,节奏明快而富于变化,富有极强的音乐性。但即便如此,诗歌中仍保留有大量的传统文化因素,你能举出这样的例子并作出解释吗?

3. 郭沫若《女神》中还有一首《立在地球边上放号》:

> 无数的白云正在空中怒涌,
> 啊啊! 好幅壮丽的北冰洋的情景哟!
> 无限的太平洋提起他全身的力量来要把地球推倒。
> 啊啊! 我眼前来了的滚滚的洪涛哟!
> 啊啊! 不断的毁坏,不断的创造,不断的努力哟!
> 啊啊! 力哟! 力哟!
> 力的绘画,力的舞蹈,力的音乐,力的诗歌,力的律吕哟!

尽管比起《凤凰涅槃》来,这首诗歌短小了许多,但你能从中感到其与《凤凰涅槃》有相通的地方吗?

拓展阅读

郭沫若《天狗》

一

我是一条天狗呀！

我把月来吞了，

我把日来吞了，

我把一切的星球来吞了，

我把全宇宙来吞了。

我便是我了！

二

我是月底光，

我是日底光，

我是一切星球底光，

我是 X 光线底光，

我是全宇宙底 Energy 底总量！

三

我飞奔，

我狂叫，

我燃烧。

我如烈火一样地燃烧！

我如大海一样地狂叫！

我如电气一样地飞跑！

我飞跑，

我飞跑，

我飞跑，

我剥我的皮，

我食我的肉，

我嚼我的血，

我啮我的心肝，

我在我神经上飞跑，

我在我脊髓上飞跑，
我在我脑筋上飞跑。
四
我便是我呀！
我的我要爆了！

刘半农《情歌》

刘半农(1891～1934年)，原名寿彭，后改名复，初字半侬、瓣秋，号曲庵，江苏江阴人，出生于知识分子家庭，曾参加辛亥革命，后到北京大学任教，并参与《新青年》杂志的编辑工作，积极投身文学革命，提倡白话文。年三十留学英、法，获法国国家文学博士学位。回国任北大教授，专力从事语言学研究应用与教学工作。终病逝于北京，葬香山碧云寺东。

刘半农是我国"五四"新文化运动的先驱之一，著名的文学家。这首《情歌》是刘半农留学伦敦时创作的一首文情并茂的佳作。

天上飘着些微云，
地上吹着些微风。
啊！
微风吹动了我头发，
教我如何不想她[1]？

月光恋爱着海洋，
海洋恋爱着月光。
啊！
这般蜜也似的银夜，
教我如何不想她？

水面落花慢慢流，

水底鱼儿慢慢游。

啊！

燕子你说些什么话？

教我如何不想她？

枯树在冷风里摇，

野火在暮色中烧。

啊！

西天还有些残霞，

教我如何不想她？

【注释】

[1] 教我：因版本不同，也作"叫我"，皆可。她：中文本无此字，据鲁迅《纪念刘半农君》，"她"字为刘半农所创，本诗是首次正式将"她"字运用到写作中。

？ 提示与思考

1. 这首《情歌》后由著名音乐家赵元任谱曲，改名作《教我如何不想她》，而被广为传唱。有人请教赵元任先生诗歌中的"她"究竟是谁时，得到的回答是：这是想念祖国。你是如何看待这个问题的？

2. 本诗格式自由却又相对整齐，在结构上吸取民间歌谣的复沓式章法，每节的内在节奏大略一致，语言质朴本色，并无华丽、鲜亮的词语。除了每节最后的"教我如何不想她"一句外，全诗几乎完全由意象构成，因此看似平淡的语句却能营造出优美的意境；情感真挚而深沉，而表现得却又极有节制。请把此诗与郭沫若的《凤凰涅槃》比较，分析其抒情性风格的差异及其原因。

3. 背诵这首《情歌》。据赵元任夫人杨步伟的回忆录《杂记赵家》载，当年北京女子文理学院的学生非常爱唱《教我如何不想她》，后来刘半农奉命接掌该学院，学生看到他着一身中式蓝棉布袍，纷纷议论道："原先听说刘半农是一个很风雅的文人，怎么会是一个土老头。"刘半农听说后写了首打油诗："教我如何不想她，请来共饮一杯茶。原来如此一老叟，教我如何再想他。"而赵元任给刘半农所作的挽联也是："十载凑双簧，无词今后难成曲；数人弱一个，教我如何不想他。"可见此诗之脍炙人口。

拓展阅读

郭沫若《炉中煤——眷念祖国的情绪》

啊，我年青的女郎！
我不辜负你的殷勤，
你也不要辜负了我的思量。
我为我心爱的人儿，
燃到了这般模样！

啊，我年青的女郎！
你该知道了我的前身？
你该不嫌我黑奴卤莽？
要我这黑奴底胸中，
才有火一样的心肠。

啊，我年青的女郎！
我想我的前身，
原本是有用的栋梁，
我活埋在地底多年，
到今朝才得重见天光。

啊，我年青的女郎！
我自从重见天光，
我常常思念我的故乡，
我为我心爱的人儿，
燃到了这般模样！

徐志摩《为要寻一颗明星》

徐志摩(1897~1931年),原名章垿,字槱森,曾用笔名有南湖、诗哲、海谷、云中鹤、谔谔等,浙江海宁县人,金庸的表兄。先后就读于上海沪江大学、天津北洋大学和北京大学,后赴美、英留学,入剑桥大学研学政治经济学两年,受西方浪漫主义和唯美派诗人的影响,开始诗歌创作。回国后参与发起成立新月诗社,任北京大学教授。后移居上海,执教南京中央大学。1931年11月19日搭乘中国航空公司"济南号"邮政飞机由南京飞至北京途中,飞机因大雾而坠于济南长清之开山,年仅三十六岁。

徐志摩的诗追求形式的整饬华美,韵律谐和,比喻新奇,具有鲜明的艺术个性,为新月派的代表诗人。《为要寻一颗明星》原载于1924年12月1日《晨报六周年纪念增刊》。

> 我骑着一匹拐腿的瞎马[1],
> 向着黑夜里加鞭[2];——
> 向着黑夜里加鞭,
> 我跨着一匹拐腿的瞎马!
>
> 我冲入这黑绵绵的昏夜,
> 为要寻一颗明星;——
> 为要寻一颗明星,
> 我冲入这黑茫茫的荒野。
>
> 累坏了,累坏了我胯下的牲口,
> 那明星还不出现;——
> 那明星还不出现,
> 累坏了,累坏了马鞍上的身手。
>
> 这回天上透出了水晶似的光明,
> 荒野里倒着一只牲口,
> 黑夜里躺着一具尸首。——
> 这回天上透出了水晶似的光明!

【注释】

[1] 瞎马：暗用东晋桓玄、殷仲堪与顾恺之共作危语之典故。《世说新语·排调》："桓曰：矛头淅米剑头炊。殷曰：百岁老翁攀枯枝。顾曰：井上辘轳卧婴儿。殷有一参军在坐，云：盲人骑瞎马，夜半临深池。"

[2] 加鞭：本句后的标点符号原文如此。按本诗初刊时标点符号的使用尚未有严格的规范。

提示与思考

1. 请注意诗歌中呈现出的两极状态：一边是现实中的拐腿瞎马、黑夜和"茫茫的荒野"；另一边却是心中的明星和天上"水晶似的光明"。最后把这有着巨大差异的两极联系起来的却是倒下的牲口和"躺着的尸首"。想一想，你曾经为自己所追求的目标付出过什么，时间、金钱、情感？怎样的追求值得我们付出自己的全部生命？《孟子·告子上》："生，亦我所欲也，义，亦我所欲也。二者不可得兼，舍生而取义者也。"这和本诗所写的是一回事吗？舍生取义是个人明确的理性选择，而追求光明却要付出生命的代价，这似乎不是诗人愿意看到的结局，换个角度说，如果徐志摩不是在歌颂个体的精神境界的话，那他关注的又会是什么呢？

2. 就像李白从小就崇拜皓月一样，徐志摩对夜空中的明星也有着特殊的情感。他曾在《雨后虹》中提到，自己早年近视，十三岁那年第一副眼镜配好时，天已昏黑。把眼镜带上，仰头一望，好个伟大蓝净不相熟的天，几千只闪烁的星星，一直穿透他的眼睛，直贯他灵府的深处，他不禁大声叫好。本诗中的"明星"和作者看到的满天星星有关系吗？

拓展阅读

徐志摩《我有一个恋爱》

我有一个恋爱；——
我爱天上的明星；
我爱他们的晶莹：
人间没有这异样的神明。

在冷峭的暮冬的黄昏，
在寂寞的灰色的清晨。
在海上，在风雨后的山顶——

永远有一颗，万颗的明星！

山涧边小草花的知心，
高楼上小孩童的欢欣，
旅行人的灯亮与南针：——
万万里外闪烁的精灵！

我有一个破碎的魂灵，
像一堆破碎的水晶，
散布在荒野的枯草里——
饱啜你一瞬瞬的殷勤。

人生的冰激与柔情，
我也曾尝味，我也曾容忍；
有时阶砌下蟋蟀的秋吟，
引起我心伤，逼迫我泪零。

我袒露我的坦白的胸襟，
献爱与一天的明星，
任凭人生是幻是真
地球在或是消派——
大空中永远有不昧的明星！

闻一多《死水》

闻一多(1899~1946年)，原名亦多，字友山，湖北浠水人。出身于书香门第，五四时期在北京清华大学读书的他即投身于学生运动，曾代表学校出席全国学联会议。后赴美国芝加哥美术学院求学，回国后先后执教于武汉大学、青岛大学、清华大学等。在创作新诗的同时，也致力于古典文学的研究。抗战期间任教昆明西南联大。后因目睹国民政府的腐败，奋然参加反独裁斗争，终遭暗杀。

闻一多在新诗创作上独树一帜，其诗沉郁奇丽，具有强烈而深沉的民族意识和传统气质。他主张创建新体诗格律,包括节奏、平仄、重音、押韵、停顿甚至句式长短的匀称等各方面的和谐。《死水》是其同名诗集中的代表作,写于 1925 年。

这是一沟绝望的死水,
清风吹不起半点漪沦[1]。
不如多仍些破铜烂铁,
爽性泼你的剩菜残羹。

也许铜的要绿成翡翠,
铁罐上锈出几瓣桃花;
再让油腻织一层罗绮,
霉菌给他蒸出些云霞。

让死水酵出一沟绿酒,
飘满了珍珠似的白沫。
小珠们笑声变成大珠[2],
又被偷酒的花蚊咬破。

那么一沟绝望的死水,
也就夸得上几分鲜明。
如果青蛙耐不住寂寞,
又算死水叫出了歌声。

这是一沟绝望的死水,
这里断不是美的所在。
不如让给丑恶来开垦,
看他造出个什么世界。

【注释】

[1] 漪(yī)沦:微澜,即"沦漪"的倒文。《诗经·魏风·伐檀》:"河水清且沦漪"陆德明释文:"漪,于宜反,本亦作漪,同。"按,从本诗每节用韵规律上看,此"沦"字与第四句的"羹"字当为韵近相谐。

[2] "小珠"句:反用白居易《琵琶行》"大珠小珠落玉盘"之语意。

📝 提示与思考

1. 闻一多二十二岁留美学画三年,因此很注重新诗的"建筑美",即从构图角度提倡诗歌呈现出来的面貌应严谨、整饬。就本诗而言,共计五小节,每节四句,凡二十句,每句均为九字。用韵同样讲究,每节之内隔句押韵,韵脚落在双数句上,且平仄并不通押。同样,诗人对色彩的感觉和把握绝非一般人所能有。请尝试从本诗中寻找出与色彩有关的句子,看看都起到怎样的效果?

2. 饶孟侃在《诗词二题》一文中回忆说:"《死水》一诗,即君偶见西单二龙坑南端一臭水沟有感而作。"(见《诗刊》1979 年第 8 期)道家认为,美和丑都不是绝对的,是可以相互转化的。《老子》云:"天下皆知美之为美,斯恶已。"《庄子》一书中着力塑造了支离疏、哀骀驼、佝偻丈人等身有残缺或外表丑陋的畸人形象,应该是比较早的"审丑",开启了以丑为美的先河,在美学上具有别树一帜的创新意义。魏晋名士嵇康在《与山巨源绝交书》中自称"头面常一月十五日不洗……性复多虱,把搔无已",这种形象似乎也很难让常人接受。听一听美国颓废摇滚歌手科特·柯本的歌:"一个黑白混血儿,一个白血病病人,一只蚊子,还有我的性欲(A mulatto, an albino, a mosquito, my libido)。"感受一下那种怒涛决堤般的冲击力。你还能在身边的生活中找到"审丑"的例子吗? 你怎样解释这种"审丑"的现象?

3. 中唐李贺人称"诗鬼",毕生坎坷,其诗在遣辞与设色方面,多用"泣"、"腥"、"冷"、"血"、"死"等,风格冷艳怪诞,被杜牧形容为"牛鬼蛇神"(见《李贺诗序》)。同样,在人称"郊寒岛瘦"的苦吟派诗人孟郊那里,也刻意选用"峭风"、"冷露"、"老虫"、"病骨"、"铁发"、"黑草"等感觉上属于晦暗、枯硬的意象,组成险怪、生硬、艰涩的句子,用来表现愤懑愁苦、抑郁孤寂的心境。无独有偶,法国 19 世纪著名的象征派诗歌先驱皮埃尔·波德莱尔有代表诗集《恶之花》,着力描写丑恶事物,认为应该"发掘恶中之美",以表现"恶中的精神骚动"。究竟是什么促使诗人对丑恶的意象产生了兴趣? 换句话说,引发诗人如此强烈的情绪波澜的内在原因更值得我们深思。我们可以确定,闻一多的这沟"死水"中必然包含有作者对其他事物的联想,除了揭露社会之外,"死水"是否还会具有更深层的文化象征意义? 它可能象征着什么?

📖 拓展阅读

罗大佑《夜太黑》

告别白昼的灰
夜色轻轻包围
这世界正如你想要的那么黑

霓虹里人影如鬼魅
这城市隐约有种堕落的美
如果谁看来颓废
他只是累
要是谁跌碎了酒杯
别理会
只是夜再黑
遮不住那眼角不欲人知的泪
呃　夜太黑
它又给过谁暖暖的安慰
只怪夜太黑
谁又在乎酒醒了更憔悴
夜太黑
酒精把一切都烧成灰
夜太黑

告别白昼的灰
夜色轻轻包围
这世界正如你想要的那么黑
霓虹里人影如鬼魅
这城市隐约有种沦落的美
男人久不见莲花
开始觉得牡丹美
女人芳心要给谁
没所谓
只是夜再黑
也能看见藏在角落的伤悲
呃　夜太黑
谁也没尝过真爱的滋味
只怪夜太黑
没人担心明天会不会后悔
咳　夜太黑
酒精把一切都烧成灰

夜太黑

在轻轻地轻轻地包围
沦落的美
如果谁看来颓废
只是累
无心跌碎了酒杯
别理会
只是只是夜再黑
也遮不住那眼角的眼泪
暖暖的安慰
它给过谁
谁又在乎酒醒之后更憔悴
谁又担心明天会不会后悔
但夜太黑
夜太黑

臧克家《都市里的春天》

　　臧克家(1905～2004年),曾用名臧瑗望,笔名孙荃、何嘉,山东诸城人,早年在济南省立第一师范学校学习,后进入国立山东大学中文系读书,毕业后任山东临清中学教员、第五战区司令长官部秘书、三十军参议等职。抗战期间在重庆中华全国文艺界抗敌协会工作,后到上海,出任《侨声报》文艺副刊、《创造诗丛》主编。新中国成立后,历任新闻出版总署编审、人民出版社编审,中国作家协会书记处书记、《诗刊》主编、中国写作学会会长等。

　　臧克家是我国现当代杰出诗人,著名作家、编辑家,2000年获首届"中国诗人奖——终生成就奖"。《都市里的春天》作于1934年。

一只风筝缢死在电杆梢，
一个春天的幌子在半空招摇，
这里没有一条红，一条绿，
做一道清线记春的来去。

东风在臭水上扬起波澜，
穷孩子在里边戏弄着春天，
遍体不缀一点布块，
从天上掉下来一身自在。

工人们甩掉了开花的棉袄，
阳光钻入了铁的胸膛，
他们有力地伸一伸双臂
全体的生机顺着风长。

高楼上的人应该更懒，
一个梦远到天边：
深巷里一声卖花[1]，
一双蝴蝶飞过南园[2]。

【注释】

[1]"深巷"句：语本陆游《临安春雨初霁》："小楼一夜听春雨，深巷明朝卖杏花。"

[2]"一双蝴蝶"句：语本晋张协《杂诗》："借问此何时？蝴蝶飞南园。"又，欧阳修《阮郎归》："南园春半踏青时……日长蝴蝶飞。"

❓提示与思考

1. 臧克家自幼受家庭环境影响，打下了良好的古典诗文基础。1930年入山东大学后，得到时任山大文学院院长著名诗人闻一多的指教，渐有诗名。从本诗最后一节就能看到古典诗歌与新诗的完美融合。作者的古典诗歌也写得很好，比如《八十抒怀》绝句：

自沐朝晖意蓊茏，休凭白发便呼翁。
狂来欲碎玻璃镜，还我青春火样红。

2. 你如何写春天？你会选择以下意象吗？湛蓝如洗的天空、温暖的阳光、和煦的东风中飘拂的柳枝、东风中的燕子、小姑娘的裙子以及春水碧草、鸟语花香等等。但臧克家却没有选择这些来写,而是突出写了一只风筝孤零零地悬挂在光秃秃的电线杆上,随风无力地摆动着,并以此作为春的象征。然后便写了各色不同的人在此时的行为。请将第二、第三节所写与最后一节比照,看看同是居于都市,在不同的人那里春天会呈现出多么大的差异。你心目中都市里的春天应该是什么样的? 不限古体、近体或新体,写一首《校园里的春天》。

3. 重听汪峰的《春天里》,把歌词找来细读一遍。与臧克家此诗对比,同是写都市里的春天,二者对下层民众的关注是一样的,但叙述角度和抒情方式却有很大的不同,具体分析一下二者的不同在哪里?

拓展阅读

臧克家《依旧是春天——感时》

什么也没有过的一样。
一万条太阳的金辐
撑起了一把天蓝伞,
懒又静地
笼上了这人间的春天。

什么也没有过的一样。
看春水那份柔情,
柳条绿成了鞭,
东风留下了燕子的歌,
碧草依旧绿到塞边。

1936 年 4 月 20 日于临清。

钱钟书《窗》

钱钟书(1910~1998 年),字默存,号槐聚,江苏无锡人。毕业于清华大学外文系,后留学英国牛津大学。大学毕业后任教于多所高校,抗战结束,出任上海暨南大学外文系教授,其后长篇小说《围城》、文论著作《谈艺录》相继出版,在学界引起巨大反响。新中国成立,先后执教于清华大学、北京大学。晚年就职于中国社会科学院,任副院长,病逝于北京。

《窗》选自作者的散文集《写在人生边上》。《写在人生边上》,1941 年由开明书店出版,收入《魔鬼夜访钱钟书先生》。

又是春天,窗子可以常开了。春天从窗外进来,人在屋子里坐不住,就从门里出去。不过屋子外的春天太贱了!到处是阳光,不像射破屋里阴深的那样明亮;到处是给太阳晒得懒洋洋的风,不像搅动屋里沉闷的那样有生气。就是鸟语,也似乎琐碎而单薄,需要屋里的寂静来做衬托。我们因此明白,春天是该镶嵌在窗子里看的,好比画配了框子。

同时,我们悟到,门和窗有不同的意义。当然,门是造了让人出进的。但是,窗子有时也可作为进出口用,譬如小偷或小说里私约的情人就喜欢爬窗子。所以窗子和门的根本分别,决不仅是有没有人进来出去。若据赏春一事来看,我们不妨这样说:有了门,我们可以出去;有了窗,我们可以不必出去。窗子打通了大自然和人的隔膜,把风和太阳逗引进来,使屋子里也关着一部分春天,让我们安坐了享受,无需再到外面去找。古代诗人像陶渊明对于窗子的这种精神,颇有会心。《归去来辞》[1]有两句道:"倚南窗以寄傲,审容膝之易安。"不等于说,只要有窗可以凭眺,就是小屋子也住得么?他又说:"夏月虚闲,高卧北窗之下,清风飒至。自谓羲皇上人[2]。"意思是只要窗子透风,小屋子可成极乐世界;他虽然是柴桑人,就近有庐山,也用不着上去避暑。所以,门许我们追求,表示欲望,窗子许我们占领,表示享受。这个分别,不但是住在屋里的人的看法,有时也适用于屋外的来人。一个外来者,打门请进,有所要求,有所询问,他至多是个客人,一切要等主人来决定。反过来说,一个钻窗子进来的人,不管是偷东西还是偷情,早已决心来替你做个暂时的主人,顾不到你的欢迎和拒绝了。缪塞(Musset)[3]在《少女做的是什么梦》那首诗剧里,有句妙语,略谓父亲开了门,请进了物质上的丈夫(matriel poux),但是理想的爱人(ideal),总是从窗子出进的。换句话说,从前门进来的,只是形式上的女婿,虽然经丈人看中,还待博取小姐自己的欢心;要是从后窗进来的,才是女郎们把灵魂肉体完全交托的真正情人。你进前门,先要经门房通知,再要等主人出现,还得寒暄几句,方能说明来意,既费心思,又费时间,哪像从后窗进来的直捷痛快?好像学问的捷径,在乎书背后的引得[4],若从前面正文看起,反见得迂远了。这当然只是在社会常态下的分别,到了战争等变态时期,屋子本身就保不住,还讲什么门和窗!

世界上的屋子全有门,而不开窗的屋子我们还看得到。这指示出窗比门代表更高的人类进化阶段。门是住屋子者的需要,窗多少是一种奢侈。屋子的本意,只像鸟窠兽窟，准备人回来过夜的，把门关上，算是保护。但是墙上开了窗子，收入光明和空气，使我们白天不必到户外去，关了门也可生活。屋子在人生里因此增添了意义，不只是避风雨、过夜的地方，并且有了陈设，挂着书画，是我们从早到晚思想、工作、娱乐、演出人生悲喜剧的场子。门是人的进出口，窗可以说是天的进出口。屋子本是人造了为躲避自然的胁害，而向四堵墙、一个屋顶里，窗引诱了一角天进来，驯服了它，给人利用，好比我们笼络野马，变为家畜一样。从此我们在屋子里就能和自然接触，不必去找光明，换空气，光明和空气会来找到我们。所以，人对于自然的胜利，窗也是一个。不过，这种胜利，有如女子对于男子的胜利，表面上看来好像是让步——人开了窗让风和日光进来占领，谁知道来占领这个地方的就给这个地方占领去了！我们刚说门是需要，需要是不由人做得主的。譬如饿了就要吃，渴了就得喝。所以，有人敲门你总得去开，也许是易卜生[5]所说比你下一代的青年想冲进来，也许像德昆西[6]《论谋杀后闻打门声》(On the knocking at the Gate in the Macbeth)所说，光天化日的世界想攻进黑暗罪恶的世界，也许是浪子回家，也许是有人借债(更许是讨债)，你愈不知道，怕去开，你愈想知道究竟，愈要去开。甚至每天邮差打门的声音，他使你起了带疑惧的希冀，因为你不知道而又愿知道他带来的是什么消息。门的开关是由不得你的。但是窗呢？你清早起来，只要把窗幕拉过一边，你就知道窗外有什么东西在招呼着你，是雪、是雾、是雨，还是好太阳，决定要不要开窗子。上面说过窗子算得奢侈品，奢侈品原是在人看情形斟酌增减的。

我常想，窗可以算房屋的眼睛。刘熙[7]《释名》说："窗，聪也；于内窥外，为聪明也。"正和凯罗[8](Gottfriend Keller)《晚歌》(Abendlied)起句所谓"双瞳如小窗(Fensterlein)，佳景收历历，"同样地只说着一半。眼睛是灵魂的窗户，我们看见外界，同时也让人看到了我们的内心；眼睛往往跟着心在转。所以孟子认为相人"莫良于眸子"[9]，梅特林克[10]戏剧里的情人接吻时不闭眼，可以看见对方有多少吻要从心里上升到嘴边。我们跟戴黑眼镜的人谈话，总觉得捉摸不住他的用意，仿佛他以假面具相对，就是为此。据爱戈门[11](Eckermann)记一八三○年四月五日歌德的谈话，歌德恨一切戴眼镜的人，说他们看得清楚他脸上的皱纹，但是他给他们的玻璃片耀得眼花撩乱，看不出他们的心境。窗子许里面人看出去，同时也许外面人看进来，所以在热闹地方住的人要用窗帘子，替他们私生活做个保障。晚上访人，只要看窗里有无灯光，就约略可以猜到主人在不在家，不必打开了门再问，好比不等人开口，从眼睛里看出他的心思。关窗的作用等于闭眼。天地间有许多景象是要闭了眼才看得见的，譬如梦。假使窗外的人声物态太嘈杂了，关了窗好让灵魂自由地去探胜，安静地默想。有时，关窗和闭眼也有连带关系，你觉得窗外的世界不过尔尔，并不能给予你什么满足，你想回到故乡，你要看见跟你分离的亲友，你只有睡觉，闭了眼向梦里寻去，于是你起来先关了窗。因为只是春天，还留着残冷，窗子也不能整天整夜不关的。

【注释】

[1] 归去来辞：即《归去来兮辞》。下句所引"倚南窗以寄傲，审容膝之易安"，谓房屋之狭小。

[2] 羲皇上人：古代以伏羲、神农、皇帝为三皇。故称伏羲氏以前太古时期的初民为羲皇上人。此段引文见《晋书·陶潜传》，陶渊明《与子俨等疏》原文作："常言五六月中，北窗下卧，遇凉风暂至，自谓是羲皇上人。"

[3] 缪塞：即十九世纪法国浪漫主义诗人阿尔弗莱·德·缪塞，贵族出身，早期受雨果影响，注重诗歌语句的形式美。

[4] 引得：英语单词 index 的早期音译，其意现今多用文献索引。

[5] 易卜生：一位影响深远的挪威剧作家，被认为是现代现实主义戏剧的创始人。代表作《玩偶之家》，中译本又作《娜拉》。

[6] 德昆西：即 19 世纪英国批评家托马斯·德·昆西。《论谋杀后闻打门声》系其论述莎士比亚悲剧《麦克白》的著名论文，一般译作《论麦克白剧中的敲门声》。

[7] 刘熙：东汉末北海（今山东省高密一带）人。其所作《释名》是一部从词语音训角度来推求事物得名源由的著作。

[8] 凯罗：今多译作高特费里特·凯勒，瑞士德语作家、诗人。

[9] 莫良于眸子：此句出《孟子·离娄上》："存乎人者莫良于眸子。"

[10] 梅特林克：莫里斯·梅特林克，比利时剧作家、诗人，1911 年获得诺贝尔文学奖。

[11] 爱戈门：今多译作爱克尔曼，《歌德对话录》的作者。

❓ 提示与思考

1.《写在人生边上》所收录的散文带有独特的钱氏幽默风格，且广征博引，睿智风趣。在本文中，作者以旁观者的角度，从容冷静地对现实生活中的各种现象进行评议。其中一个很突出的特点是比喻新奇，如最后一段"关窗的作用等于闭眼"的议论，把生活中本来常见的两个毫不相干的现象联系到一起，于司空见惯的平淡之中显现出对生活所具有的令人称道的感悟能力和对事物内在特质非同寻常的把握能力。找一找本文中还有哪些你认为比较奇特的比喻，学习运用自己的联想力，把不同的事物进行对比，并找出其中的共同点。

2. 本文中作者涉猎广泛，从中国古代的孟子、刘熙、陶渊明到西方的歌德、缪塞、易卜生等，短短两千余字的随笔，竟随手引用了十多例古今中外的文献材料，且都贴切到位。这提醒我们，读书学习不仅仅是占有知识——那就好比只会敛钱的守财奴。对我们而言,更重要的是学会如何花钱,即要学会如何运用所学的知识。

3. 重新找来作者的长篇小说《围城》读一读。

拓展阅读

钱钟书《释文盲》(节选自《写在人生边上》)

在非文学书中找到有文章意味的妙句,正像整理旧衣服,忽然在夹袋里发现了用剩的钞票和角子;虽然是份内的东西,确有一种意外的喜悦。譬如三年前的秋天,偶尔翻翻哈德门(Nicolai Hartmann)的大作《伦理学》,看见一节奇文,略谓有一种人,不知好坏,不辨善恶,仿佛色盲者的不分青红皂白,可以说是害着价值盲的病(Wertblindheit)。当时就觉得这个比喻的巧妙新鲜,想不到今天会引到它。借系统伟大的哲学家(并且是德国人),来做小品随笔的开篇,当然有点大材小用,好比用高射炮来打蚊子。不过小题目若不大做,有谁来理会呢? 小店、小学校开张,也想法要请当地首长参加典礼,小书出版,也要求大名人题签,正是同样的道理。

价值盲的一种象征是欠缺美感;对于文艺作品,全无欣赏能力。这种病症,我们依照色盲的例子,无妨唤作文盲。在这一点上,苏东坡完全跟我同意。东坡领贡举而李方叔考试落第,东坡赋诗相送云:"与君相从非一日,笔势翩翩疑可识;平时漫说古战场,过眼终迷日五色。"你看,他早把不识文章比作不别颜色了。说来也奇,偏是把文学当作职业的人,文盲的程度似乎愈加厉害。好多文学研究者,对于诗文的美丑高低,竟毫无欣赏和鉴别。但是,我们只要放大眼界,就知道不值得少见多怪。看文学书而不懂鉴赏,恰等于帝皇时代,看守后宫,成日价在女人堆里厮混的偏偏是个太监,虽有机会,确无能力! 无错不成话,非冤家不聚头,不如此怎会有人生的笑剧?

文盲这个名称太好了,我们该向民众教育家要它过来。因为认识字的人,未必不是文盲。譬如说,世界上还有比语言学家和文字学家识字更多的人么?然而有几位文字语言专家,到看文学作品时,往往不免乌烟瘴气眼前一片灰色。有一位语言学家云:"文学批评全是些废话,只有一个个字的形义音韵,才有确实性。"拜聆之下,不禁想到格利佛(Gulliver)在大人国瞻仰皇后玉胸,只见汗毛孔不见皮肤的故事。假如苍蝇认得字——我想它是识字的,有《晋书·符坚载记》为证——假如苍蝇认得字,我说,它对文学和那位语言学家相同。眼孔生得小,视界想来不会远大,看诗文只见一个个字,看人物只见一个个汗毛孔。我坦白地承认,苍蝇的宇宙观,极富于诗意:除了勃莱克(Blake)自身以外,"所谓一花一世界,一沙一天国"的胸襟,苍蝇倒是具有的。它能够在一堆肉骨头里发现了金银岛,从一撮垃圾飞到别一撮垃圾时,领略到欧亚长途航空的愉快。只要它不认为肉骨头之外无乐土,垃圾之外无五洲,我们尽管让这个小东西嗡嗡的自鸣得意。训诂音韵是顶有用、顶有趣的学问,就只怕学者们的头脑还是清朝朴学时期的遗物,以为此外更无学问,或者以为研究文学不过是文字或其它的考订。朴学者的霸道是可怕的。圣佩韦(Sainte Beuve)在《月曜论文新编》(Nouveaux Lundis)第六册里说,学会了语言,不能欣赏文学,而专做文字学的功夫,好比向小姐求爱不遂,只能找丫头来替。不幸得很,最招惹不得的是丫头,你一抬举她,她就想盖过了千金小姐。有多少丫头不想学花袭人呢?

……

文盲是价值盲的一种,在这里表现得更清楚。有一位时髦贵妇对大画家威斯娄(Whistler)说:"我不知道什么是好东西,我只知道我喜欢什么东西。"威斯娄鞠躬敬答:"亲爱的太太,在这一点上太太所见和野兽相同。"真的,文明人类跟野蛮兽类的区别,就在人类有一个超自我(Trans—subjective)的观点。因此,他能够把是非真伪跟一己的利害分开,把善恶好丑跟一己的爱憎分开。他并不和日常生命粘合得难分难解,而尽量企图跳出自己的凡躯俗骨来批判自己。所以,他在实用应付以外,还知道有真理;在教书投稿以外,还知道有学问;在看电影明星照片以外,还知道有崇高的美术;虽然爱惜身命,也明白殉国殉道的可贵。生来是个人,终免不得做几椿傻事错事,吃不该吃的果子,爱不值得爱的东西;但是心上自有权衡,不肯颠倒是非,抹杀好坏来为自己辩护。他了解该做的事未必就是爱做的事。这种自我的分裂、知行的歧出,紧张时产出了悲剧,松散时变成了讽刺。只有禽兽是天生就知行合一的,因为它们不知道有比一己奢欲更高的理想。好容易千辛万苦,从猴子进化到人类,还要把嗜好跟价值浑而为一,变作人面兽心,真有点对不住达尔文。

老舍《吊济南》(节选)

老舍(1899~1966年),原名舒庆春,字舍予,北京人。出生于一个贫民家庭。北京师范学校毕业后任小学校长和中学教员,后赴英国任伦敦大学东方学院汉语讲师,开始从事小说创作,并加入文学研究会。回国后任济南齐鲁大学、青岛山东大学教授。抗战期间赴汉口、重庆等地,出任中华全国文艺界抗敌协会总务部主任,主持文协工作。新中国成立后任中国文联副主席、中国作家协会副主席。"文化大革命"初期自沉于北京太平湖。

老舍是中国现代文学史上著名的小说家、戏剧家。代表作有长篇小说《骆驼祥子》、《四世同堂》,话剧《茶馆》、《龙须沟》等。《吊济南》一文刊于 1938 年 1 月《大时代》第三号。

　　从民国十九年七月到二十三年秋初,我整整的在济南住过四载。在那里,我有了第一个小孩,即起名为"济"[1]。在那里,我交下不少的朋友:无论什么时候我从那里过,总有人笑脸地招呼我;无论我到何处去,那里总有人惦念着我。在那里,我写成了《大明湖》、《猫城记》、《离婚》、《牛天赐传》,和收在《赶集》里的那十几个短篇。在那里,我努力地创作,快活地休息……四年虽短,但是一气住下来,于是事与事的联系,人与人的交往,快乐与悲苦的代换,便显明地在这一生里自成一段落,深深地印划在心中。时短情长,济南就成了我的第二故乡。

　　它介乎北平与青岛之间。北平是我的故乡,可是这七年来,我不是住济南,便是住青岛。在济南住呢,时常想念北平;及至到了北平的老家,便又不放心济南的新家。好在道路不远,来来往往,两地都有亲爱的人,熟悉的地方;它们都使我依依不舍,几乎分不出谁重谁轻。在青岛住呢,无论是由青去平,还是自平返青,中途总得经过济南。车到那里,不由的我便要停留一两天。趵突泉,大明湖,千佛山等名胜,闭了眼也曾想出来,可是重游一番总是高兴的:每一角落,似乎都存着一些生命的痕迹;每一小小的变迁,都引起一些感触;就是一风一雨也仿佛含着无限的情意似的。

　　讲富丽堂皇,济南远不及北平;讲山海之胜,也跟不上青岛。可是除了北平青岛,要在华北找个有山有水,交通方便,既不十分闭塞,而生活程度又不过高的城市,恐怕就得属济南了。况且,它虽是个大都市,可是还能看到朴素的乡民,一群群的来此卖货或买东西,不象上海与汉口那样完全洋化。它似乎真是稳立在中国的文化上,城墙并不足拦阻住城与乡的交往;以善作洋奴自夸的人物与神情,在这里是不易找到的。这使人心里觉得舒服一些。一个不以跳舞开香槟为理想的生活的人,到了这里自自然然会感到一些平淡而可爱的滋味。

　　济南的美丽来自天然,山在城南,湖在城北。湖山而外,还有七十二泉,泉水成溪,穿城绕郭。可惜这样的天然美景,和那座城市结合到一处,不但没得到人工的帮助而相得益彰,反而因市设的敷衍而淹没了丽质。大路上灰尘飞扬,小巷里污秽杂乱,虽然天色是那么清明,泉水是那么方便,可是到处老使人憋得慌。近来虽修成几条柏油路,也仍旧显不出怎么清洁来。至于那些名胜,趵突泉左右前后的建筑破烂不堪,大明湖的湖面已化作水田,只剩下几道水沟。有人说,这种种的败陋,并非因为当局不肯努力建设,而是因为他们爱民如子,不肯把老百姓的钱都化费在美化城市上。假若这是可靠的话,我们便应当看见老百姓的钱另有出路,在国防与民生上有所建设。这个,我们却没有看见。这笔账该当怎么算呢?况且,我们所要求的并不是高楼大厦，池园庭馆，而是城市应有的卫生与便利。假若在城市卫生上有相当的设施，到处注意秩序与清洁，这座城既有现成的山水取胜，自然就会美如画图，用不着浪费人工财力。

这到并非专为山水喊冤，而是借以说明许多别的事。济南的多少事情都与此相似，本来可以略加调整便有可观，可是事实上竟废弛委弃，以至一切的事物上都罩着一层灰土。这层灰土下蠕蠕微动着一群可好可坏的人，隐覆着一些似有若无的事；不死不生，一切灰色。此处没有崭新的东西，也没有彻底旧的东西，本来可以令人爱护，可是又使人无法不伤心。什么事都在动作，什么可也没照着一定的计划作成。无所拒绝，也不甘心接受，不易见到有何主张的人，可也不易见到很讨厌的人，大家都那么和气一团，敷敷衍衍，不易捉摸，也没什么大了不起。有电灯而无光，有马路而拥挤不堪，什么都有，什么也都没有，恰似暮色微茫，灰灰的一片。

按理说，这层灰色是不应当存到今日的，因为五卅惨案[2]的血还鲜红的在马路上、城根下，假若有记性的人会闭目想一会儿。我初到济南那年，那被敌人击破的城楼还挂着"勿忘国耻"的破布条在那儿含羞的立着。不久，城楼拆去，国耻布条也被撤去，同被忘掉。拆去城楼本无不可，但是别无建设或者就是表示着忘去烦恼最为简便；结果呢，敌人今日就又在那里唱凯歌[3]了。

在我写《大明湖》的时候，就写过一段：在千佛山上北望济南全城，城河带柳，远水生烟，鹊华对立[4]，夹卫大河，是何等气象。可是市声隐隐，尘雾微茫，房贴着房，巷联着巷，全城笼罩在灰色之中。敌人已经在山巅投过重炮，轰过几昼夜了，以后还可以随时地重演一次；第一次的炮火既没能打破那灰色的大梦，那么总会有一天全城化为灰烬，冲天的红焰赶走了灰色，烧完了梦中人灰色的城，灰色的人，一切是统制，也就是因循，自己不干，不会干，而反倒把要干与会干的人的手捆起来；这是死城！此书的原稿已在上海随着一二八的毒火殉了难，不过这一段的大意还没有忘掉，因为每次由市里到山上去，总会把市内所见的灰色景象带在心中，而后登高一望，自然会起了忧思。湖山是多么美呢，却始终被灰色笼罩着，谁能不由爱而畏，由失望而颤抖呢？

……

这里一点无意去攻击任何人；追悔不如更新，我们且揭过这一页去吧。灰色的济南，可爱的济南，已被敌人的炮火打碎。可是湖山难改，我们且去用血把它刷新重建个美丽庄严的新都市。别矣济南！那是一场恶梦！再会面时，你将是清醒的合理的，以人民的力量筑成而归人民享用的。我将看到那城河更多一些绿柳，柳荫下有白石的小凳，任人休息。我将看见破旧的城墙变为宽坦的马路，把乡郊与城市打成一家;在城里可望见南山的果林,在乡间可以知道城内的消息。我将看到大明湖还田为湖,有十顷白莲。我将看见趵突泉改为浴场,游泳着健壮的青年男女。我将看见马鞍山前后有千百烟囱,用着博山的煤,把胶东的烟叶制成金丝,鲁北的棉花织成细布,泰山的樱桃,莱阳的梨,肥城的蜜桃,制成精美的罐头;烟台的葡萄与苹果酿成美酒,供给全国的同胞享用。还有那已具雏型的造钟制钢,玻璃磁器,绵绸花边等等工业,都能合理的改进发展,富国裕民。我希望济南成为全省真正的脑府,用多少条公路,几条河流,和火车电话,把它的智慧热诚的清醒的串送到东海之滨与泰山之麓。挣扎吧,济南!失去一城,无关于最后的胜负。今日之泪是悔认昨日之非;有此觉悟,便能打好明日的主意。济南,今日之死是脱胎换骨,取得新的生命;那明湖上的新蒲绿柳自会有我们重来欣赏啊!

【注释】

[1]起名为"济":老舍的大女儿名舒济,后为人民文学出版社编审。

[2]五卅惨案:1925 年 5 月 30 日,上海学生抗议日本纱厂镇压工人大罢工,万余群众聚集在英租界南京路声援,要求释放被捕学生。巡捕开枪,当场打死十三人,重伤数十人。此处疑当为发生在济南的"五三惨案"。1928 年国民革命军克复济南,日军于五月三日以护侨之名派兵侵入设在济南的山东交涉署,将交涉员蔡公时及交涉署职员全部杀害,并肆意焚掠屠杀。此案致中国官民死伤万余人。也称"济南惨案"。

[3]唱凯歌:1938 年济南沦陷于日军之手,是年六月日军在济南设立广播电台并使用华、日两种语言播音。

[4]鹊华对立:指济南城北黄河岸边的鹊山与华不注山隔河相望。元代赵孟𫖯有《鹊华秋色图》传世。

？提示与思考

1. 尽管作家把济南山水之美呈现的如诗如画,但他却用"灰色"概括济南的现实状况。这种概括不能不说是既准确又传神,而且至今仍然找不到一个更合适的词来替代这个"灰色"。你所居住的城市是否也有自己的特色?你会用怎样一个词来形容它?

2. 作者最后一段描写自已心目中对未来济南的憧憬。其中想象具体、清晰。今天看到除了"趵突泉改为浴场"有点煞风景之外,几乎都已成为现实。(其实如果把黑虎泉边的泉水游泳池考虑进来的话,那么就改另当别论了)写篇短文,描述一下你家乡二十年后的样子。

拓展阅读

老舍《考而不死是谓神》

考试制度是一切制度里最好的,它能把人支使得不象人了,而把脑子严格的分成若干小块块。一块装历史,一块装化学,一块……

比如早半天考代数,下午考历史,在午饭的前后你得把脑子放在两个抽屉里,中间连一点缝子也没有才行。设若你把 X＋Y 和一八二八弄到一处,或者找唐朝的指数,你的分数恐怕是要在二十上下。你要晓得,状元得来个一百分呀。得这么着:上午,你的一切得是代数,仿佛连你是黄帝的子孙,和姓字名谁,全根本不晓得。你就像刚由方程式里钻出来,全身的血脉都是 X 和 Y。赶到刚一交卷,你立刻成了历史,像从来没听说过代数是什么。亚力山大,秦始皇等就是你的爱人,连他们的生日是某年某月某时都知道。代数与历史千万别联宗,也别默想二者的有无关系,你是赴考呀,赴考的期间你别自居为人,你是个会吐代数,吐历史的机器。

这样考下去,你把各样功课都吐个不大离,好了,你可以现原形了;睡上一天一夜,醒来一切茫然,代数历史化学诸般武艺通通忘掉,你这才想起"妹妹我爱你"。这是种蛇脱皮的工作,旧皮脱尽才能自由;不然,你这条蛇不曾得到文凭,就是你爱妹妹,妹妹也不爱你,准的。

最难的是考作文。在化学与物理中间,忽然叫你"人生于世"。你的脑子本来已分成若干小块,分得四四方方,清清楚楚,忽然来了个没有准地方的东西,东扑扑个空,西扑扑个空,除了出汗没有合适的办法。你的心已冷两三天,忽然叫你拿出情绪作用,要痛快淋漓,慷慨激昂,假如题目是"爱国论",或"天下兴亡匹夫有责";你的心要是不跳吧,笔下便无血无泪;跳吧,下午还考物理呢。把定律们都跳出去,或是跳个乱七八糟,爱国是爱了,而定律一乱则没有人替你整理,怎办? 幸而不是爱国论,是山中消夏记,心无须跳了。可是,得有诗意呀。仿佛考完代数你更文雅了似的! 假如你能逃出这一关去,你便大有希望了,够分不够的,反正你死不了了。被"人生于世"憋死,不是什么稀罕的事。

说回来,考试制度还是最好的制度。被考死的自然无须用提。假若考而不死,你放胆活下去吧,这已明明告诉你,你是十世童男转身。

巴金《汉字改革》

巴金(1904～2005年),原名李尧棠,字芾甘,四川成都人。出生于官僚地主家庭,自幼在家延师读书。后曾到成都外语专门学校、南京东南大学附中读书,毕业后赴法国,并开始发表小说。抗日战争期间辗转于上海、广州、桂林、重庆,抗战胜利后主要从事翻译、编辑和出版工作。建国后先后担任文化界领导工作,"文革"中遭受迫害。改革开放后复出,由他倡议,建立了中国现代文学馆。曾任全国政协副主席,中国作家协会主席。终病逝于上海,享年101岁。

巴金是现代文学家、出版家、翻译家。同时也被誉为是"五四"新文化运动以来最有影响的作家之一。20世纪70年代末开始在香港《大公报》连载散文《随想录》。80年代中期以后陆续结集出版。《汉字改革》为其《随想录》之九十八。

日中文化交流协会的佐藤女士转来"活跃在纯文学领域中的"日本作家丸谷才一[1]先生的信,信上有这样的话:"一九八一年夏天……在上海见过先生,我们在一起度过了一个十分愉快的夜晚;特别是,先生对敝人提出的有关文字改革的问题予以恳切的回答,并且允许我在敝人的书里介绍那一次的谈话……"他那本"批判日本国语改革的书"出版了,寄了一本给我,表示感谢我同意他引用我的意见。

我翻读了丸谷先生寄赠的原著,书中引用了我们的"一问一答",简单,明确,又是我的原话。关于文字改革,我说:"稍微搞一点汉字简化是必要的,不过得慢慢地、慎重地搞。"他又问起是否想过废掉汉字。我笑答道:"这样我们连李白、杜甫也要丢掉了。"他表示要在他的新作中引用我的意见,我一口答应了。

关于日本国语改革我并无研究,不能发表议论。但说到汉字改革,我是中国人,它同我有切身的关系,我有想法,也曾多次考虑。我对丸谷先生讲的是真心话。我认为汉字是废不掉的,我单单举出一个理由:我们有那么多优秀的文化遗产,谁也无权把它们抛在垃圾箱里。

我年轻时候思想偏激,曾经主张烧毁所有的线装书[2]。今天回想起来实在可笑。一个历史悠久的文明古国要是丢掉它过去长期积累起来的光辉灿烂的文化珍宝,靠简单化、拼音化来创造新的文明是不会有什么成果的。我记起了某一个国家的领导人的名言,三十年前他接见我的时候说过:"单是会拼音,单是会认字,也还是文盲。"他的话值得我们深思。有人以为废除汉字,改用拼音,只要大家花几天功夫学会字母就能看书写信,可以解决一切。其实他不过同祖宗划清了界限,成为一个没有文化的文盲而已。

　　我还有一个理由。我们是个多民族、多方言、十亿人口的大国，把我们大家紧密团结起来的就是汉字。我至今还保留着一个深的印象。一九二七年我去法国，在西贡[3]——堤岸的小火车上遇见一位华侨教师，我们用汉字笔谈交了朋友，船在西贡停了三天，他陪我上岸玩了三天。今天回想起来，要是没有汉字，我们两个中国人就无法互相了解。

　　我还要讲一件事。《真话集》[4]在香港三联书店出版，我接到样书，就拿了一册送给小外孙女端端，因为里面有关于她的文章。没有想到这书是用繁体字排印的，好些字端端不认识，拿着书读不下去。这使我想起一个问题，香港同胞使用的汉字大陆上的孩子看不懂，简化字用得越多，我们同港澳同胞、同台湾同胞在文字上的差距越大。因此搞汉字简化必须慎重。无论如何，我们不能忘记汉字是团结全国人民的重要工具。

　　各人有各人的看法，我讲的只是我个人的意见。但是我跟汉字打了七十几年的交道，我也有发言权。我从小背诵唐诗、宋词、元曲等等不下数百篇，至今还记得大半。深印在脑子里、为人们喜爱的东西是任何命令所废不掉的。

　　我不会再说烧掉线装书的蠢话了。我倒想起三年前自己讲过的话。语言文字只要是属于活的民族，它总是要不断发展，变得复杂，变得丰富，目的是为了更准确、更优美地表达人们的复杂思想，决不会越来越简化，只是为了使它变为简单易学。

　　我们有的是吃"大锅饭"[5]的人，有的是打"扑克"和开无轨电车的时间。根据我个人的经验，学汉语汉字并不比学欧美语言文字困难。西方人学习汉语汉字的一天天多起来，许多人想通过现代文学的渠道了解我们国家。我们的文学受到尊重，我们的文字受到重视。它们是属于人类的，谁也毁不了它，不管是你，不管是我，不管是任何别的人。

　　以上的话，可以作为我给丸谷先生的回信的补充。

【注释】

　　[1] 丸谷才一：日本小说家、文艺评论家，为现代日本文坛代表人物。出生于日本鹤冈，毕业于日本东京大学文学部。

　　[2] 线装书：即古装书，泛指印刷术发明后，我国到了明代正式出现的线装本的册页书。

　　[3] 西贡：越南的胡志明市在法属殖民地时期的名称。堤岸：是胡志明市最古老的地区，是当时鸦片烟馆、妓院、赌场的集中之地，唐人街亦位于此，也是法国作家杜拉斯的《情人》所写故事的发生地。

[4]《真话集》:即巴金后期散文集《随想录》第三集。在本书序言中作者称:"我所谓讲真话不过是把心交给读者,讲自己心里的话,讲自己相信的话,讲自己思考过的话。"

[5]大锅饭:是对改革开放前国家企业工资分配方面所存在的平均主义现象的一种形象比喻,即职工无论干多干少,干好干坏,都不会影响个人收入。这里特指浪费时间的人。

❓ 提示与思考

1. 为什么说"单是会拼音,单是会认字,也还是文盲"这句话值得我们深思?你肯定认字,但你会写字吗? 换句话说,你的字写的怎么样? 你会写毛笔字吗? 会写哪一种字体? 如果让你提笔写毛笔字你准备写什么? 是诸子名句、唐诗宋词、曲语楹联,还是白话文、"火星文"? 从现在开始练习写字。

2. 只有汉字能把当下的我们和中华民族过去的历史文化联系起来。没有了汉字,我们这个民族就会像是一个失忆的人,尽管活着,但却没有了精神上的发展进程,也就永远不会找到自己应有的位置。

3. 上网寻找材料,学习有关汉字"六书"等方面的知识,更进一步了解我们传统文化的"根"。

📖 拓展阅读

朱自清《经典常谈·说文解字》(节选)

中国文字相传是黄帝的史官叫仓颉的造的。这仓颉据说有四只眼睛,他看见了地上的兽蹄儿、鸟爪儿印着的痕迹,灵感涌上心头,便造起文字来。文字的作用太伟大了,太奇妙了,造字真是一件神圣的工作。但是文字可以增进人的能力,也可以增进人的巧诈。仓颉泄漏了天机,却将人教坏了。所以他造字的时候,"天雨粟,鬼夜哭"。人有了文字,会变机灵了,会争着去作那容易赚钱的商人,辛辛苦苦去种地的便少了。天怕人不够吃的,所以降下米来让他们存着救急。鬼也怕这些机灵人用文字来制他们,所以夜里嚎哭;文字原是有巫术的作用的。但仓颉造字的传说,战国末期才有。那时人并不都相信;如《易·系辞》里就只说文字是"后世圣人"造出来的。这"后世圣人"不止一人,是许多人。我们知道,文字不断的在演变着;说是一人独创,是不可能的。《系辞》的话自然合理得多。

"仓颉造字说"也不是凭空起来的。秦以前是文字发生与演化的时代,字体因世因国而不同,官书虽是系统相承,民间书却极为庞杂。到了战国末期,政治方面,学术方面,都感到统一的需要了,鼓吹的也有人了;文字统一的需要,自然也在一般意识之中。这时候抬出一个造字的圣人，实在是统一文字的预备工夫，好教人知道"一个"圣人造的字当然是该一致的。《荀子·解蔽篇》说："好书者众矣，而仓颉独传者，一也。""一"是"专一"的意思，这儿只说仓颉是个整理文字的专家，并不曾说他是造字的人；可见得那时"仓颉造字说"还没有凝成定型。但是，仓颉究竟是甚么人呢？照近人的解释，"仓颉"的字音近于"商契"，造字的也许指的是商契。商契是商民族的祖宗。"契"有"刀刻"的义；古代用刀笔刻字，文字有"书契"的名称。可能因为这点联系，商契便传为造字的圣人。事实上商契也许和造字全然无涉，但这个传说却暗示着文字起于夏商之间。这个暗示也许是值得相信的。至于仓颉是黄帝的史官，始见于《说文序》。"仓颉造字说"大概凝定于汉初，那时还没有定出他是那一代的人；《说文序》所称，显然是后来加添的枝叶了。

识字是教育的初步。《周礼·保氏》说贵族子弟八岁入小学，先生教给他们识字。秦以前字体非常庞杂，贵族子弟所学的，大约只是官书罢了。秦始皇统一了天下，他也统一了文字；小篆成了国书，别体渐归淘汰，识字便简易多了。这时候贵族阶级已经没有了，所以渐渐注重一般的识字教育。到了汉代，考试史、尚书史（书记秘书）等官儿，都只凭识字的程度；识字教育更注重了。识字需要字书。相传最古的字书是《史籀篇》，是周宣王的太史籀作的。这部书已经佚去，但许慎《说文解字》里收了好些"籀文"，又称为"大篆"，字体和小篆差不多，和始皇以前三百年的碑碣器物上的秦篆简直一样。所以现在相信这只是始皇以前秦国的字书。"史籀"是"书记必读"的意思，只是书名，不是人名。

始皇为了统一文字，教李斯作了《仓颉篇》七章，赵高作了《爰历篇》六章，胡毋敬作了《博学篇》七章。所选的字，大部分还是《史籀篇》里的，但字体以当时通用的小篆为准，便与"籀文"略有不同。这些是当时官定的标准字书。有了标准字书，文字统一就容易进行了。汉初，教书先生将这三篇合为一书，单称为《仓颉篇》。秦代那三种字书都不传了；汉代这个《仓颉篇》，现在残存着一部分。西汉时期还有些人作了些字书，所选的字大致和这个《仓颉篇》差不多。就中只有史游的《急就篇》还存留着。《仓颉》残篇四字一句，两句一韵。《急就篇》不分章而分部，前半三字一句，后半七字一句，两句一韵；所收的都是名姓、器物、官名等日常用字，没有说解。这些书和后世"日用杂字"相似，按事类收字——所谓分章或分部，都据事类而言。这些一面供教授学童用，一面供民众检阅用，所收约三千三百字，是通俗的字书。

东汉和帝时，有个许慎，作了一部《说文解字》。这是一部划时代的字书。经典和别的字书里的字，他都搜罗在他的书里，所以有九千字。而且小篆之外，兼收籀文"古文"；"古文"是鲁恭王所得孔子宅"壁中书"及张仓所献《春秋左氏传》的字体，大概是晚周民间的别体字。许氏又分析偏旁，定出部首，将九千字分属五百四十部首。书中每字都有说解，用晚周人作的《尔雅》，扬雄的《方言》，以及经典的注文的体例。这部书意在帮助人通读古书，并非只供通俗之用，和秦代及西汉的字书是大不相同的。它保存了小篆和一些晚周文字，让后人可以溯源沿流；现在我们要认识商周文字，探寻汉以来字体演变的轨迹，都得凭这部书。而且不但研究字形得靠它，研究字音字义也得靠它。研究文字的形音义的，以前叫"小学"，现在叫文字学。从前学问限于经典，所以说研究学问必须从小学入手；现在学问的范围是广了，但要研究古典、古史、古文化，也还得从文字学入手。《说文解字》，是文字学的古典，又是一切古典的工具或门径。

《说文序》提起出土的古器物，说是书里也搜罗了古器物铭的文字，便是"古文"的一部分，但是汉代出土的古器物很少；而拓墨的法子到南北朝才有，当时也不会有拓本，那些铭文，许慎能见到的怕是更少。所以他的书里还只有秦篆和一些晚周民间书，再古的可以说是没有。到了宋代，古器物出土的多了，拓本也流行了，那时有了好些金石图录考释的书。"金"是铜器，铜器的铭文称为金文。铜器里钟鼎最是重器，所以也称为钟鼎文。这些铭文都是记事的。而宋以来发现的铜器大都是周代所作，所以金文多是两周的文字。清代古器物出土的更多，而光绪二十五年（西元一八九九）河南安阳发现了商代的甲骨，尤其是划时代的。甲是龟的腹甲，骨是牛胛骨。商人钻灼甲骨，以卜吉凶，卜完了就在上面刻字纪录。这称为甲骨文，又称为卜辞，是盘庚（约西元前一三○○）以后的商代文字。这大概是最古的文字了。甲骨文，金文，以及《说文》里所谓"古文"，还有籀文，现在统统算作古文字，这些大部分是文字统一以前的官书。甲骨文是"契"的；金文是"铸"的。铸是先在模子上刻字，再倒铜。古代书写文字的方法除"契"和"铸"外，还有"书"和"印"，因用的材料而异。"书"用笔，竹木简以及帛和纸上用"书"。"印"是在模子上刻字，印在陶器或封泥上。古代用竹木简最多，战国才有帛；纸是汉代才有的。笔出现于商代，却只用竹木削成。竹木简、帛、纸，都容易坏，汉以前的，已经荡然无存了。

汪曾祺《罗汉》

汪曾祺（1920～1997年），江苏高邮人。从小受传统文化熏陶，早年入西南联大中文系，师从沈从文等名家。毕业后历任中学教师、北京市文联干部、《北京文艺》编辑、北京京剧院编辑。他与人合作改编的戏剧作品《沙家浜》影响颇大。20世纪80年代初发表小说《受戒》，受到普遍赞誉。

汪曾祺是我国当代文学史上著名的京派小说的代表作家之一，后期创作以散文为主。《罗汉》一文选自其散文集《人间草木》,初刊载于1998年《收获》第1期。

　　家乡的几座大寺里都有罗汉。我的小学的隔壁是承天寺[1],就有一个罗汉堂。我们三天两头于放学之后去看罗汉。印象最深的是降龙罗汉,——他睁目凝视着云端里的一条小龙;伏虎罗汉,——罗汉和老虎都在闭目养神;和长眉罗汉。大概很多人都对这三尊罗汉印象较深。昆曲(时调)《思凡》[2]有一段"数罗汉",小尼姑唱道:"降龙的恼着我,伏虎的恨着我,那长眉大仙愁着我:说我老来时,有什么结果!"她在众多的罗汉中单举出来的,也只是这三位。——她要是挨着个儿数下去,那得数多长时间!

　　罗汉原来是十六个,傅贯休所画"十六应真"即是十六人[3],后来加上布袋和尚和一个什么什么尊者,——罗汉的名字都很难念,大概是古梵文音译,这就成了通常说的"十八罗汉"。李龙眠[4]画"罗汉渡江"就已经是十八人了。不知道从什么时候起这队伍扩大了,变成了五百罗汉。有些寺里在五百塑像前各竖了一个木牌,墨字某某某某尊者,也不知从哪里查考出来的。除了写牌子的老和尚,谁也弄不清此位是谁。有的寺里,比如杭州的灵隐寺竟把济公活佛也算在里头,这实在有点胡来了。罗汉本是印度人,贯休的"十六应真"就多半是深目高鼻且长了大胡子,后来就逐渐汉化。许多罗汉都是个中国和尚。

　　罗汉大致有两种。一种是装金的,多半是木胎。"五百罗汉"都是装金的。杭州灵隐寺、苏州某某寺(忘寺名)、汉阳归元寺,都是。装金罗汉以多为胜,但实在没有什么看头,都很呆板,都差不多,其差别只在或稍肥,或精瘦。谁也没有精力把五百个罗汉一个一个看完。看了,也记不得有什么特点。一种是彩塑。精彩的罗汉像都是彩塑。

　　我所见过的中国精彩的彩塑罗汉有这样几处:一是昆明筇竹寺。筇竹寺的罗汉与其说是现实主义的不如说是一组浪漫主义的作品。它的设计很奇特。不是把罗汉一尊一尊放在高出地面的台子上,而是于两壁的半空支出很结实的木板,罗汉塑在板上。罗汉都塑得极精细。有一个罗汉赤足穿草鞋,草鞋上的一根一根的草茎都看得清清楚楚,跟真草鞋一样。但又不流于琐细,整堂(两壁)有一个通盘的,完整的构思。这是一个群体,不是各自为政,十八人或坐或卧,或支颐,或抱膝,或垂眉,或凝视,或欲语,或谛听,情绪交流,彼此感应,增一人则太多[5],减一人则太少,气足神完,自成首尾。另一处是苏州紫金庵。像比常人小,身材比例稍长,面目清秀。这些罗汉好像都是苏州人。他们都在安静沉思,神情肃穆。如果说筇竹寺罗汉注意外部筋骨,颇有点流浪汉气,紫金庵的罗汉则富书生气,性格内向。再一处是泰山后山的宝善寺[6](寺名可能记得不准确)。这十八尊是立像,比常人高大,面形浑朴,是一些山东大汉,但塑造得很精美。为了防止参观的人用手扪触,用玻璃龛罩了起来,但隔着玻璃,仍可清楚地看到肌肉的纹理,衣饰的刺绣针脚。前三年在苏州直看到几尊较古的罗汉。原来有三壁。东西两壁都塌圮了,只剩下正面一壁。这一组罗汉构思很有特点,背景是悬崖,罗汉都分散地趺坐在岩头或洞穴里(彼此距离很远)。据说这是梁代的作品,正中高处坐着的戴风帽着赭黄袍子的便是梁武帝,不知可靠否,但从衣纹的简练和色调的单纯来看,显然时代是较早的。据传紫金庵罗汉是唐塑,宝善寺、筇竹寺的恐怕是宋以后的了。

罗汉的塑工多是高手,但都没有留下名字来,只有北京香山碧云寺的几尊,据说是刘銮塑的。刘銮是元朝人,现在北京西四牌楼东还有一条很小的胡同叫做“刘銮塑”,据说刘銮原来就住在这里,但是许多老北京都不知道有这样一条名字奇怪的胡同,更不知道刘銮是何许人了。像传于世,人不留名,亦可嗟叹。

中国的雕塑艺术主要是佛像,罗汉尤为杰出的代表。罗汉表现了较多的生活气息,较多的人性,不像三世佛[7]那样超越了人性,只有佛性。我们看彩塑罗汉,不大感觉他们是上座佛教所理想的最高果位,只觉得他们是一些人,至少比较接近人,他们是介乎佛、菩萨和人之间的那么一种理想的化身,当然,他们也是会引起善男子、善女人顶礼皈依的虔敬感的。这是一宗非常重要的文化遗产,不论是从宗教史角度,美术史角度乃至工艺史角度、民俗学角度来看。我们对于罗汉的重视程度是很不够的。紫金庵、筇竹寺的罗汉曾有画报介绍过,但是零零碎碎,不成个样子。我希望能有人把几处著名的罗汉好好地照一照相,要全,不要遗漏,并且要从不同角度来拍,希望印一本厚厚的画册:《罗汉》;希望有专家能写一篇长文作序,当中还要就不同寺院的塑像,不同问题写一些分论;我希望能把这些罗汉制成幻灯片,供研究用、供雕塑系学生学习用、供一般文化爱好者欣赏用。

【注释】

[1] 承天寺:各地多有同名寺庙,此指江苏高邮的承天寺。

[2]《思凡》:昆曲名剧,剧情为小尼姑色空向往世俗爱情,渴望离开寺庙。数罗汉一段表现色空心中苦闷无由诉说,徘徊寺中,遂向众罗汉像一一道出。

[3] 贯休:唐末五代著名画僧,尤善画罗汉像,有《十六应真像》。应真:意为上应灵于真道,即罗汉之别名。

[4] 李龙眠:宋代著名画家李公麟之号龙,擅长山水、佛像,有《十八罗汉渡江图》,明代黄淳耀所作《李龙眠画罗汉记》,可参见。

[5] “增一人”二句:语本宋玉《登徒子好色赋》:“增之一分则太长,减之一分则太短。”

[6] 宝善寺:当为济南长清之灵岩寺,在泰山西北麓,始建于东晋,其千佛殿内有宋代彩色泥塑罗汉像四十尊,被梁启超誉为“海内第一名塑”。

[7]三世佛:说法较多,通常指佛寺所供奉之中央释迦牟尼佛、东方药师佛和西方阿弥陀佛。

提示与思考

1. 作者称罗汉"是介乎佛、菩萨和人之间的那么一种理想的化身"。请你查阅相关材料,梳理一下佛、菩萨与罗汉之间的关系。再简单梳理一下由布袋和尚到弥勒佛的流变过程。

2. 你是否熟悉佛教? 佛教虽属外来宗教,但在漫长的流传过程中已充分中国化,并成为中华民族传统文化中的重要组成部分。查找图书资料,看看"三世佛"的说法有哪几种?

3. 上网搜索一下你所在的地区有哪些重要庙宇,认真阅读有关材料,并重点选择其中有特色的部分进行实地考查,写出一千字左右的游记。

拓展阅读

李叔同《佛法大意》(选自《南闽十年之梦影》)

我至贵地,可谓奇巧因缘。本拟住半月返厦。因变住此,得与诸君相晤,甚可喜。

先略说佛法大意。

佛法以大菩提心为主。菩提心者,即是利益众生之心。故信佛法者,须常抱积极之大悲心,发救济一切众生之大愿,努力作利益众生之种种慈善事业。乃不愧为佛教徒之名称。

若专修净土法门者,尤应先发大菩提心。否则他人谓佛法是消极的、厌世的、送死的。若发此心者,自无此误会。

至于做慈善事业——尤要! 既为佛教徒,即应努力做利益社会之种种事业,乃能令他人了解佛教是救世的、积极的,不起误会。

或疑经中常言"空"义,岂不与前说相反?

今案大菩提心,实具有悲、智二义。悲者如前所说。智者不执着我相,故曰空也。即是以无我之伟大精神,而做种种之利生事业。

若解此意,而知常人执着我相而利益众生者,其能力薄、范围小、时不久、不彻底。若欲能力强、范围大、时间久、最彻底者,必须学习佛法,了解悲、智之义,如是所作利生事业乃能十分圆满也。故知所谓空者,即是于常人所执着之我见,打破消灭,一扫而空。然后以无我之精神,努力切实作种种之事业。亦犹世间行事,先将不良之习惯等一一推翻,然后良好建设乃得实现也。

今能了解佛法之全系统及其真精神所在，则常人谓佛教是迷信、是消极者，固可因此而知其不当。即谓佛教为世界一切宗教中最高尚之宗教，或谓佛法为世界一切哲学中最玄妙之哲学者，亦未为尽理。

因佛法是真能说明人生宇宙之所以然。破除世间一切谬见，而与以正见。破除世间一切迷信，而与以正信。恶行，而与以正行。幻觉，而与以正觉。破除世间一切谬见，而与以正见。包括世间各教各学之长处，而补其不足。广被一切众生之机，而无所遗漏。不仅中国，现今如欧美诸国人，正在热烈地研究及提倡，出版之佛教书籍及杂志等甚多。故望已为佛教徒者，须彻底研究佛法之真理，而努力实行，俾不愧为佛教徒之名。其未信佛法者，亦宜虚心下气，尽力研究，然后于佛法再加以评论。此为余所希望者。

以上略说佛法大意毕。

又当地信士，因今日为菩萨诞，欲请解释南无观世音菩萨之义。兹以时间无多，惟略说之。

南无者，梵语。即归依义；菩萨者，梵语，为菩提萨之省文——菩提者，觉；萨者，众生。因菩萨以智上求佛法，以悲下化众生，故称为菩提萨。此以悲、智二义解释，与前同也。

观世音者，为此菩萨之名，亦可以悲、智二义分释。如《楞严经》云：由我观听十方圆明，故观音名遍十方界。——约智言也；如《法华经》云：苦恼众生一心称名，菩萨即时观其音声，皆得超脱，以是名观世音。——约悲言也。

但是有一点，我以为无论哪一宗哪一派的学僧，却非深信不可，那就是佛教的基本原则，就是深信善恶因果报应的道理。——善有善报，恶有恶报；同时还须深信佛菩萨的灵感！这不仅初级的学僧应该这样，就是升到佛教大学也要这样！

善恶因果报应和佛菩萨的灵感道理，虽然很容易懂；可是能彻底相信的却不多。这所谓信，不是口头说说的信，是要内心切切实实去信的呀！

咳！这很容易明白的道理，若要切切实实地去信，却不容易啊！

我以为无论如何，必须深信善恶因果报应和诸佛菩萨灵感的道理，才有做佛教徒的资格。

须知善有善报，恶有恶报，这种因果报应，是丝毫不爽的！又须知我们一个人所有的行为，一举一动，以至起心动念，诸佛菩萨都看得清清楚楚。

一个人若能这样十分决定地信着，他的品行道德，自然会一天比一天地高起来！

顾城《我唱自己的歌》

顾城(1956～1993年),北京人。20世纪60年代末随父下放山东昌邑县。"文革"期间开始诗歌写作并学习绘画。至80年代初,成为当时崛起的朦胧诗派诗歌的主要代表。应邀出访欧美等国进行文化交流活动,后赴新西兰,应聘为奥克兰大学亚语系研究员。后辞职隐居激流岛,终因婚变在新西兰寓所自杀。

顾城是当代最纯真的浪漫诗人,他的诗纯粹、干净,具有当代创作中少见的童话色彩。《我唱自己的歌》作于1980年12月。

我唱自己的歌
在布满车前草[1]的道路上
在灌木的集市上[2]
在雪松和白桦树的舞会上
在那山野的原始欢乐上
我唱自己的歌

我唱自己的歌
在热电厂恐怖的烟云中
在变速箱复杂的组织中
在砂轮的亲吻中
在那社会文明的运行中
我唱自己的歌

我唱自己的歌
即不陌生又不熟练
我是练习曲的孩子
愿意加入所有歌队
为了不让规范的人们知道
我唱自己的歌

我唱呵,唱自己的歌

直到世界恢复了史前的寂寞

细长的月亮

从海边向我走来

轻轻地问:为什么?

你唱自己的歌

【注释】

[1]车前草:又名车轮菜,多生长于路边,故有此名。株身中央抽穗,子实小而多,可入药。我国很早就有出现了关于车前草的民谣与故事,《诗经》中称"芣苢"。

[2]灌木的集市:喻指灌木丛。作者在《叽叽喳喳的寂静》一诗中曾写道:"在那里,许多小灌木缩成一团,维护着喜欢发言的鸟雀。"

❓ 提示与思考

1. 顾城的诗有一种"忘我"的境界。比如这首《我唱自己的歌》,是写作者自己唱歌还是写黄鹂、蟋蟀在唱歌,是春鸟、秋虫在唱诗人心里的歌,抑或是诗人在代它们唱歌,你说呢?

2. 孩子般的纯稚、梦幻般的风格,善于把握直觉感受并以凸显的印象式语句来表现自己的情绪,这些都是顾城诗的突出特点。如"黑夜给了我黑色的眼睛/我却用它寻找光明"(《一代人》)。尽管人们经常用"自然纯真"来描述顾城诗歌的语言风格,但这并不意味着写作上的随意。请注意这首诗的严密结构:第一小节的背景是大自然,第二小节却是与之形成极其强烈反差的工业文明;最后一节中诗人发誓要唱到"世界恢复了史前的寂寞"。请分析介于第二和第四小节中间的第三节的背景意味着什么。请注意"规范的人们"与"唱自己的歌"之间所形成的特殊关系。

3. 古今中外写雨中漫步的诗不在少数,请阅读顾城的《雨行》:

云　灰灰的

再也洗不干净

我们打开雨伞

索性涂黑了天空

在缓缓飘动的夜里

有两对双星

似乎没有定轨

只是时远时近……

写一首关于雨天的诗歌,不要超过八句,侧重表现雨天带来的内心情绪变化和你的感觉印象。

拓展阅读

顾城《生命幻想曲》

把我的幻影和梦
放在狭长的贝壳里
柳枝编成的船篷
还旋绕着夏蝉的长鸣
拉紧桅绳
风吹起晨雾的帆
我开航了

没有目的
在蓝天中荡漾
让阳光的瀑布
洗黑我的皮肤

太阳是我的纤夫
它拉着我
用强光的绳索
一步步
走完十二小时的路途

我被风推着
向东向西
太阳消失在暮色里

黑夜来了
我驶进银河的港湾
几千个星星对我看着
我抛下了

新月——黄金的锚

天微明
海洋挤满阴云的冰山
碰击着
"轰隆隆"——雷鸣电闪
我到那里去呵
宇宙是这样的无边

用金黄的麦秸
织成摇篮
把我的灵感和心
放在里边
装好纽扣的车轮
让时间拖着
去问候世界

车轮滚过
百里香和野菊的草间
蟋蟀欢迎我
抖动着琴弦
我把希望溶进花香
黑夜象山谷
白昼象峰巅
睡吧！合上双眼
世界就与我无关

时间的马
累倒了
黄尾的太平鸟
在我的车中做窝
我仍然要徒步走遍世界——
沙漠、森林和偏僻的角落

太阳烘着地球

象烤一块面包

我行走着

赤着双脚

我把我的足迹

象图章印遍大地

世界也就溶进了

我的生命

我要唱

一支人类的歌曲

千百年后

在宇宙中共鸣

王小波《工作与人生》

　　王小波(1952～1997 年),北京人。中学毕业后在母亲老家山东牟平县插队,并曾做民办教师。回京后当工人,国家恢复高考后,考取中国人民大学经贸专业。后在美国匹兹堡大学取得文学硕士,回国后在北京大学任社会学讲师。后辞职做自由撰稿人。因突发心脏病去世。

　　王小波是当代著名作家,在白话叙述方面取得了极高的成就。在小说创作的同时也写随笔、杂文等,文风睿智幽默,富有人文精神和独立的知识分子品格。《工作与人生》一文选自王小波的散文集《沉默的大多数》。

　　我现在已经活到了人生的中途,拿一日来比喻人的一生,现在正是中午。人在童年时从朦胧中醒来,需要一些时间来克服清晨的软弱,然后就要投入工作;在正午时分,他的精力最为充沛,但已隐隐感到疲惫;到了黄昏时节,就要总结一日的工作,准备沉入永恒的休息。按我这种说法,工作是人一生的主题。这个想法不是人人都能同意的。我知道在中国,农村的人把生儿育女看作是一生的主题。把儿女养大,自己就死掉,给他们空出地方来——这是很流行的想法。在城市里则另有一种想法,但不知是不是很流行:它把取得社会地位看作一生的主题。站在北京八宝山[1]的骨灰墙前,可以体会到这种想法。我在那里看到一位已故的大叔墓上写着:副系主任、支部副书记、副教授、某某教研室副主任,等等。假如能把这些"副"字去掉个把,对这位大叔当然更好一些,但这些"副"字最能证明有这样一种想法。顺便说一句,我到美国的公墓里看过,发现他们的墓碑上只写两件事:一是生卒年月,二是某年至某年服兵役;这就是说,他们以为人的一生只有这两件事值得记述:这位上帝的子民曾经来到尘世,以及这位公民曾去为国尽忠,写别的都是多余的,我觉得这种想法比较质朴……恐怕在一份青年刊物[2]上写这些墓前的景物是太过伤感,还是及早回到正题上来罢。

我想要把自己对人生的看法推荐给青年朋友们:人从工作中可以得到乐趣,这是一种巨大的好处。相比之下,从金钱、权力、生育子女方面可以得到的快乐,总要受到制约。举例来说,现在把生育作为生活的主题,首先是不合时宜;其次,人在生育力方面比兔子大为不如,更不要说和黄花鱼相比较;在这方面很难取得无穷无尽的成就。我对权力没有兴趣,对钱有一些兴趣,但也不愿为它去受罪——做我想做的事(这件事对我来说,就是写小说),并且把它做好,这就是我的目标。我想,和我志趣相投的人总不会是一个都没有。

根据我的经验,人在年轻时,最头疼的一件事就是决定自己这一生要做什么。在这方面,我倒没有什么具体的建议:干什么都可以,但最好不要写小说,这是和我抢饭碗。当然,假如你执意要写,我也没理由反对。总而言之,干什么都是好的;但要干出个样子来,这才是人的价值和尊严所在。人在工作时,不单要用到手、腿和腰,还要用脑子和自己的心胸。我总觉得国人对这后一方面不够重视,这样就会把工作看成是受罪。失掉了快乐最主要的源泉,对生活的态度也会因之变得灰暗……

人活在世上,不但有身体,还有头脑和心胸——对此请勿从解剖学上理解。人脑是怎样的一种东西,科学还不能说清楚。心胸是怎么回事就更难说清。对我自己来说,心胸是我在生活中想要达到的最低目标。某件事有悖于我的心胸,我就认为它不值得一做;某个人有悖于我的心胸,我就觉得他不值得一交;某种生活有悖于我的心胸,我就会以为它不值得一过。罗素[3]先生曾言,对人来说,不加检点的生活,确实不值得一过。我同意他的意见:不加检点的生活,属于不能接受的生活之一种。人必须过他可以接受的生活,这恰恰是他改变一切的动力。人有了心胸,就可以用它来改变自己的生活。

中国人喜欢接受这样的想法:只要能活着就是好的,活成什么样子无所谓。从一些电影的名字就可以看出来:《活着》《找乐》[4]……我对这种想法是断然地不赞成,因为抱有这种想法的人就可能活成任何一种糟糕的样子,从而使生活本身失去意义。高尚、清洁、充满乐趣的生活是好的,人们很容易得到共识。卑下、肮脏、贫乏的生活是不好的,这也能得到共识。但只有这两条远远不够。我以写作为生,我知道某种文章好,也知道某种文章坏。仅知道这两条尚不足以开始写作。还有更加重要的一条,那就是:某种样子的文章对我来说不可取,绝不能让它从我笔下写出来,冠以我的名字登在报刊上。以小喻大,这也是我对生活的态度。

【注释】

[1] 八宝山:在北京石景山区长安街延长线以北,为著名的园林式公墓所在地。

[2] 青年刊物:指《辽宁青年》杂志,本文最初即发表于该刊 1996 年第 10 期。

[3] 罗素:20 世纪最有影响力的哲学家、政治活动家,并曾诺贝尔文学奖,他毕生致力于哲学的大众化、普及化。王小波的思想受罗素影响较大,在他的散文随笔中经常大量引用罗素的观点和名言。

[4]《活着》:张艺谋根据余华同名小说改编的电影故事片。其中透过主人公福贵异常凄惨的遭遇,讲述了对命运和死亡无法掌控的人生体验。《找乐》:20 世纪 90 年代拍摄的一部具有北京地方风格的故事片,宁瀛导演。

？提示与思考

1. 本文认为“工作是人一生的主题”,你同意吗？当你面临职业选择时,你愿意从事一份令自己快乐但报酬却不尽人意的工作,还是有丰厚的经济回报但却令你觉得十分乏味的工作？当然假如挣钱是你生命中唯一可以得到乐趣的事情,那么恭喜你,你的人生将会和印钞机一样有价值。

2. 王小波说:“人在工作时,不单要用到手、腿和腰,还要用脑子和自己的心胸。”我们不妨换一种说法,人在学习时,不单要用到手、眼和嘴,还要用脑子和用心。要用心学习,就要对所学的东西真正感兴趣。你是否把学习看做是一种受罪？孔子早就说过:“学而时习之,不亦乐乎。”记住,兴趣是可以逐步培养起来的。千万不要无所用心地应付自己的学习生涯。

3. 王小波的文风有一种娓娓道来的从容,时而透露出幽默、闲雅。比如“人在年轻时,最头疼的一件事就是决定自己这一生要做什么。在这方面,我倒没有什么具体的建议:干什么都可以,但最好不要写小说,这是和我抢饭碗。当然,假如你执意要写,我也没理由反对”。看起来没有传递出有用的信息,基本上就是废话。其实这里面却很有内在的逻辑力量,那就是自己的人生要由自己做出选择,别人不能强加给你。在本文中找出你觉得比较有趣的段落,看看其中还有类似的语句吗？

王小波《小说的艺术》

朋友给我寄来了一本昆德拉的《被背叛的遗嘱》，这是本谈小说艺术的书。书很长，有些地方我不同意，有些部分我没看懂（这本书里夹杂着五线谱，但我不识谱，家里更没有钢琴），但还是能看懂能同意的地方居多。我对此书有种特别的不满，那就是作者丝毫没有提到现代小说的最高成就：卡尔维诺、尤瑟娜尔、君特·格拉斯、莫迪阿诺，还有一位不常写小说的作者，玛格丽特·杜拉斯。早在半世纪以前，茨威格就抱怨说，哪怕是大师的作品，也有纯属冗余的成分。假如他活到了现在，看到现代小说家的作品，这些怨言就没有了。昆德拉不提现代小说的这种成就，是因为同行嫉妒，还是艺术上见解不同，我就不得而知。当然，昆德拉提谁不提谁，完全是他的自由。但若我来写这本书，一定要把这件事写上。不管怎么说吧，我同意作者的意见，的确存在一种小说的艺术，这种艺术远不是谁都懂得。昆德拉说：不懂开心的人不会懂得任何小说艺术。除了懂得开心，还要懂得更多，才能懂得小说的艺术。但若连开心都不懂，那就只能把小说读糟蹋了。归根结底，昆德拉的话并没有错。

我自己对读小说有一种真正的爱好，这种爱好不可能由阅读任何其他类型的作品所满足。我自己也写小说，写得好时得到的乐趣，绝非任何其他的快乐可以替代。这就是说，我对小说有种真正的爱好，而这种爱好就是对小说艺术的爱好——在这一点上我可以和昆德拉沟通。我想像一般的读者并非如此，他们只是对文化生活有种泛泛的爱好。现在有种论点，认为当代文学的主要成就是杂文，这或者是事实，但我对此感到悲哀。我自己读杂文，有时还写点杂文。照我看，杂文无非是讲理，你看到理在哪里，径直一讲就可。当然，把道理讲得透彻，讲得漂亮，读起来也有种畅快淋漓的快感，但毕竟和读小说是两道劲儿。写小说则需要深得虚构之美，也需要些无中生有的才能。我更希望能把这件事做好。所以，我虽能把理讲好，但不觉得这是长处，甚至觉得这是一种劣根性，需要加以克服。诚然，作为一个人，要负道义的责任，憋不住就得说，这就是我写杂文的动机。所以也只能适当克服，还不能完全克服。

前不久在报上看到一种论点，说现在杂文取代了小说，负起了社会道义的责任。假如真是如此，那倒是件好事——小说来负道义责任，那就如希腊人所说，鞭子扣到头上来了——但这是仅就文学内部而言。从整个社会而言，道义责任全扣在提笔为文的人身上还是不大对头。从另一方面来看，负道义责任可不是艺术标准，尤其不是小说艺术的标准。这很重要啊。

　　昆德拉的书也主要是说这个问题。写小说的人要让人开心，他要有虚构的才能，并且有施展这种才能的动力——我认为这是主要之点。昆德拉则说，看小说的人要想开心，能够欣赏虚构，并已能宽容虚构的东西——他说这是主要之点。我倒不存这种奢望。小说的艺术首先会形成在小说家的意愿之中，以后会不会遭人背叛，那是以后的事。首先要有这种东西，这才是最主要的。

　　昆德拉说，小说传统是欧洲的传统。但若说小说的艺术在中国从未受到重视，那也是不对的。在很多年前，曾有过一个历史的瞬间：年轻的张爱玲初露头角，显示出写小说的才能。傅雷先生发现了这一点，马上写文章说：小说的技巧值得注意。那个时候连张春桥都化名写小说，仅就艺术而言，可算是一团糟。张爱玲确是万绿丛中一点红——但若说有什么遗嘱被背叛了，可不是张爱玲的遗嘱，而是傅雷的遗嘱。天知道张爱玲后来写的那叫什么东西。她把自己的病态当作才能了。人有才能还不叫艺术家，知道珍视自己的才能才叫艺术家呢。

　　笔者行文至此，就欲结束。但对小说的艺术只说了它不是什么，它到底是什么，还一字未提。假如读者想要明白的话，从昆德拉的书里也看不到，应该径直找两本好小说看看。看完了能明白则好，不能明白也就无法可想了，可以去试试别的东西——千万别听任何人讲理，越听越糊涂。任何一门艺术只有从作品里才能看到——套昆德拉的话说，只喜欢看杂文、看评论、看简介的人，是不会懂得任何一种艺术的。

史铁生《脚本构思》

　　史铁生(1951～2010年)，河北涿县人，出生于北京。清华大学附属中学毕业后去延安清平湾插队。因双腿瘫痪回京，又患肾病并发展到尿毒症。曾任中国作家协会全国委员会委员，北京作家协会副主席。晚期靠透析维持生命，终因突发脑溢血去世。

　　史铁生长于小说、散文创作。《脚本构思》最初以《小说三篇》之一发表于《东方纪事》杂志1989年第2期。

　　全能的上帝想要办到什么就立刻办到了什么，因而他独独不能作梦。因为，只是在愿望没能达到或不能达到时才有梦可作。

　　不过上帝他知道，要想成为名副其实的全能的上帝，他就必须也能作梦。作什么梦呢？上帝他知道，既然他唯一不能的是作梦，那么：他唯一可能作的梦就是梦见自己在作梦了。

可他要是能作梦了,他还会去作作梦的梦吗?要是他还不能作梦,他又怎么能梦见自己在作梦呢?就算这样的问题不难解决,但是上帝他知道,接下来的问题对他来说几乎是致命的:那个梦中梦又是梦见的什么呢?不能总是他梦见他梦见他梦见他梦见……吧?

那样他岂不是等于还是不能作梦吗?上帝他知道,他最终必须要梦见一个非梦他才能真正作成一个梦,从而成为名副其实的全能的上帝。然而,一旦一个真实的事物成了他的梦,可怜的上帝他知道,那时他必定就不再是那个想办到什么就立刻办到了什么的全能的上帝了。

上帝曾一度陷入了这样的困境中。

无梦的日子是最为难熬的日子。无梦的日子令他寂寞、无聊、孤苦。无梦的日子使他无法幻想,无从猜测,弄不清自己的愿望,差不多就要丧失掉创造的激情和身心的活力了。他在空旷而苍白的天庭里行走,形单影只,神容憔悴,像一个长久的失眠症患者,萎靡不振。

但他心里明白,以后的日子无尽无休。他心里明白,如果没有梦的诱惑,无尽无休的日子便仅仅意味着无与伦比的苦闷。幸而他心里明白,他宁可把一切连同他自己都毁掉,也决不能容忍这无梦的监牢。幸而他渴望梦的心还未萎缩还未肯罢休,创造的激情便还没有完全熄灭,这给他留下一线生机。这样他才想到,他虽不能作梦,但除作梦之外他是全能的;他不能从梦中见到真实,但他可以在真实中创造梦的效果,他自己不能作梦,但他可以令万物入梦,那便是一个如梦的玩具了,他就能够参与一个如梦的游戏了,他观赏万物之梦(假如天庭里也有瓜子,他可以一边嗑着瓜子),尽管他不能作梦也就一样有了梦的痴迷与欢乐了。想到这儿上帝他激动不已,他看透这是唯一的出路了,他定要尽他上帝的全部智慧来做好这件事了,否则他将或者因苦闷而发疯,或者因麻木而变成一具行尸走肉。

上帝的主意已定。他静静地坐了一会,让心落稳。他先为这个如梦的游戏和玩具起了名字,叫作:戏剧。随后他开始考虑脚本。

当然了,这个戏剧中的所有角色都不要像他一样是全能的,否则他们也将无梦可作,那样的话这个戏剧就无法开展,他也就无从观赏梦的过程并动情于梦的效果了。于是上帝明确了他首先要做的是什么:他要在这些角色们的面前布置一个永恒的距离。这无疑是英明的。但是如何布置呢?在驴的头前吊一捆草,驴追草走,草走驴追,这种杂耍只可作为舞台边缘的一个小演出,驴的梦境过于敷衍过于拘泥,不足以填补上帝心中偌大的空白。上帝想,舞台中心的角色们应当更聪明,也应当更狡猾,应当想象力更丰富并且欲壑难填,应当会作五光十色的离奇古怪的变化万千的梦才好,不能也不应该像对付驴那样来对待他们。虽然如此,这个关于驴的设想还是给了上帝一个启发,他确信,一个永恒的距离势必要布置在这些角色们的能力与欲望之间。

继而他又想,如果这个永恒的距离,是以欲望总也不能实现的方法来布置,这些聪明的角色们怕是不能被骗过,那样一来他们迟早也要失去作梦的能力,无所能与无所不能一样要导致绝望。看来应该让他们具有实现欲望的能力,但要让这种能力有个限度。好吧,问题又来了:限度?多大限度?不管多大限度只要是限度,这个戏剧就肯定有演烦的一天有演完的一天。(一当达到那个限度,他们又是无所能了,梦完了戏还不完吗?若一个相同的戏剧反反复复演下去,不烦吗?)上帝想到自己的日子是无尽无休的,为在这样的日子里能够享有无穷的梦的效果,这戏剧是不能让它演烦也不能让它演完的。那么怎么办呢?

难道要让这些角色们实现欲望的能力也是无限的吗?不行,那样他们岂不又是全能的了?在这个问题面前上帝他居然想了好久,最后他幡然醒悟,笑自己竟这么糊涂。所谓有限度的能力,不是就空间而言,也不是就时间而言,而是就他们的欲望而言。有限的能力造就了无限的欲望,无限的欲望再引诱他们去不断地开拓扩展以使空间成为无限,不停地运动变化以使时间成为无限,这样的戏剧就不会演烦也不会演完了。这下上帝有了个好主意了:不是不让他们的欲望实现,而是让他们每一次欲望的实现都同时是一个至一万个新欲望的产生!就是说,不是不让他们得到谜底,而是使任何一个谜底都又是一个至一万个谜面。对了,上帝想,这样一来,一个永恒的距离就巧妙地布置在他们的能力与欲望之间了。

上帝松了一口气,稍稍歇一会。他默默地在心里盘算:那个驴的乏味在于它不能有更多的梦想,它为什么不能有更多的梦想呢?

使一个谜增殖为若干个谜的方法是这样:譬如说一个角色是一个谜(a),两个角色却不止是两个谜(a、b),而是三个谜(a、b、ab)了。三个角色呢?不是四个而是七个谜(a、b、c、ab、bc、ca、abc)。那么一万个角色呢?五十亿个角色[1]呢?所以,上帝只需使这些角色们互相感兴趣就行了,他们就有千变万化的梦好作了,上帝就有丰富多彩的戏剧好看了。驴不行,驴就是太呆板,驴就是互相之间太冷漠,结果千万个驴还等于一个驴等于一个猜厌了的谜,所以上帝想,驴就让它是驴吧,让它是一个警告。

事实上,这种使一个谜增殖为若干个谜的方法,也就是使若干个谜变成无限个谜的方法。如果每一个角色身上都带了所有角色的信息,也就是说每一个角色都是由所有的角色造就的,那么每一个谜底不仅要引出若干个谜面,而且会引出无限个谜面。因为,要想猜破任何一个谜,都必须猜破所有的谜,而要想猜破所有的谜,都必须猜破这一个谜,这一个谜中有所有的谜,所有的谜中都有这一个谜,所有的谜面都是谜底,所有的谜底都是谜面。好极了!上帝想到这儿由衷地笑了,他知道他差不多快要把一个了不起的戏剧设计好了,他知道凭这些角色们的聪明他们是不会不对这些游戏着迷的,凭他们的聪明他们也绝发现不了这个玩具的漏洞,他们将玩下去玩下去玩下去玩下去……直至永永远远。他们如醉如痴,上帝乐不可支。

剩下的事就比较简单了。大体说来还剩下三件事。

一是要让角色们永远坚持对这个脚本的新奇感,准确地说,是要永远保持若干对这个脚本有新奇感的角色。当一些角色乏了、腻了、老了,果真看透了这是个无目的的戏剧,就要及时撤换他们,让他们消失让一批尚不知天高地厚的角色们出现,或让他们去渡一条河[2],在那儿忘记以往的一切,重新变得稚嫩变得鲜活,变成激情满怀踌躇满志的角色。

第二件事是,倘若上帝一时疏忽,忘记撤换某些看透了上帝企图的角色,这怎么办? 这并不难办,在他们等候上帝来撤换他们的这段时光里,可以让他们有另外两种选择,当然也只可以有这两种选择:或者退到舞台边缘去临时成为一个驴;或者仍在舞台中心,更加有声有色地纵情歌舞,并慢慢体会上帝最初不得不作此脚本的苦衷。这两种选择都是可以的,都能等到上帝来撤换他们。但是,这几个被上帝一时忘记撤换的角色若把他们看透的事四处声张,这可又怎么办? 这会导致这个脚本过于清澈而对无论哪一个角色都失去魅力。为了防止这样的事发生,上帝令其余的角色都绝不相信这几个角色的话。

第三件事,也是最后一件事。当一切都安排停当了,上帝还有这最后一件事要做,那就是闭上眼睛把他创造的这个舞台摇一摇,把所有角色的位置都摇乱,像抽签儿之前要摇一摇签筒那样,像玩牌之前要先洗牌那样,让每一个角色占据的位置都是偶然的,让他们之间的排列是随意性的。上帝他知道,没有悬念的戏剧是不好看的,看了开头可以推算出结尾的戏剧是不好看的,预先泄露了细节的戏剧是不好看的,不好看的戏剧是不会有梦的效果的。

现在上帝的事做完了,剩下的是角色们的事了。角色们也许不相信事情是这样的,那就对了,上帝为了获得最佳的梦的效果,令他们不信。

【注释】

[1] 五十亿个角色:隐喻人类。该小说发表的 20 世纪 80 年代末,世界人口数约为五十多亿。

[2] 一条河:当指奈河,为东汉以来道教观念中死后鬼魂的必经之地。在奈河桥头有年长女神给过桥者一碗孟婆汤,吃后可遗忘前世记忆,以投胎到下一世。按,山东泰山南麓有奈河,自明清后被附会为传说中的阴间河流,遂迁至四川的鬼城酆都。

？提示与思考

1. "在史铁生的创作中,命运问题是一贯的主题。这也许和他的经历有关。"周国平读《务虚笔记的笔记》曾这样说过。史铁生在小说中表达出如下体验:"人生境遇的荒谬原来是根源于上帝自身境遇的荒谬……他想要把上帝发出的这副牌以及被上帝洗掉的那些牌——复原,把上帝的游戏当作自己的研究对象,在这研究中获得了一种超越于个人命运的游戏者心态。"我们还可以补充说,当他把上帝和他的游戏作为自己的写作内容时,他也就是在用自己的创作征服命运,进而要摆脱上帝的操纵。

2. 史铁生身患绝症,自称"职业是生病,业余在写作"。他是通过艺术创作来升华自我,战胜厄运。我们应该庆幸在自己的生活中没有类似无法克服的致命灾难,但你依然会从其它方面体验到人生的被操纵感。你是否也曾感到渺然无助、身为外力所支配而不能自拔? 你是如何试图摆脱这一切呢?

3. "这几个被上帝一时忘记撤换的角色若把他们看透的事四处声张……这会导致这个脚本过于清澈而对无论哪一个角色都失去魅力。为了防止这样的事发生,上帝令其余的角色都绝不相信这几个角色的话。"举出你所知道的具体事例来解释这段话。

拓展阅读

史铁生《悼路遥》（选自《活着的事》）

我当年插队的地方,延川,是路遥的故乡。

我下乡,他回乡,都是知识青年。那时我在村里喂牛,难得到处去走,无缘见到他。我的一些同学见过他,惊讶且叹服地说那可真正是个才子,说他的诗、文都作得好,说他而且年轻,有思想有抱负,说他未来不可限量。后来我在《山花》上见了他的作品,暗自赞叹。那时我既未做文学梦,也未及去想未来,浑浑噩噩。但我从小喜欢诗、文,便十分的羡慕他,十分的羡慕很可能就接近着嫉妒。

第一次见到他,是在北京,其时我已经坐上了轮椅。路遥到北京来,和几个朋友一起来看我。坐上轮椅我才开始做文学梦,最初也是写诗。第一首成形的诗也是模仿了信天游的形式,自己感觉写得很不像话,没敢拿给路遥看。那天我们东聊西扯,路遥不善言谈,大部分时间里默默地坐着和默默地微笑,那默默之中,想必他的思绪并不停止。就像陕北的黄牛,停住步伐的时候便去默默地咀嚼。咀嚼人生。此后不久,他的名作《人生》便问世,从那小说中我又听见陕北,看见延安。

第二次见到他是在西安,在省作协的院子里。那是 1984 年,我在朋友们的帮助下回陕北看看,路过西安,在省作协的招待所住了几天。见到路遥,见到他的背有些驼,鬓发也有些白,并且一支接一支地抽烟。听说他正在写长篇,寝食不顾,没日没夜地干。我提醒他注意身体,他默默地微笑。我再说,他还是默默地微笑,我知道我的话没用,他肯定以默默的微笑抵挡了很多人的劝告了。那默默的微笑,料必是说:命何足惜?不苦其短,苦其不能辉煌。我至今不能判断其对错,唯再次相信"性格即命运"。然后我们到陕北去了,在路遥、曹谷溪、省作协领导李若冰和司机小李的帮助下,我们的那次陕北之行非常顺利,快乐。

第三次见到他,是在电视上,"正大综艺"节目里。主持人介绍那是路遥,我没理会,以为是另一个路遥,主持人说这就是《平凡的世界》的作者。我定睛细看,心重重地一沉。他竟是如此地苍老了,若非依旧默默地微笑,我实在是认不出他了。此前我已听说他患了肝病,而且很重,而且仍不在意,而且一如既往笔耕不辍奋争不已。但我怎么也没料到,此后不足一年,他会忽然离开这个平凡的世界。

他不是才四十二岁吗?我们不是还在等待他在今后的四十二年里写出更好的作品来吗?如今已是"人生九十古来稀"的时代,怎么会只给他四十二年的生命呢?这事让人难以接受,这不是哭的问题。这事,沉重得不能够哭了。有一年王安忆去了陕北,回来对我说:"陕北真是荒凉呀,简直不能想象怎么在那儿生活。"王安忆说:"可是路遥说,他今生今世是离不了那块地方的。路遥说,他走在山山川川沟沟峁峁之间,忽然看见一树盛开的桃花、杏花,就会泪流满面,确实心就要碎了。"我稍稍能够理解路遥,理解他的心是怎样碎的。我说稍稍理解他,是因为我毕竟只在那儿住了三年,而他的四十二年其实都没有离开那儿。我们从他的作品里理解他的心。他在用他的心写他的作品。可惜还有很多好作品没有出世,随着他的心,碎了。这仍然不止是一个哭的问题。他在这个平凡的世界上倒下去,留下了不平凡的声音,这声音流传得比四十二年要长久得多了,就像那块黄土地的长久,像年年都要开放的山间的那一树繁花。

附录：大学生《中国语文》基本阅读书目四十种

01.《诗经选》(余冠英选本,人民文学出版社 1956 年版)

02.《老子今注今译》(陈鼓应译本,商务印书馆 2003 年版)

03.《论语译注》(杨伯峻译本,中华书局 1980 年版)

04.《孟子译注》(杨伯峻译本,中华书局 1960 年版)

05.《庄子今注今译》(陈鼓应译本,中华书局 1983 年版)

06.《左传选》(徐中舒选本,中华书局 1963 年版)

07.《楚辞选》(马茂元选注,人民文学出版社 1980 年版)

08.《战国策选》(牛鸿恩选本,天津古籍出版社 1984 年版)

09.《史记选》(王伯祥选本,人民文学出版社 1957 年版)

10.《陶渊明集》(中华书局 1979 年版)

11.《世说新语选》(福建师大中文系选本,福建教育出版社 1981 年版)

12.《汉魏六朝诗选》(余冠英选本,人民文学出版社 1979 年版)

13.《李白诗选》(复旦大学中文系选本,人民文学出版社 1977 年版)

14.《杜甫诗选》(萧涤非选本,人民文学出版社 1985 年版)

15.《六祖坛经》(徐文明注本,中州古籍出版社 2004 年版)

16.《唐诗选》(中国社会科学院文学所选本,人民文学出版社 1978 年版)

17.《唐宋传奇选》(张友鹤选本,人民文学出版社 1982 年版)

18.《唐宋词选》(夏承焘选本,中国青年出版社 1959 年版)

19.《宋诗选注》(钱钟书选本,人民文学出版社 1989 年版)

20.《资治通鉴选》(王仲荦选本,中华书局 1965 年版)

21.《苏轼选集》(王水照选本,上海古籍出版社 1984 年版)

22.《辛弃疾词选》(朱德才选本,人民文学出版社 1988 年版)

23.《元人杂剧选》(顾肇仓选本,人民文学出版社 1962 年版)

24.《元散曲选注》(王季思选本,北京出版社 1980 年版)

25.《三国演义》(罗贯中著,人民文学出版社 1957 年版)

26.《水浒传》(施耐庵著,人民文学出版社 1975 年版)

27.《西游记》(吴承恩著,人民文学出版社 1955 年版)

28.《今古奇观》(抱瓮老人辑,人民文学出版社 1979 年版)

29.《牡丹亭》(汤显祖著,人民文学出版社 1982 年版)

30.《红楼梦》(曹雪芹著,人民文学出版社 1982 年版)

31.《儒林外史》(吴敬梓著,人民文学出版社 1977 年版)

32.《古文观止》(吴楚材编,中华书局 1987 年版)

33.《鲁迅选集》(人民文学出版社 1979 年版)

34.《女神》(郭沫若著,人民文学出版社 1978 年版)

35.《沈从文小说选集》(人民文学出版社 1982 年版)

36.《茶馆》(老舍著,人民文学出版社 1994 年版)

37.《曹禺选集》(曹禺著,人民文学出版社 1978 年版)

38.《围城》(钱钟书著,人民文学出版社 1980 年版)

39.《赵树理选集》(人民文学出版社 1958 年版)

40.《中国当代文学作品精选》(谢冕主编,华中师范大学出版社 1997 年版)

后 记

作为高等院校所开设之通识课程《大学语文》教材,本书具体的选文标准如下:

一、有较高思想文化价值的,如《论语》、《庄子》以及陶潜、杜甫、苏轼、鲁迅等大家的代表性作品。或在文化史上有比较大的影响力,如宋玉《高唐赋》、王粲《登楼赋》等。或有较明显的陶冶性灵之作用、能提高学生人文素养的,如山水自然、田园风光、名胜古迹等题材的作品以及李白、杨万里等人的诗作。

二、特色鲜明,或有针对性的,如鲁褒《钱神论》、王小波《工作与人生》这类对当今社会现实仍有相当批判力的作品。尤其多选现代大学生们感兴趣的,如表现英雄主义气概或浪漫情怀的作品。不选或少选以往各中学或大学语文教材中反复出现过的篇目。

三、能充分表现汉语魅力的,或能让读者深入体验到汉语言文字特性的作品,包括幽默风趣、令人赏心悦目的作品,如明清小品文等。或在艺术技巧或表现手法等方面较有代表性的作品,有助于提高学生的语文表达能力的,如部分民歌、寓言、小品文等。

四、适合高等学校课堂教学需要的,如篇幅短小、抒情性较强的美文,唐诗宋词等,古典戏剧、小说,因其宏篇巨制不适于大堂公共课教学,除节选个别片段外,一般不选。同理,《离骚》等长篇抒情诗,虽属千古绝唱,也只列入书后所附之《基本阅读书目》中,以供有兴趣的学生课外自修。

五、钟嵘《诗品》,"不录存者";元代钟嗣成为曲家立传,"名之曰《录鬼簿》",也是就盖棺定论的意思。本书所选当代诸家,仿此体例。

六、书名《中国语文》,故不选外国作家、作品。

每篇选文分以下四个部分:1. 题解(包括简要的作者介绍);2. 原文与注释;3. 提示与思考(提供解读思路及阅读重点);4. 拓展阅读(补充正文或列出相应作品,以期有"互文见义"之功效)。

本书非自学教材,故注释尽量简约。对作者生平及作品创作背景的介绍也不做过多过细的交代,这倒不单纯是为了给上课的教师留有余地,而是出于以下考虑:第一,本课程的学习目的不是为文学史研究作知识积累,而是为了提高学生的语文素养,因此更强调对文本的接受和解读。第二,如今的基础教育体制训练得学生对课本知识具有强烈的占有本能,过多地介绍作家、作品以及时代方面的知识,有可能分散他们的注意力,从而导致忽略对作品本身的感受。

为照顾高校《大学语文》课程的课时安排,全书不超过 25 万字。入选作品无论何种文体,均按时代顺序排列。需要说明的是,不采用目前比较流行的以文体为编排体例的做法,绝非无视各类体裁的特点和相关知识,而只是为了让学生能更容易地梳理出我国文学流变的大致脉络而已。

书后附《基本阅读书目四十种》。以大学四年为期,若每学期能读其中五种,则八学期可毕读之。

全书之体例、选目以及注释等部分均由笔者承担。与此事者尚有:秦元博士(魏晋南北朝部分)、杨峰博士(明清部分)以及李术文(唐宋部分)、张明远(先秦两汉部分)、何睿(现代部分)、张莉(当代部分)、郝永静(元代部分)、赵青(封面设计)。

感谢齐鲁师范学院党委书记刘步俊先生拨冗赐序,正是在学院党委的大力提倡和明确要求下,《大学语文》成为了我们本科师范教育的通识课程。

感谢本书编写团队所有同仁的通力合作。

感谢山东教育出版社高等教育编辑部李广军先生提供的支持和帮助。

李 雁

2011 年冬记于历山之阳